내가 만난 우리 시대의 사상가
허 화 평

내가 만난 우리 시대의 사상가
허 화 평

박주현 지음

새로운사람들

머리글
허화평을 통해 시대를 읽는다

이 책은 어느 한 개인의 전기가 아니다.

소위 5공 실세로 세간에 알려졌던 허화평의 사상과 신념을 광고인이자 공연 연출자인 저자가 내키는 대로 정리한 기록이다. 1996년 경상북도 포항에서 제15대 국회의원 선거에 출마했던 허화평의 선거 캠페인을 주도했던 인연이 집필의 동기인 셈이다.

지금까지 20년 남짓 만나는 동안 정치적 부침에 관계없이 한결같은 허화평의 모습을 보면서 자유민주주의에 대한 그의 사상과 신념을 조명해 봐야겠다는 생각으로 더러는 연출을 가미해본 기록이기도 하다.

나는 허화평이라는 한 개인과의 친분 때문에 그를 미화하거나 그에 대한 세간의 부정적 견해를 반박하고 이해시키려는 의도는 전혀 없다.

다만 정의의 실종과 불의에 대한 무감각으로 부정과 부패가 만연한 이 나라 정치의 현실이 사상의 빈곤에서 비롯되었다는 허화평의 결론적 메시지에 전적으로 동의하는 나 자신의 의견을 자유스럽게 펼치고 나열한 에세이라고 할 수 있겠다.

다수가 밀어붙이면, 불법조차 합당성을 보장받는 불합리가 아무 저항없이 사회질서를 어지럽히고 있는 이 엄청난 의식의 마비로 인해 마땅히 개선되고 회복되어야 할 정치적 부조리와 병폐를 방관하거나 방조하고 있는 것이 작금의 정가(政街) 현실이 아닌가.

　아무도 용감히 맞서서 아편 밀매와도 같은 이 죄악을 막지 못하는 비굴하기 짝이 없는 정치지도자들의 작태에 현기증을 느끼고 있다. 비이성적이고 비양심적인 일부 정치인이나 지방자치단체장들은 지배계층의 비리를 확대시켜 감수성이 예민한 젊은 세대들과 사회 불만 세력들의 적개심과 조롱을 불러일으킴으로써 기득권을 향해 돌을 던지는 그들의 불만을 자신의 정치적 입지에 이용하고 있다.

　광고와 공연문화 속에서 학습되고 훈련된 마케팅 숙련공인 내가 과연 사물이나 인문학적 비평을 명쾌하게 표현할 논리적 습작능력이 있을까 하는 두려움과 망설임이 글쓰기를 시작하는 첫 단추였다.

　생각해보면 평범한 민주주의의 삶을 영위하도록 이끌어야 할 민주사회의 보편적 사상이 선심을 가장한 소외계층의 대변자로, 정의를 가장한 조롱과 광기의 덧칠로 올바른 대중의식의 가치와 수단을 부식(腐蝕)시키는 사상 갈등의 주범(主犯)이 아니었던가.

　거짓과 탐욕이 범람하는 우리 시대의 정신세계가 부정과 타협의 속도를 더하면서 일상의 삶이 올바른 인식 속에 자양분이 되어야 함에도 불구하고 지켜야 할 의무가 바보취급을 받는 비정상의 논리가 이 사회를 혼탁하게 만들고 있다.

누구도 장담할 수 없는 예측불허의 현실에서 우리는 불확실한 미래에 아무 준비 없이 떠밀리고 있지 않은가. 옳고 그름에 상관없이 다수의 세력들에 의해 불법이 합법으로 자행되는 정의롭지 못한 세력의 한 패가 아니라고 누가 당당히 부인할 수 있을까.

다행히 이 책을 쓰기 위해 허화평의 사고(思考)를 마주하면서, 박제가 되어가고 있는 시대적 도피의 좌초 과정을 제자리로 돌려 놔야 하지 않을까 하는 물음을 갖게 되었다.

나는 이 책에서 비즈니스에 굴복한 광고 카피의 기술과 재주를 벗어던지고 이성에 충실하고자 굳게 마음먹었다. 나와의 인연도 20년이라는 짧지 않은 기간이지만, 팔십 평생을 두고 정리된 허화평의 사상과 그 사상의 가치가 나의 글을 통해 널리 확산되기를 간절히 바란다.

아는 만큼 포기하지 못하는 욕심을 내려놓고 의욕마저 훌훌 털어버림으로써 거짓과 꾸밈과 사치스러움에 훈련된 습작을 벗어나는 자아를 발견하는 것이 얼마나 중요한지 깨달을 수 있었다.

허화평, 그의 나이 60에 처음 그를 만나 그의 사상과 이념을 보고 듣고 읽어온 지 20년, 그와의 소통과 충돌을 통해 이제는 같은 방향을 바라보며 찢겨지고 부서지고 왜곡된 정의와 진리의 허구를 고발하게 되었다는 사실만으로도 격세지감이다.

앞으로 살아가면서 다시는 경험하지 못할 것 같은 심한 조바심으로 선택되고 집행되는 삶의 올바른 인식과 해석을 회복하여 승인된 가치를 찾고자 한다. 따라서 "글을 쓰지 않고 글을 만들었던 광고 카피 기술"을 버리지 않고는 허화평의 올바른 자유민주주의 메시지를 충실히 전달할 수 없다는 것 또한 내가 글을 써야 하는 도전적 과제다.

  이 책을 통해 전하고자 하는 허화평의 담론은 모함과 위증의 언어폭력으로 그의 오장육부가 찢겨지고 치욕과 노여움을 가슴 깊이 숙성시켜 추출된, 대한민국 탄생의 근간인 보수 우익의 절대가치를 완성시키는 동력이라고 할 수 있다.
  그 어떤 힘이 정의롭지 못하면, 쉽게 동조하지 못하는 투사적 기질을 목숨 지키듯 지켜온 허화평의 사상세계는 이성과 양심의 절제된 결과라고 할 수 있다. 그리고 사회, 경제를 도살시키고 있는 정치권의 도덕 상실과 반칙의 악순환, 저주와 광기의 열병을 앓고 있는 이 나라의 불편한 현실을 살아가는 모든 사람들에게 허화평의 사상을 도달시키고자 하는 것도 솔직한 바람이요, 이 책을 쓰는 이유다.
  이 책이 나오기까지 논리를 평정하려는 이성과 감성의 교차점에서 방황하는 나의 습관화된 광고적 시각의 글쓰기를 정리해주고 보완하면서 책의 출판을 위해 수고를 아끼지 않은 후배 이재욱 사장에게 특별히 감사의 인사를 전한다.

2017년 3월
박주현

차례

머리글 / 허화평을 통해 시대를 읽는다 ·········· 4
포항에서 만난 허화평 ················· 13

1979년 10월 26일
대통령 유고 ································ 20
김대중의 국민선언 ························· 36
최규하 대통령 ······························ 40
김재규 연행 과정과 조사 ·················· 43
국가 비상사태와 국보위 ··················· 48
5공화국의 탄생과 정책방향 설정 ·········· 51
장영자 사건 ································ 58
청와대를 떠나다 ···························· 68
전파와 인터넷의 폭력 ······················ 72
5공 청문회(언론 통폐합) ··················· 75

꿈 명예 길
실패가 주는 가르침 ······················· 108
기적의 배 메러디스 빅토리 호 ············ 113
학창시절 ·································· 116
육군사관학교 ······························ 121
사관생도 허화평 ··························· 124
늦게 깨달은 수학의 중요성 ··············· 128
사관학교에서 바라본 4.19 ················ 131
월남 파병과 참전 ·························· 135
정직과 충성은 군인의 생명 ··············· 140

기묘한 모퉁이에서의 운명적인 만남

정치광고 ··· 144
삶의 제작, 국악의 새로운 포맷 탄생 ················ 155
충무로의 새로운 광고 일터 ·························· 164
허화평이 국회에 들어가야 하는 이유 ············· 168
15대 국회의원 선거 ···································· 178
옥중당선 ··· 186
정의, 그리고 자유 ······································ 191
5.18 특별법 ··· 195
허화평 의원의 국회 신상발언/1995.11.30. ······ 199

색깔을 말하지 말라구요?

색깔론과 허화평의 메시지 ··························· 206
허화평과의 만남, 사상과 이념에 대한 고뇌의 시작 ····· 217
사상의 측량 ··· 220
혼동(混同)의 시계(視界) ······························ 226
이승만과 김구, 그리고 대한민국 정부의 정통성 ········ 236
국정화 교과서 ·· 242
자유체제에 대한 허화평의 메시지 ················· 263
이념은 삶을 지탱하는 생명이다 ···················· 266
허화평의 실물론(實物論) ····························· 271
연좌제 폐지 ··· 290
비록 낙선했지만 사상의 중요성을 인식했던 선거 ····· 295

글을 마치면서 ··· 299

세상이 어지럽습니다.
원래 세상은 정의와 행복이 가득한 낙원이었습니다.
성경에는 아담과 이브가 하나님을 거역하여,
평화의 낙원에서 쫓겨나 고행의 땅에서,
인간의 모든 고통을 겪게 하였다고 하지요.
이 나라 대한민국의 땅은 어떤가요?
정말 눈뜨고 보기가 고통스럽지 않습니까?
국민에게 행복한 삶을 제공해야 할
정치인들의 온갖 추악한 정쟁으로
민의의 거룩한 성전이 되어야 할
대한민국 국회가 아담과 이브가 쫓겨 난
저주와 고행의 깊은 골짜기로 보입니다.
조선의 당파싸움이 지금도 계속되는 듯
치졸한 여야의 충돌이 국민의 삶을 짓밟고 있습니다.
소돔과 고모라를 상기시킨다고 하면 좀 심했나요?
〈허화평을 처음 만났을 때 들은 이야기 중에서〉

2016년 겨울 포항 북부 해수욕장에서

포항에서 만난 허화평

"어이, 박 사장! 저기 보이는 게 포철이야, 아냐? 저 포철 때문에 옛 포항의 광활한 바다를 잃어버렸어. 바다야 그때나 지금이나 그대로 있지. 그러나 저 포철이 떡 버티고 있으니까 어렸을 때 바다를 보며 느끼던 뿌듯한 기분 말이야, 그런 것이 없다는 거지."

허화평, 그의 나이 여든에 비춰지는 지나간 먼 옛날, 이 바다를 운동장 삼아 꿈을 키워왔던 어린 시간을 부르는 엷은 심술의 빛이 그의 눈에 어리고 있었다.

"그래도 저 포철 때문에 우리 포항이 유명해졌지."

그는 슬며시 모래 속에 빠진 자신의 구두를 내려다보며 모래에 묻힌 어린 시절 추억의 몽상에 잠겨들고 있는 것 같았다.

"저기에 가서 이야기나 할까?"

그가 가리키는 곳에 정자가 있었다. 해수욕장 모래벌판에 어울리지 않는 작은 정자였다.

"여기서 고등학교 후배들을 만나기로 했지. 좀 있으면 올 거야, 온다고. 여기 앉자."

조카가 포항에서 국회의원 출마를 준비한다며 같이 내려가 보자고 해서, 그의 17대 총선을 위해 선거운동을 했던 2004년 이후 10

여 년 만에 그를 따라 포항에 내려왔다. 오랜만이었지만, 포항은 몇 번 그의 선거운동을 하느라 살다 시피 했기에 나에겐 낯익은 곳이다.

그가 모자를 벗어 의자 위의 모래를 털고 앉기를 권한다. 추억을 불러내고 싶은 충동에 무르익은 그의 이야기는 봇물 터지듯 흘러 나왔다.

"내 고향은 경상북도 포항시 기계면이지. 시내에서 많이 떨어진 촌이야. 학교는 저기 포항 시내에서 다녔어. 당시 학교생활은 아주 단순했지, 학교에 갔다가 수업이 끝나면 책가방을 집에 던져놓고 여기 바다로 달려와서 수영도 하고……우리가 노는 곳은 바다였어. 일제 강점기 때 행정구역은 경주에 속해 있었는데 해방 후 포항시에 포함시켰던 것 같아. 거슬러 올라가면 신라시대 서라벌 지역이지. 그 점에서 나는 좋은 곳에서 태어났다고 생각한다고. 포항은 동해 남쪽의 외진 작은 바닷가 마을로 서울 사람들은 경주까지는 잘 알다가도 포항은 잘 몰라. 저기 언덕 넘으면 경주인데 말이야."

포항을 잘 모르는 서울 사람들에 대한 섭섭함일까? 의미를 알기 어려운 미소를 짓는다.

"내가 육군사관학교에 입학해서 기초 군사훈련을 받고 이제 정식 생도가 되어서 생도들끼리 자기 고향을 소개하는 시간이 있었어. 그런데 말이야, 아무도 포항을 아는 생도가 없다는 거야. 그 정도로 포항은 외딴 해변 마을이었어. 난 아주 촌놈 취급을 받았지. 포항은 바다가 있고 강도 있고 그리고 다른 산악 지역과 비교해도 뒤떨어지지 않는 훌륭한 산들도 많은 곳이야. 그 옛날

신라시대에는 여기 포항이 젖줄이었어. 이러한 자연적으로 훌륭한 환경을 갖고 있는 작은 도시에 1968년 저기 보이는 제철공장이 들어섰지. 동해의 작은 농어촌도시 포항이 대한민국의 유명도시로 등극하게 되었는데, 인구가 늘고 건물이 들어서고 도시가 발전되는 긍정적인 이면에는 자연환경이 파괴되면서 옛 자연 속의 포항이 사라지고 있었어. 그래도 바다에서는 여전히 전국 최상의 생선과 해산물이 나오고 있지. 아주 싱싱한……아마 대한민국에서 제일 좋은 생선, 해산물이 이곳 포항에서 나올 걸."

그의 눈에 갑자기 힘이 생기고 목소리에 생기가 솟았다.

"어이 박 사장, 박 사장은 이런 기분 모르지? 이런 곳에서 태어났다는 것에 자부심과 긍지를 갖고 있어, 나는. 어렸을 때 고향에 대한 추억이라고 해야 가난과 배고픔뿐이지만. 저 바다는 나의 꿈이었지. 바다를 보면서 자랐거든."

그는 먼 옛날 어느 시기의 정점에 다다른 듯 잠깐 말을 잊고 바다를 밟고 있는 포철에 눈을 멈춘다.

"사실 나만 그런 것이 아니야. 그 당시 대한민국은 세계에서 가장 가난한 나라 중의 하나였으니까 모두가 다 가난했지. 나는 그런 가난한 생활이 당연한 것으로 생각했어. 뭐 부자를 못 봤으니까. 부자가 어떤 것인지 몰랐으니까. 모든 것이 다 가난했으니까 말이야. 중학교 때일 거야. 학교 한 반이 3~40명이었는데 점심 도시락을 갖고 온 아이는 열 명이 안 되었어. 어릴 때 추억이라는 것이 난 단순했어. 지금처럼 입시 준비한다고 학원에 가는 일 없고, 내 기억에는 입시학원 같은 곳이 없었어. 입시경쟁이라는 것이 없으니까 주어진 환경에 따르고 즐거워했지."

10여 년 아래 인생의 후배에게 자신의 행복의 가치를 전해주면서 그는 지난 날 자신을 옥죄었던 모순들에 대한 해방감을 만끽하는 것 같았다.

"여행은 특별히 계획을 세워서 가는 일은 없고 포항 주위를 놀러 다니는 것이 고작이었지. 뭐 여행이라고 할 수 없지, 기억하기로는 제일 멀리 갔던 곳이 아마 불국사였던 것 같아. 경주 불국사 말이야. 고등학교 졸업할 때까지 포항을 벗어난 적이 없었으니까.

그 시대 부모님들이 다 그랬지만, 어머니 역시 학교 교육을 제대로 받지 못하신 분이어서 그런지 나보고 공부해라, 공부해라… 요즘 부모들처럼 그러지 않으셨어. 항상 하시는 말씀은 학교 선생님 말씀 잘 듣고 동네 어른들에게 인사 잘하고 친구들과 싸우지 말고 잘 지내라는 말씀…그게 다였어. 뭐 매일 같은 말씀이시니까 학교생활은 대체로 모범학생이었다고 생각해. 꼭 공부를 잘하였다기보다는 선생님 시키는 대로 말을 잘 들었다는 거지. 친구를 이기겠다고 악착같이 공부를 하지는 않았어. 어차피 해야 하는 공부니까 했을 뿐이지.

요즘의 학생들을 보면 좀 안쓰러운 느낌이 들곤 하지. 좋은 대학 가야 한다고 잠자는 시간 빼고는 공부만 하는 것 같아.

학교 수업 끝나면 책가방 던져 놓고 친구들과 잠시나마 마음 편히 여유를 누리는 시간이 있어야 서로 하고 싶은 이야기 실컷 하면서, 위로받고 위로하면서 자기들만의 시간을 갖는 시기인데, 요즈음은 말이야… 아이들에게 무슨 가치 있는 학창시절의 추억이 있을 수 있겠나, 이렇게 입시에 쫓기는 청소년들에게 말이야.

 치열한 경쟁의식이 없던 그때의 학교생활은 지금 생각해도 정말 멋진 추억을 남겼다고 자랑하고 싶다고. 순수하기도 했고 학생이 아니고는 결코 경험할 수 없는 시기였지. 그런 가식 없고 때 묻지 않은 청정의 시간을 요즘 아이들은 모를 거야. 요즘 학생들을 보면 청소년의 푸른 꿈을 갖지 못하고 성장하고 있구나 하는 안타까운 마음이 들지. 썩 기분은 맑지가 않아."

 저기 멀리서 허화평의 고등학교 후배 서너 분이 손을 흔들며 오고 있었다.

朴正熙대통령 逝去

崔權限代行 特別 談話
모든 國民 合心, 生存수호 最善 노력

非常時局에 결연히 對處

故 朴大統領

葬禮式 國葬으로
어제밤 11시 非常閣議의결 戒嚴司令官에 鄭昇和參謀總長임명

崔總理 權限대행…全國에 非常戒嚴

어제밤 7시 50分 晩餐서 銃彈에…病院 移送중 殞命

宮井洞 情報部 食堂서…車智澈경護室長등 5명도

北傀에 惡用말라 警告
美國務省
駐韓美軍 警戒令

카터, 金谿陸과 1시간 會談

崔大統領권한대행 중심
全國軍, 國家보위
盧國防·軍首腦 긴희문

夜間 通禁
言論·出版
모든 大學
10時
事
休

1979년 10월 26일

대통령 유고

"박정희 대통령의 유고 사실을 언제 알았습니까? 그리고 김재규 부장이 범인이라는 걸 어떤 경로로 알게 되었나요? 40년 전의 잊고 싶은 이야기를 공연히 꺼낸 거 아닙니까?"

나는 뚝배기를 들고 남아 있는 설렁탕 국물을 마시면서 그렇게 물었다. 그는 잠시 창문 쪽으로 고개를 돌려 빛바랜 옛 일을 불러내는 듯 눈가의 가느다란 주름이 유난히 밝게 보였다.

"그날 나는 보안사에서 정상적으로 업무를 마치고 막 귀가했을 때였어. 아무튼 저녁 8시경이었을 거야. 급히 사령부로 오라는 전갈을 받고 바로 보안사로 달려갔지. 육군본부를 다녀온 전두환 사령관의 얼굴이 노랗게 변해 있었어. 사령관은 나에게 '대통령이 유고인 것 같다.' 이러는 거야. 그 순간 직감적으로 떠오르는 것이 대통령의 죽음이었어."

"일은 벌어진 것인데 이게 역사일 수 있습니다."

허화평은 사령관에게 이렇게 말했다고 한다.

"유신의 종말이 불가피해졌다는 뜻으로 사령관에게 말했던 거야. 잠시 후 나에게는 사령부에 있으라고 한 다음 사령관은 다시 육군본부로 갔지. 얼마 후에 사령관으로부터 대통령이 시해를 당했다고 현장으로 가서 현장을 보존하라는 지시를 받았어.

 나는 바로 대통령 시해 현장으로 갔지 않았겠나. 정말 눈 뜨고 볼 수 없는 끔직한 장면이었어. 나는 그 장면에서 장기집권의 비참한 종말을 봤지. 영원한 권력은 있을 수 없다는 산교육의 현장을 보는 것 같았어.

 나나 전 사령관은 웨스트포인트의 민주교육을 받은 사람이야. 정권이 독재를 하거나, 부정을 저지르거나, 장기집권을 꾀하면 결국 무너진다는 현장 교육을 경험하는 것 같았어. 역사적으로 불가피한 일이 닥쳐왔을 뿐이라는 생각이 머리에 가득 찼다고.

 그 때 나는 이 나라에 더 이상 장기집권은 존재해서도 안 되고, 존재하지도 않을 것이라는 확신의 무게를 느꼈어 나름대로 느꼈어.

 이제 대한민국은 외세에 의한 억압의 긴 터널도 지내봤고, 해방의 기쁨이 분단의 시련을 맞으면서 소망을 잃은 고통과 원한의 세월도 살았으며, 총칼로 동족 간에 살육을 서슴지 않았던 죄악도 저질렀고, 부정선거로 정권 연장을 꾀하다가 망명의 길로 떠난 대통령도 보았으며, 부패한 사회를 민간정부가 감당하지 못해 군의 혁명을 받아주어야 하는 안타까운 운명의 정권도 보았고, 끝내는 대통령이 자신의 수족과 같은 부하의 총탄에 생을 마치는 장기집권의 비참한 종말을 보았지.

 일제의 침략에서 해방되어 새로 수립된 정부가 70년도 안 된, 길지 않은 시간에 너무나도 엄청난 사건들을 겪어야 했던 시련의 조국 대한민국이야."

그는 냉수를 한 잔 마신 다음 나에게도 물을 따라주며 이야기를 계속한다.

"무소불위의 철권정치를 해온 대통령이 시해를 당한, 누구도 경험해보거나 예상치 못했던 국가적 난국을 조속히 헤쳐 나가야 하는 과제 앞에서 정치인들의 권력 장악을 위한 이전투구(泥田鬪狗)는 국가를 더욱 혼란으로 몰고 갈 게 불 보듯 뻔한 거야.
 일부에서는 대통령 시해범인 김재규가 한 '유신의 심장을 쐈다.'라는 말에 그를 의인으로 추대하는 어처구니없는 일이 벌어지고 있었어. 당시의 상황이…….
 김재규는 대통령으로부터 신임을 잃어가는 것을 느꼈고, 이것이 차지철 경호실장이 자신을 무능한 자로 대통령에게 지속적으로 보고를 했기 때문이라는 데 앙심을 품고 대통령까지 시해한 극악무도한 살인행위지. '유신을 향해 쐈다.'는 김재규의 말은 그가 체포되고 조사를 받으면서 나온 이야기야.
 김재규가 사건이 난 후 정승화 참모총장과 함께 차를 타고 가면서 정보부로 갈지, 육군본부로 갈지 정하지 못할 정도로 우왕좌왕했다는 것은 개인적인 이해관계로 저지른 사건이 너무나 끔찍한 결과를 초래했다는 사실에 모든 판별력이 상실된 패닉 상태였다는 것을 여실히 입증해 주는 이야기가 아닐까.
 강력한 권력을 휘두르던 대통령의 시해사건은 나로 하여금 많은 생각을 하게 했어. '생각은 혼자 놔두면 외롭고 무력하다.'는 글을 어느 책에서 읽었는데, 나는 이 말에 동의한다. 생각을 자기 혼자 간직한다면, 의미를 잃어버릴 것이라는 뜻이겠지.

역사적으로 훌륭한 사람이나 뛰어난 전략가들은 그들의 생각을 항상 현실의 삶에 적용시켰어.

지도자의 이념이 민중이나 자신의 권력집단에게 전달되면서 새로운 사회와 국가를 만들어 갔던 거지.

대통령의 갑작스런 유고로 대한민국은 권력의 정상을 잃었던 거야. 정치인들은 대통령 시해사건 조사는 아랑곳하지 않은 채 오로지 권력욕에 혈안이 되고 있었어. 그것이 그들의 한결같은 목적수단이었던 거야.

살인자를 의인으로 추대하려는 세력들이 민주화를 내세워 거리에 쏟아져 나오고 있지, 정말 이럴 때 내가 어떤 사람이 되어야 할까. 대통령 시해사건을 조사해야 할 막중한 책임을 피할 수 없는 절체절명의 시간에 정치지도자들은 다른 나라 사람들 같았어.

대통령 시해사건을 조사하고 있었던 우리는 거리를 휩쓰는 민주화 세력의 척결대상이 되었던 것 같았어.

최규하 대통령은 연일 민주 인사들로부터 정권이양의 조속한 결단을 압박받고 있었지.

나는 정치를 몰라. 그러나 국가를 지켜야 하는 군인의 도리는 밥 먹듯이 배워왔고, 국가가 어떤 것인지는 국토방위의 임무가 일상인 군인은 자연히 익히게 마련이지.

정치인이 알고 있는 국가는 내가 배우고 살아온 국가와 다르단 말인가? 지금 저들이 자행하고 있는 권력다툼을 과연 온전한 나라를 만들기 위한 산고(産苦)로 해석해야 하는가?"

*김재규 현장검증(1979년 11월)

김재규 재판(1979년 12월)

"정말 국가의 안위가 걱정이 되었다고….
 다수의 의견과 주장에 따르는 데 빠르게 동의하려고 하는 것이 인간의 속성이지. 권력투쟁에 전력을 쏟고 있는 소위 민주투사들의 눈에는 최규하 대통령, 신현확 총리, 그리고 우리까지 유신의 하수인으로 보았을 거야. 이러다가는 국가가 절단날 것 같았어. 유신정권 아래서 복수의 칼을 갈고 있던 그들에게는 지금이 정권을 잡을 절호의 기회라고 생각할 만했을 거야.
 현재의 정부는 정통성이 없으니까 빨리 자신들에게 넘기라는 거야. 어린애들 구슬치기도 아니고, 딱지치기도 아닌데 내가 아무리 정치를 모른다고 하지만, 도대체 이런 사람들을 상식적으로 옳게 볼 수가 없더라고. 세상의 진리는 보편타당성에 근거를 두는 것 아니겠나, 박 사장!
 10.26 대통령 시해사건을 조사하면서 참모총장까지 연행하는 불행한 사태가 생겼지.
 참모총장과 관련된 군 지휘관 일부와 소위 재야단체들이 민주화 열기의 당시 사회 분위기를 업고 대통령 시해사건 조사를 트집 잡는 활발한 정치전선을 구축하고, 거리의 민주화 퍼포먼스(Performance) 등으로 정부나 군의 지휘권이 타격을 받는 상황에 이르고 있었지. 그들은 반(反) 10.26 조사와 정부 타도에 한 묶음이 되어 그야말로 나라가 사분오열(四分五裂)되는 형국이 벌어지고 있었어.
 자연히 각계 예술단체, 반정부(反政府) 시민단체 등이 민주화 투쟁 정치인들에게 선을 대는 양상(樣相)이 보이는 참 안타까운 일이 일어나고 있었지."

(나는 그를 부를 때 의원이라는 호칭을 사용한다. 그를 처음 만났을 때 의원이었으니까. 그때부터 그를 칭하던 호칭을 그대로 쓰고 있다.)

군에 있을 때 부하였던 사람이 포천 백운계곡에 조그만 농장을 지었는데 민물매운탕 초대를 받았다며 같이 가자고 해서 오늘 허 의원과 함께 야외 산보를 나섰다.

주말이 아닌데도 서울과 거리가 멀지 않은 곳에다가 워낙 계곡이 좋아서 오늘 같이 더운 날은 평일에도 사람들이 많이 오는 곳이라고 한다. 1시간 정도면 도착할 수 있는 거리가 2시간도 더 걸렸다.

나는 지루한 시간을 달래기 위해 허 의원에게 얼마 전에 물어봤던 10.26 사태 이야기를 다시 물었다. 두 번씩이나 김영삼 대통령의 대선 후보 시절 캠프에 있었기 때문에 10.26 당시 김영삼 대통령에 대해서는 어떻게 생각했는지 궁금했다. 마찬가지로 김대중 대통령도…….

――그럼 의원님, 10.26 이후 사회가 혼란할 때, 김영삼 씨나 김대중 씨를 직접 만나서 당시의 국가위기 현상을 말해줬나요? 의원님 보시기에는 어땠어요? 그리고 그들의 시국관은요?

"나는 그들을 직접 만날 위치도 아니었고, 나로서는 10.26 사태 수습과 시해사건의 범인인 김재규 조사를 빨리 마무리하도록 지원하는 일에 충실해야 하니까 그 일 말고 내가 감히 재야 정치인을 만난다든지 정부의 어떤 부분에 참여한다는 것은 있을 수 없는 일이었지. 전두환 사령관도 마찬가지였고."

"우리 군인들은 정치는 잘 모르고 또 관심도 없었어. 빨리 민간인이 정권 이양을 받게 하고 우리는 군으로 돌아가는 것이 우리 모두의 생각이었다고. 김영삼 총재와 김대중 씨가 최규하 정부를 얼마나 조였는지 일반 국민들은 모를 거야. 좀 심할 정도였다니까. 그 사람들 말이야, 최 대통령과 대적할 때는 두 사람이 공동전선을 폈다가…두 사람이 각각 자기 캠프에 돌아가면 전혀 다른 생각들을 갖고 있었어. 우리가 순진해서인지 무지해서인지는 몰라도 도무지 정치한다는 사람들을 이해할 수 없었어."

허화평은 차창을 내다보면서 잠시 생각에 잠기다가 말을 이었다.

"최규하 대통령이 새로운 헌법을 정하고 민주정부를 수립한다는 명목으로 대통령 자리에서 떠난다면, 그때 두 사람은 각자 자신들의 세력을 규합해서 치열한 정권 쟁탈전을 펼칠 것은 뻔한 일이었지. 애들이 봐도 그렇게 볼 거야."

그가 슬며시 웃는 모습에서 그 당시의 정황들이 연출되는 느낌을 받았다. 나도 정치 광고를 한다고 정말 못 봐줄 정치인들의 추한 모습을 보아 왔기 때문에 그의 이야기를 누구보다 잘 이해할 수 있었다.

"당시 사회정세는 극도로 불안했다고. 그러나 우리는 김재규 조사를 마치고 빨리 대통령 시해사건이 마무리되어 군으로 돌아가는 것이 합동수사본부가 해야 될 임무라고 생각하고 있었지. 따라서 최규하 정부가 사회 혼란이 장기화되지 않도록 정치력을 발휘해 주기를 바랐고."

그는 자신이 군으로 돌아가지 못한 것이 큰 아쉬움이었다고 전에 이야기했던 것처럼 지금도 그 생각에 묻혀 있는 듯 보였다.

"안타까운 일은 김영삼 총재나 김대중 씨는 겉으로 드러내지는 않아도 보안사 합동수사본부를 별로 탐탁하게 생각하고 있지 않았어. 최규하 정부를 빨리 끌어내려야 하는데 10.26 수사가 김재규 하나에 그치는 게 아니라 정승화 육군참모총장이 연행되는 등 합수부의 수사 범위 확대가 자신들의 정치일정에 큰 걸림돌이 된다고 생각했던 것 같아어.

이런 와중에 1980년 4월 21일 강원도 정선군 사북읍에 위치한 동원탄좌 사북광업소에서 노동자들의 시위가 발생했던 거야.

광부들은 회사 입장에 서서 임금인상을 결정한 어용노조 위원장의 사퇴를 촉구하며 투쟁을 벌였고, 동원된 경찰과의 충돌 과정에 광부 한 명이 경찰차에 깔려 부상을 입자 흥분한 광부들의 과격한 시위로 경찰 한 명이 사망하는 그야말로 공권력이 무너지는 사태가 벌어졌지.

광부들은 노조위원장의 집에 쳐들어가 기물을 파손하고 도피 중인 위원장 대신 그의 아내를 집단 폭행하는 등 인륜을 저버리는 행위를 서슴지 않았어. 그러나 정부의 사태 수습 능력은 엉망이었고, 특히 재야 정치지도자들의 사건을 대하는 태도는 한심할 정도였지. 정말 이 나라의 장래가 심각하게 걱정스러웠어."

*사북탄광 광부들의 시위(1980년 4월 21)

당시 노조위원장의 부인을 폭행한 신문 보도기사

"대한민국의 미래가 누구도 장담할 수 없는 혼란으로 치닫고 있는 불안한 징조가 연일 계속되고 있었지."

도로 위에 차들이 길게 늘어서 있다.
허화평은 차창 밖에 뺏긴 눈을 그대로 방치한 채 이야기를 계속했다. 자신의 지난 시간들을 원망하려는 것인지, 시대와 상황에 대한 이해를 하려는 것인지 그의 감정은 자신의 의지에서 이미 무아(無我)의 경지로 떨어져 나간 느낌을 받게 했다.
그는 조용히, 이미 멀리 자신의 의지를 떠난 이야기를 차분히 불러내고 있었다.

"대통령 시해사건이 한 점의 의혹도 없이 철저한 조사를 통해 국민들에게 알려줘야지, 지지부진했다가는 거리로 쏟아져 나와 유신잔당 철폐를 외치고 김재규 조사 등을 방해하려는 민주화 운동 과격분자들의 불법시위에 공권력이 무너질 것 같았다.
김재규가 유신을 몰락시킨 의인으로 추앙받는 해괴한 일을 일어나지고 있지를 않나, 이러다가는 완전히 무정부 상태가 될 것이 뻔히 보였다고. 당시의 사회 분위기로 볼 때 가능했으리라고 믿을 수밖에 없지.
소위 3김으로 불리는 김영삼, 김대중, 김종필은 연일 최규하 대통령에게 조속히 총선을 실시하고 대통령 선거를 공포하라는 압박을 가하고 있었어. 뿐만 아니라 정보부와 대통령 시해사건 수사를 맡은 보안사 사령관 전두환 소장까지 타도하라는 시위대가 거리에 몰렸고, 대한민국은 한 치 앞이 보이지 않는 불안한 상태로 빠져들고 있었지.

 냉정하게 생각해 보건대, 당시의 상황에서 신군부가 정권을 장악하지 않고 민주화 세력들에 의해 민간 정부가 출범했더라면, 대한민국의 민주화는 더욱 성장했고, 국가 발전은 더 앞당겨졌다고 말할 수 있을까. 10년이 후의 지금 이 나라를 보라고. 대한민국의 정치는 어떠했나. 대한민국의 경제는 어떠했나.

 3김의 정치적 알력은 패거리 정치를 조장시켰고, 문민정부를 표방한 김영삼 정부는 아들의 권력남용으로 소통령(小統領)이라는 신조어가 나올 만큼 온갖 비리 속에 IMF라는 금융위기를 초래한 역대 최악의 무능한 대통령이 되지 않았나.

 김종필의 도움을 받아 대통령이 된 김대중의 국민의 정부 역시 세 아들들의 비리와 현대 재벌을 동원한 석연치 않은 대북송금으로 자유민주주의 대한민국에 큰 상처를 주지 않았던가.

 만일 이들이 80년 '서울의 봄'이라는 희망 신조어에 걸맞게 정권을 잡았으면 어떻게 되었을까. 정말 생각하기도 싫은 가정(假定)이다."

 허화평은 이렇게 다음 이야기를 잇는다.

"나는 5공의 탄생을 극히 정상적인 절차라고는 주장하지 않는다. 그러나 혼란과 무질서가 난무했던 당시의 국내 정치와 사회를 극복한 5공의 탄생을 비합법적 정부, 군부 쿠데타 정부로 매도하는 것에는 동의하지 않는다.

 시대적 상황에서 어쩔 수 없이 탄생했던, 누구도 예상하지 못한 대한민국의 운명적 소산(所産)일 뿐이다.

  5공의 탄생은 국가적으로나 민족적으로 국난(國難)의 난맥을 타고 있는 와중에 발생한 이 나라가 감수해야 하는 역사적 비상사태의 하나다. 사전 계획된 것도 아니고, 정치군인의 행동은 더더욱 아니야. 군인이 정치를 할 수밖에 없었던 상황이었다고.

  정치인은, 특히 대통령은 국민으로부터 칭송과 사랑받기를 힘써서는 안 된다고 생각한다. 국민으로부터 관심을 받으려고 노력하는 순간 포퓰리즘의 프레임에 갇히는 거야. 일부, 아니 전체 국민이 싫어해도 국익이나 공익에 우선하는 정책이라고 생각하면 국민들을 설득해서 그 정책을 펼치는 것이 올바른 정부의 태도가 아닐까.

  국가와 국민의 어느 한 쪽을 우선시하는 것은 자칫 오해의 소지가 있을 수 있지만, 딱히 어느 쪽이 상위개념이고 우선이냐고 묻는다면, 나는 국가가 먼저라고 대답하겠어.

  물론 국가를 우선한다고 국민을 무시한다는 것은 아니지. 지금 대한민국의 정치인, 정치지도자들은 연예인 이상으로 대중의 시각 안에 머무르기 위해 안간힘을 쓰고 있는 것 같아. 전략도 없고, 메시지도 없어. 그저 대중의 입과 귀에 파고들기 위한 동조심리만 학습할 뿐이야."

  그의 국가관에 대한 신념이나 국민으로서의 권리를 가질 수 있는 의무조항은 확실했다.

  "지도자의 역량은 두 가지로 나눌 수 있다고 생각한다. 하나는

'국민, 국가에 영향을 미치는 능력 있는 정치가', 다른 하나는 깊은 지식이 아닌 '인격적 가치 의식을 고취시키는 교육자'이어야 된다고 생각한다.

지금 우리나라는 정치적 수완이 능숙한 지도자는 많다. 그러나 올바른 교육을 펼치는 교육자는 찾아보기 힘들다고.

이 두 가지 양상을 유심히 생각해 봐야 할 것 같은데. 과연 그 많다는 유능한 정치지도자들이 이 나라 정치나 사회가 발전되고 강한 국가로 성장하는 데 그들이 무엇을 어떻게 얼마나 기여했는지 깊이 생각을 해보자고.

미국의 MIT(Massachusetts Institute of Technology)가 목표로 설정한 메시지가 '세상을 개선하는 교육'이라고 해. 세계적으로 가장 역량 있는 사람들 중에 그 학교 출신이 많잖아. 일등만을 만드는, 오로지 자신이 남보다 우월해야 하는 우리나라의 소위 영재교육이 아니란 말이지.

그 들어가기 힘든, 소위 일류대학을 나온 사람들의 사회활동을 보란 말이야. 정치가, 법률가, 사업가 등등 과연 몇이나 존경받고 사회의 본이 되는 사람이 있을까."

김대중의 국민선언

10.26 이후 대통령 시해사건을 조사하고 있는 시간에 재야 정치인들은 오로지 정권욕에만 혈안이 되어 있었지, 국가 안위와 안보에는 전혀 관심이 없어 보였다. 허화평은 당시의 상황을 이렇게 이야기한다.

"나라 사정이 극도로 긴장이 고조되고 있는 가운데 1980년 5월 16일 김대중 씨는 '국민선언문'이라는 것을 발표한다. 정부에 대한 최후통첩이라고 볼 수 있는 내용인데 골자는 다음과 같다."

〈우리들은 5월 19일 오전 10시까지 5월 5일의 민주화 촉진 국민선언에서 요구한 '비상계엄령 즉시 해제, 신현확 총리와 전두환 보안사령관의 즉시 퇴진, 정치범의 전원 석방과 복권, 언론의 자유보장, 유신정우회 통일주체국민회의와 정부개헌심의회의 즉시 해체'에 대하여 정부가 명확한 답변을 국민 앞에 밝힐 것을 요구한다. 만일 이 요구가 관철되지 않을 때는 5월 19일 정오를 기하여 행동강령에 기초해서 우리 국민은 투쟁에 나선다.〉

"이와 함께 5월 20일 정오에 서울은 장충단공원에서, 지방은 시청 앞 광장에서, 민주화 촉진 국민대회를 개최하고, 민주화 투쟁에 찬동하는 의사표시로서 시민은 검은 리본을 가슴에 달고, 국군은 비상계엄령에 의거한 일체의 지시에 복종하지 않으며, 언론은 검열과 통제를 거부하고, 전 국민은 집회와 평화적 시위를 통한 민주화 투쟁을 용감하게 전개한다고 하는 행동강령을 발표했지."

허화평은 컴퓨터에서 자료를 빼내듯 또박또박 당시의 일을 자신의 기억에서 뽑아내고 있었다.

"최규하 대통령은 과도정부 집권 후 곧장 대통령 직선제를 위한 준비를 마치고 1년 내에 대통령을 직선제로 선출하겠다고 발표했으며, 1980년 2월 29일 김대중 등 시국사범 687명을 사면·복권시켰을 뿐만 아니라, 민청학련 사건 등 각종 시국사건 주동 혐의로 제적되었던 이들을 모두 복학시킴으로써 김대중 씨와 좌익세력의 독재타령을 잠재웠음에도 불구하고 이러한 시국선언을 한 김대중 씨의 속마음을 이해할 수 없었어.
 김대중 씨의 국민선언은 정부를 향한 일종의 선전포고라고 생각할 수밖에 없었어.
 5월 19일부터 민중이 총궐기해서 정부와 정면 대결하겠다는 것이야. 사태에서 발생할 어떤 불상사도 정부의 책임이라는 것이었지. 그러니까 5월 19일까지 대답을 하라는, 대중(大衆)을 동원한 협박성 으름장이었다고.

비상계엄 해제하라

이것은 누가 봐도 무리한 요구잖아. 왜냐하면 18년 통치하던 절대 권력자의 갑작스러운 유고로 인한 권력의 공백이 하루아침에 정치적으로 정상화되는 것이 아닐 텐데, 정당한 정부를 제치고 재야세력들에게 맡기라는 것은 민중혁명을 하자는 것이나 다를 바 없는 거지.

지하에 숨어 있던 반정부 단체들도 거리에 뛰쳐나와 저마다 민주화를 외쳐대며 그들이 말하듯 '5월의 봄'을 선언하는 무정부상태로 만들려는 의도가 다분한 행동들이 아니겠냐 말이다. 그러지 않아도 소위 민주화 시위가 경찰과의 충돌로 폭력이 난무하는 격렬한 시위대로 변했고, 서울 시위 현장에서는 경찰버스가 불에 타고, 대형 참사가 곳곳에서 일어나고 있는데. 이런 어지러운 상태에서 김대중의 국민선언문은 5월 19일까지 기다릴 테니까, 현 정부는 손을 떼고 물러 앉아 있으라는 것이었어.

그 당시 격렬했던 시위는 잠시 소강상태였지. 그러나 김대중 씨가 요구하는 조건은 정부가 들어줄 수는 없었어. 사람들은 그들이 말하는 '5월의 봄'을 따뜻한 봄 날씨로 알고 있는데, 그게 아니야. 정부에 어처구니없는 요구를 던져놓고 기다렸다가 정부가 이를 수용하지 않으면 전면전을 펼치겠다는 것이 '5월의 봄'이었지.

사람들은 그때는 물론이거니와 40년 가까이 지난 지금도 '5월의 봄'을 잘 몰라. 오히려 왜 5.17 비상계엄 선포를 했는지에 대해 대다수의 국민들이 의구심을 갖고 있을 뿐이지."

최규하 대통령

허화평은 최규하 대통령에 대해서도 이렇게 이야기하고 있다.

"최규하 대통령은 공직자로 살아오셔서 모든 일을 고지식할 정도로 순리에 맞게 처리하시는 분이야. 더군다나 권력에 욕심이 전혀 없는 분이지. 당장 정부가 해야 할 일, 즉 10.26 사건을 빨리 매듭짓고 새로운 정부가 수립될 헌법을 만들어서 선거를 통해 정권을 이양하겠다는 것이 그분의 국정운영의 실체야. 권력에 야심을 품고 무슨 음모를 꾸미실 분이 결코 아니야.

그런데 재야나 정치지도자들은 이 기간을 못 참고 계속 정부의 목을 조이고 있었던 것이야. 특히 김대중 씨는 민중이 봉기하면 겁을 먹고 모두 내려놓을 것이라고 생각했고. 더구나 최규하 대통령이 국군통수권자지만, 군의 지지기반도 없고, 박정희 대통령처럼 군을 좌지우지할 능력도 없을 테니까, 그들이 들고 일어나면 정권을 고스란히 자기들한테 바칠 줄 알았던 것 같아.

그러나 큰 착각이었어. 대한민국 국군이 그렇게 몰랑몰랑하지 않지. 군은 국토수호, 국민의 생명과 재산을 보호한다는 교육으로 무장되어 있는 조직이란 말이야. 특히 직업군인들은 하사관이든 장교든 군에 입대하면서 오로지 국가에 대한 충성이라는 점이 교육되어 있는 사람들인데 나라가 어지럽거나 불순세력이 기존의 법질서를 무너뜨리는 상황에 대해서는 적의 침략에서 나라를 지키듯이 앞장서서 모든 부정과 불법을 막는 것을 당연한 의무로 생각하는 것이 군의 정신이란 말이야.

 재야 민주세력, 김영삼이나 김대중 그분들의 민주화 투쟁은 높이 평가하지만 기본질서를 무시하거나 파괴하는 행동은 도저히 용납될 수 없는 불법행위가 아닐까. 누가 그런 행동을 올바르게 보겠는가. 그들에게 그럴 권한이 있는 것은 더더구나 아니잖아.

 모든 것은 합법적이어야 하는 거야. 그 합법적 권한은 정부에게 있는 것이지 김영삼이나 김대중 그분들이 갖고 있는 것은 아니란 말이지. 아무리 최규하 대통령이나 정부가 박정희 대통령 때의 사람이고 유신정부를 이어온 정부라고 해서, 정치적으로 유신의 잔당이라고는 하는 것은 대단히 잘못된 생각이야.

 현행법의 잣대로는 엄연한 합법 정부고 대통령인데, 누가 마음대로… 그러니까 그들이 말하는 보안사령부나 정치군인이 정부를 쥐락펴락할 수 있는가 말이야. 그들이 소설 같은 이야기를 만들어내고 있는 거야. 계엄사, 그 다음이 대통령, 보안사는 모든 정보를 취급하고 있으니까 현 시국에 대한 판단이 누구보다 정확할 수 있고 정세를 예견할 수 있는 데이터가 구비되어 있어 국가적으로 중요한 부처임에는 틀림없지.

 김대중 씨가 선언한 대로 전국적인 대정부(對政府) 투쟁이 일어나면, 전국 대학교로 퍼지고, 부산, 대구, 광주, 서울에서 다발적으로 일어나서 공권력과의 정면충돌은 불가피한 사태가 될 것이고…그러면 어떤 결과가 올까? 내전상태로 갈 수 있는 여지가 다분히 있지 않겠어?

누가 이런 어처구니없는 김대중의 요구를 정당하다고 생각하겠느냐 말이야. 당연히 들어줄 수 없는 것이지. 들어줘서도 안 되고. 그래서 5.17 각의가 열리고 계엄령 확대가 선포된 것이야. 그들이 말하는 것처럼 신군부가 정권을 잡기 위해 만든 시나리오라고? 아니야.

아마도 김대중 씨는 그동안 이 일을 위해 많은 준비를 했을 것이라고 추측이 간다. 재야세력의 규합, 전국 단위의 반정부 단체들에 대한 행동지침 등 그 중에서 특별히 광주지역에 각별한 준비가 있었던 것으로 알고 있지. 모든 행동의 중심거점은 광주로 정하고 만반의 행동지침이 철저하게 전달되고 있었던 거로 보고가 들어왔지. 이런 정황들이 보안사에 접수되면서 사태의 위급함을 정부로서는 그냥 넘어갈 수 없었던 거야. 특단의 대책이 강구될 수밖에 없었지.

그래서 어쩔 수 없이 정부는 5.17 각의에서 김대중의 내란음모죄로 김대중과 그 추종세력들의 구속을 결의한 것이야."

김재규 연행 과정과 조사

 10.26 사건을 수사하면서 김재규를 연행하고 정승화 계엄사령관을 조사하지 않으면 안 되었던 당시의 급박한 상황을 기술한 허화평의 글을 옮긴다.

 육군본부에 간 전두환 보안사령관의 호출을 받고 나는 급히 육군본부로 갔습니다. 이미 김재규 정보부장이 대통령 시해의 범인이라는 김계원 대통령비서실장의 귓속말을 들은 노재현 국방장관이 그 사실을 정승화 참모총장에게 전달한 상태입니다.
 노재현 국방장관은 정승화 참모총장에게 전두환 보안사령관과 의논해서 속히 김재규를 체포하라는 지시를 했습니다. 정승화 총장은 김진기 헌병감에게 보안사와 의논하여 김재규를 연행하도록 했습니다. 또한 이런 사실을 처리하도록 전두환 사령관에게 지시를 했습니다.
 정승화 총장은 김재규에게 이런 사실을 숨기고 육군본부에서 신병을 확보하고 있었습니다. 나는 육군본부로 들어가는 지하통로로 김재규의 신변을 확보하기 위해 보안부대 요원과 헌병을 대동하고 김재규를 완전히 무장해제(武裝解除)시켜 보안사 찦차에 태우고 내 차가 안내하여 안가로 향했습니다.

  나나 보안사 요원들은 그때까지 김재규가 대통령 시해범인 줄 몰랐습니다. 모시고 오라는 지시를 받았으니까 그냥 모시고 안가로 데려갔던 것입니다. 우리 보안사 안가(安家)가 조선일보 뒤편에 있었는데 작은 마당도 있고 지하 차고가 있는 2층 가옥입니다.

  보안사령부에서는 사람을 만나는 데 여러 가지 제약이 많기 때문에 사령관이 특히 민간인을 만날 때 이용하는 곳이 안가입니다. 안가라는 것은 안전가옥이라는 뜻입니다.

  그 안가의 관리 책임자가 사령관 비서실장이지만, 내 개인적인 용무로 사용할 수 없는 가옥입니다. 오직 공적으로 사령관이 사용하는 안전이 보장된 가옥입니다.

  김재규를 태운 차가 나의 안내로 안가 지하차고로 들어가서 김재규를 2층에 데리고 올라갔습니다. 나는 1층에서 다음 명령을 기다렸습니다. 김재규는 자기가 죄인으로 잡혀온 줄도 모르고 세상이 바뀌었느니 어쩌니 하는 말을 수사관들에게 하고 있었습니다. 이때까지 수사관들이 김재규를 깍듯이 모셨으니까 전혀 상황을 인식하지 못했을 것입니다.

  사실 나도 김재규와 시해사건에 대한 전모를 자세히 모르고 있었으니까 김재규나 마찬가지 생각을 할 수밖에 없었습니다. 얼마 후에 수사관이 나에게 내려와서 김재규가 '내일 아침이면, 세상이 확 바뀐다.'는 이야기를 하는 걸 보니 아무래도 이번 대통령 시해사건의 범인이 확실하다고 이야기했습니다.

  나는 김재규를 안가에 모실 이유가 없다고 생각하고 전두환 사령관에게 전화를 했습니다. 사령관은 국방부 비상각의에 참석하고 있었습니다. 사령관에게 김재규가 안가에 있을 이유가 없다는 나의 판단을 사령관에게 보고를 했습니다. 그러니까 자연히 서빙고로 데리고 가는 것은 당연한 조치입니다.

　사령관도 무엇 하나 결정된 것이 없는 상태에서 대답이 궁색한 듯 느꼈습니다. 그러나 바로 사령관은 서빙고로 데려가라고 했습니다. 그래서 김재규를 서빙고로 데려간 것입니다. 안가에 머무른 시간은 얼마 안 됐습니다. 빨리 김재규를 서빙고로 데려간 것이 얼마나 다행인지 나중에 깨달았습니다.

　정승화 총장이 재판 과정에서 김재규를 잘 모시라고 한 적이 없다고 했는데, 그렇다면 전두환 사령관이 독단적으로 잘 모시라고 했다는 것입니까. 전두환 사령관은 총장의 지시대로 나에게 명령했다는 것을 믿을 수밖에 없었습니다.

　정승화 총장이 김재규를 조사하라고 했으면 전두환 사령관도 나에게 그렇게 명령했을 건데 안가로 잘 모시라고 했다는 것은, 몇 번 이야기 하지만…전두환 사령관이 김재규를 모셔야 할 이유도 의무도 없습니다. 그렇게 이야기할 이유가 없다는 것은 군의 명령체계를 아는 사람이면 바로 알 수 있는 이야기입니다.

　이것은 정 총장이 거짓말을 하는 것입니다. 정승화 총장이 김재규가 대통령 시해범임을 이미 알았으면 바로 전두환 사령관에게 수사를 지시해야지, 잘 모시라고 했던 이야기에는 여러 가지 의혹이 묻어 있습니다. 나 또한 전두환 사령관으로부터 김재규를 모시라는 명령을 받았지, 이 사람이 범인이니까 수사를 하라는 말은 들은 적이 없습니다. 여기서 정승화 총장의 말에 여러 가지 의혹이 생겨나고 있었습니다.

서빙고에서 김재규는 자신이 대통령을 죽였고, 따라서 세상은 바뀌었다, 자신이 모든 권한을 가진 위치에 있으며, 자신의 주위에 김계원 비서실장이 있고, 정승화 육군참모총장이 있다는 이야기를 아주 자랑스럽게 이야기하는 것입니다.
    정말 앞이 깜깜했습니다. 어떤 이유였던지 현직 대통령을 살해했다는 자가 죄의식을 느끼지 않고 이렇게 뻔뻔스러울 수 있는 이유가 무엇일까 하는 의구심을 씻을 수가 없었습니다.
    수사관들이 김재규가 확정범인 것을 안 이상 본격적인 수사를 하지 않을 수 없었습니다. 김재규가 대통령을 살해하고 정승화 총장과 함께 차를 타고 궁정동 안가를 떠나 중앙정보부로 가지 않고 육군본부로 간 이유를 밝히는 조사 과정에서 정승화 총장에 대한 석연치 않은 사실들을 발견할 수 있었습니다. 김재규는 정 총장의 묵인 아래 비서실장 박흥주 대령에게 육군본부로 갈 것을 지시했다고 했습니다.
    당시 박흥주 대령이나 김재규는 평상의 모습이 아니었을 것입니다. 대통령을 살해하고 경호원들을 죽인 사람들이 정상적으로 보였을까요? 정승화 총장도 이들을 보면서 사태의 위급함을 인지했을 것입니다. 정승화 총장이 김재규의 다급한 모습을 그냥 대수롭지 않게 생각했다면, 이 또한 육군참모총장으로서의 자질에 심히 문제가 있는 인물인 셈입니다.
    박흥주 대령은 육군사관학교 내 바로 아래 기수입니다. 서울고등학교 출신으로 얌전한 성품을 지닌 군인이었습니다. 사람의 운명이 이렇게 기구할 수 있는가 하는 깊은 고뇌를 떨칠 수 없었습니다. 이런 훌륭한 후배 군인이 상관을 잘못 만나 이 엄청난 사건을 저질렀다는 것이 믿고 싶지 않았습니다.

  김재규를 조사하면서 정승화 총장의 이해할 수 없는 행동에 대한 의혹은 시해사건 수사에 매우 중요한 사안이 아닐 수 없었습니다. 궁정동 사건현장에서 육군본부로 가게 된 동기가 김재규를 체포하기 위해 총장의 지휘권이 보장된 육군본부로 유인하려 했다고 하면 육군본부 벙커(Bunker)로 갈 것이 아니라 다른 안전한 곳으로 김재규를 안내하여 무장부터 해제시켜야 했습니다.

  육군 본부 벙커로 김재규를 안내했다는 것은 참모총장이 김재규에게 혁명을 저지를 수 있는 여지를 제공하겠다는 것으로 단정할 수밖에 없는 것입니다.

  육군 본부 벙커는 육군 예하 지휘전술과 작전을 지휘하는 육군의 최고 전략전술 요새입니다. 이곳은 언제라도 참모총장이 전 부대에 어떤 명령도 하달이 가능한 곳입니다.

  궁정동 사건 현장에서 육군본부로 오는 동안 김재규가 어떤 짓을 했는지 파악을 한 상태에서 그를 육군 명령체계의 최고 핵심부인 벙커로 데리고 간 것은 누가 뭐라 해도 범인 은닉을 넘어 김재규의 혁명에 동참 의사(意思)가 있었다고 다분히 의심이 가는 것입니다.

국가 비상사태와 국보위

 허화평은 언론이나 세간에 떠돌아다니는 5.17 계엄확대조치나 5.18 광주사태에 대한 왜곡된 기사와 사실들에 대해 참담한 심정을 여러 통로를 통해 말해 왔지만, 사람들은 믿으려 하지 않는다고 답답한 심정을 실토하는 것을 자주 보아왔다.
 아래의 기록도 같은 맥락이다.

 최규하 대통령은 5.18 광주사태를 겪으면서 거의 무기력 상태였습니다. 자신의 역량으로는 도저히 해결할 수 없는 것이 너무나 많았습니다. 광주사태 초기에 대통령이 직접 광주 시민들에게 협조를 구하며 폭력시위를 자제해 달라고 부탁했지만, 결국은 엄청난 비극의 사태로 돌변하는 것을 보면서 대통령으로써 책임을 크게 느낄 수밖에 없었을 것입니다.
 후에 야당이나 5공 비판세력들은 신군부가 최 대통령을 협박해서 5.17 비상계엄을 확대했고, 권력을 잡기 위해 광주에서 양민 학살을 기획했다고 지금까지 주장하고 있습니다.
 이젠 같은 이야기를 너무 들어서 아무 감정도 없어졌고, 그 이야기를 듣는 귀는 아주 둔해졌습니다. 사실을 이야기하는 것도 지쳤습니다. 이토록 얼토당토않은 거짓말을 40년 가까이 듣고 있으니 정말 딱한 심정입니다.

　당시의 상황을 면밀히 보고 들으면 얼마나 엄청난 허위와 날조된 진실이 세상을 속이고 있는지 알 수 있습니다. 최규하 대통령은 결코 허수아비가 아닙니다. 시중에 떠돌아다니는 이야기처럼 보안사 합동수사본부 군인들이 대통령을 마음대로 조정하도록 절대로 허용하지 않을 사람입니다.

　외교관 출신으로 상당한 인품을 지니고 있었고, 무슨 일이든 즉흥적으로 결정하지 않을 뿐 아니라 법을 위반하는 건의나 주장에 대해서는 단호히 거절하는 사람입니다.

　한 마디로 원칙을 중요하게 생각하는 분입니다. 그러니까 12.12 사태 때 그 소동에도 침착하게 관계 장관들이 올 때까지 기다리도록 지시했던 분입니다.

　5공 역사바로세우기 재판에 증인으로 나와서 아무 답변도 안 한 것은 대통령의 재임 중에 행한 제반 정책과 관련된 이야기를 대통령이 하는 것은 전례에 없는 것이기 때문에 할 수도 없고, 자신이 그런 전례를 남기면 후임 대통령들이 대통령 직무나 국가통치가 제한적일 수 있을 뿐 아니라 대통령으로서의 국정운영에 막대한 지장을 초래할 수 있다고 생각하여 끝끝내 아무 말도 하지 않았습니다.

　이런 원칙주의 대통령이 광주사태의 심각성을 느끼면서 거의 무기력 상태에 빠졌습니다.

　계엄 하에서의 내각은 그 기능을 제대로 작동할 수 없는 것이 사실입니다.

대통령만 무기력한 것이 아니라 국가도 무기력했습니다. 당시 대한민국은 국회가 해산된 상태고, 사법과 행정은 계엄 하에서 거의 마비상태였습니다. 사회는 불안심리가 고조되고 국민들은 삶의 기대심리를 잃고 있었습니다.

계엄사가 국가정책을 담당해야 했습니다. 육군본부 참모들로 구성된 계엄사가 국정전반의 행정이나 정책을 수행하기에는 능력이 부족하게 마련입니다. 정책적으로 실행되거나 조정되어야 할 경제 안건들이 그대로 적체하고 있으니 국민경제에 미치는 불안심리는 날로 싶어가고 있었습니다. 이러다가는 나라가 침몰할 것 같은 위기가 느껴졌습니다.

계엄사 수뇌부와 청와대 비서관들이 현 시국을 헤쳐 나갈 비상기구 설치에 합의를 보고 국가보위대책위원회라는, 흔히 '국보위(國保委)'라고 일컫는 기구를 설치했습니다.

이 기구에 대하여 사람들의 시각이 비판적인데, 당시의 사회현상이나 국가적 위기에 처하여 국가 기능이 마비된 상태에서 어쩔 수 없는 돌파구였다고 생각합니다.

국보위는 대통령의 통치를 보좌하는 기능을 주목적으로 갖고 있습니다. 계엄사에서 군 참모들이 할 수 없는 국가정책이 이곳으로 이관되었습니다. 각계의 민간 전문 관료들이 참여하여 각 분과별로 국정을 이끌어가는 기구입니다.

10.26 후 대통령 시해사건을 수사하면서 국내 모든 정황을 익히 알고 있는 합수부 본부장인 전두환 보안사 사령관이 상임위원장을 맡게 되었습니다. 국보위 각 분과위원회 실무진은 정부 각처의 관료들이 파견되어 업무를 봤습니다.

5공화국의 탄생과 정책방향 설정

허화평이라는 인물에 대한 세간의 평에 대해 본인은 어떻게 생각하는지 물어본 적이 있었다. 대답이 될 만한 본인의 기록을 간추려 옮긴다.

사람들이 허화평을 5공을 설계한 사람이다, 또는 키 플레이어다 하고 말하는 것을 많이 들었습니다. 그걸 부정하고 싶지는 않습니다. 그러나 국가의 위급한 상황에서 나라를 구하고 정권을 창출하는 것이 한 사람의 힘으로 되는 것은 아니라고 생각합니다.

나는 10.26 사태 후 수사의 핵심부에 있으면서 국가라는 존재의 가치를 어디서 찾아야 되는지, 정부와 정책의 설정이나 과제에 대한 연구를 할 기회가 있었습니다. 그런 산교육을 몸소 체험했던 덕분에 5공화국 설계에 한 몫을 할 수 있지 않았나 생각합니다.

나는 국가 수립의 첫째가 독재는 안 된다고 생각했습니다. 장기 집권은 절대로 해서는 안 된다, 설상 국민들이 원한다고 해도 지도자는 그것을 받아들여서는 안 된다는 것을 뼈저리게 느꼈습니다. 그리고 대한민국은 자유민주주의를 표방하는 자유경쟁시장체제를 고수해야 한다고 생각했습니다.

나름대로 이런 몇 가지의 국가에 대한 원칙이 있었습니다. 마침 예상하지 않았던 5공화국의 탄생을 맞이했고, 그 중심에서 국가정책이라든지 국가의 미래 그림을 그리는 중책을 맡기도 했습니다.
　5공화국 탄생의 배경에서 정통성의 문제가 있기 때문에 국민의 신뢰를 얻기 위해서는 정직하고 부패와 불법을 하지 말아야 한다는 것이 국가 시책의 상위 이념이 되어야 한다는 것을 적극 주장했습니다.
　5공화국의 얼굴이 '정의사회구현'입니다. 여러 가지 어려운 과정을 거쳐 탄생한 5공은 새로운 헌법으로 국회가 개원되는 새로운 시대를 맞이할 수밖에 없는 운명의 역사가 시작되었습니다. 5공은 유신정권 하에서 대통령의 시해와 맞닥뜨린, 건국 이래 최대의 국가적 난국으로 참으로 한 치 앞을 내다볼 수 없는 암울한 시기를 헤쳐 나가는 과정에서 탄생된 정부였습니다.
　이런 일련의 난국에 처한 국정 전반을 제자리로 돌려놓는다는 것이 말처럼 쉽지가 않았습니다. 한 가지 중요한 일은 당시 사회 전반에서 일어나고 있는 유신을 비방하고 유신정권을 타도하자는 마당에서 5공화국의 탄생 기조가 싫든 좋든 유신정권의 연장선상에서 떼어낼 수 없다는 것이 5공화국 탄생 주역들의 생각이었습니다.
　누구도 이러한 생각을 부인하지 않았습니다. 물론 유신 정치를 계속하겠다는 것이 아닙니다. 박정희 대통령의 장기집권을 5공이 동의하는 것도 아닙니다.
　박정희 정권, 즉 유신정권이 마무리하지 못한 일, 특히 국정사업이나 외교·안보 정책은 그대로 지속시킬 수밖에 없기 때문에 정권 초기부터 유신정권이 완성하지 못한 근대화, 산업화와 외교 분야부터 전(前) 정권의 정책을 그대로 계승·유지해야 한다는 것이 나나 5공에 참여한 모든 사람들의 생각이었습니다.

그 이유는 국가의 돈이 들어가고 그 돈은 우리 국민의 돈이기 때문입니다.

만약 박정희 대통령이 벌려놓은 이 산업화를 정치적 이유로 중단한다면, 18년 박정희 정권은 공백으로 남을 뿐 아니라 국가나 국민에게 미치는 영향은 엄청난 손실을 불러일으킬 것입니다. 박정희 대통령의 장기집권 철권정치와 독재정치에는 동의할 수 없어도, 박 대통령이 마무리하지 못한, 근대화와 산업화는 절대로 우리가 완성시켜야 한다는 것이 5공의 정책기조에 들어가 있습니다.

대통령이 바뀌면 전(前) 정부가 세운 모든 사업이 중단되는 것이 우리나라 정권입니다. 이렇게 해서는 정통성은커녕 대통령이 바뀔 때마다 단절되어 역사가 없는 나라에서 살고 후손에게도 우리가 살아온 역사를 남겨주지 못합니다. 정부의 정책이나 사업은 정권의 전시효과나 정치적 이유가 되어서는 안 됩니다. 다음 정부에서도 지속할 수 있는 사업이 되도록 국민적 감시가 필요합니다.

그런 면에서 5공화국은 이승만 정부에서부터 박정희 정부에 이르기까지 역사적 관점에서 그 정부의 국가 정책을 공부하고 필요에 따라 받아들였습니다.

그 당시 우리나라의 GDP가 600억 달러쯤 됐을 것입니다. 그리고 외채가 약 300억 달러 가까웠다는 생각이 듭니다. 그러니까 GDP 절반이 외채였지요. 그 외채 대부분이 악성 단기 외채였습니다. 지금도 마찬가지지만, 그때도 리보(Livor), 소위 이자율이라고 하는 게 있었습니다.

국제금융시장의 기준금리가 있는데 정치사회적으로 리스크가 많은 나라에 돈을 빌려줄 때는 다른 안정된 국가에 빌려주는 것보다 이자를 더 많이 받습니다.

박정희 정부가 외국으로부터 빌려온 자금으로 건설한 창원공단이나 울산 등의 공업단지 조성이 10.26으로 중단 위기에 처해 있는데, 이걸 빨리 회전시키지 못하면, 나라가 망하게 되었던 것입니다.

정치적 입지를 강화하기 위해 유신체제를 짓밟는 것은 마음의 한을 풀어 줄지는 몰라도, 나라가 거덜나는 것을 뻔히 알면서 그렇게 정치적으로 유신정권의 정책이나 국가산업을 중단시켜서는 안 된다는 것이 나의 확고한 신념이었습니다.

몇 번이고 말하지만, 정책과 국가사업에서 박정희 대통령의 유신체제는 건드리면 안 되는 것입니다. 결코 유신을 다시 하자는 것이 아닙니다. 유신체제를 완전히 부정하는 것은 박정희 정부의 추진사업을 중단하자는 것입니다. 모든 국가산업 정책의 기초가 유신체제에서 계획되고 실행되어 온 것이기 때문입니다.

야당과 재야세력들은 유신체제에 굴복되었던 한을 풀기 위해 한꺼번에 거리로 나와 유신체제를 뒤엎는 것을 넘어 박정희 정부가 이제까지 해오거나 완성시키지 못한 산업들을 모두 부인하거나, 그만하고 자기들에게 넘기라고 대중을 선동하고 있는 소위 야당지도자들이 과연 국가를 경영할 수 있을까 하는 깊은 고민을 하지 않을 수 없었습니다.

나라가 어렵고 힘들 때, 오로지 정치권력에만 눈이 어두운 그 사람들이 나라를 다스린다면, 이 나라가 어떻게 될까 하는 걱정이 나를 슬프게 했습니다. 맹세코 나는 정치도 모를 뿐 아니라 정치를 할 생각은 추호도 없었습니다. 전두환 사령관도 나와 똑 같았으리라 믿습니다.

　대통령 시해사건을 조사하면서 정부 각료들의 비겁함, 정권에 빌붙어 사는 아부꾼들, 책임질 줄 모르는 비겁함 등의 민낯을 체험했던 셈입니다. 모든 정부 각료들이 그렇지는 않겠지만, 내가 만난 고위직 공무원들 대부분이 쓰레기 같다고 느꼈습니다.

　나는 박정희 대통령에 대한 미안함이 솟구쳤습니다. 가슴이 울컥했습니다. 이런 사람들을 데리고 어떻게 나라를 이 정도로 발전시켰단 말인가. 박정희는 위대한 사람이라고 되뇌고 되뇌었습니다.

　박정희 대통령이 시작한 산업화 정책이 마무리 되지 않으면, 대한민국의 침몰은 불 보듯 뻔했습니다. 당시 국가 부채 규모가 얼마인지 상환계획은 어떤지를 전혀 모르는 재야나 야당의 정치지도자들은 오로지 정권욕에 눈이 멀어 있었습니다.

　과도정부라고 할 수 있는 최규하 정부가 소위 민주화 세력들에게 그들이 원하는 정부이양 방식에 따라 정권쟁탈의 기회를 제공하여 그들끼리 정권 싸움이 일어나질 경우 천문학적으로 들어갈 선거비용이나 정치자금을 어떤 식으로 마련할 것인가. 물어보나 마나 엄청난 부정부패가 일어나지 않는다고 누가 장담하겠습니까.

　10.26의 혼란기에 그렇게도 자신들이 정권을 차지하면 대한민국을 암흑의 유신체제에서 건져내 꿈과 희망을 실현시키겠다던 그들, 그로부터 10년 후에 보여준 모습을 보십시오.

　10년 전과는 판이하게 다른, 안정을 찾은 시기에 정권을 잡은 김영삼 정부나 김대중 대통령을 보면 그때, 소위 민주화 세력들에게 정권이 넘어가지 않은 것이 얼마나 다행한 일이었는지 정상적인 생각을 가진 사람이면 알 수 있지 않을까요?

민주화가 되고 대통령의 시해로 촉발된 풍전등화의 위기에서 안정을 원하는 다수 국민들의 지혜가 모아져 나라가 정상을 찾은 1990년대에 정권을 잡은 김영삼 정부와 김대중 정부의 온갖 비리와 무능, 북한정권에 대한 안이한 안보 불감증으로 나라가 거덜이 나지 않았습니까.

이런 사람들이 10년 전 한 치 앞도 예측이 안 되고, 불안이 고조된 암울한 국내 상황에 설상가상으로 산더미 같은 외채에 시달리고 있는 국가 존망의 위기에서 정권을 잡았다면 정말 떠올리기도 싫은 끔찍한 일들이 벌어지지 않았겠냐는 생각을 하지 않을 수 없습니다.

5공 등장의 당위성을 주장하는 것은 아니지만, 5공의 정통성에 대한 시비에 밀려서 지난 유신정권에서 계획되고 시행해온 모든 것을 다 지우고 새로운 정책, 새로운 비전으로 유신정권을 비판하는 여론과 재야세력들에 밀려 그들에게 정권을 이양했거나 그들과 협력하여 그들의 정권장악 기회의 준비 기간을 조력하는 최규하 과도정부의 연장을 도왔다면, 아마도 그때 이 나라의 경제는 물론 사회질서는 허물어졌을 것입니다.

장기집권으로 비극을 맞은 정권에 대한 부정적 시각이 당시 대한민국의 여론이었습니다. 이 여론에 떠밀리어 18년 동안 국가를 책임지고 국가 발전을 이룩한 정권에 대한 긍정적인 평가에 고개를 돌리는 것이야말로 5공의 정통성을 포기하는 행위가 아닐까요.
 정통성이 없다는 비난의 굴레를 벗어나는 길이 장기집권을 목표로 이끌어 왔다고 하는 유신정부를 짓밟는 것은 아니라고 생각합니다. 이것은 나의 개인적인 견해가 아니라 5공의 기본적인 생각입니다.
 이러한 사실을 역사에 남기고 5공의 필연적 탄생을 먼 훗날 우리 후손들의 평가에 맡기는 것이 옳다는 점을 나는 어떤 장소, 어떤 시기에도 일관되게 주장해 왔습니다.
 영광도 치욕도 역사 현장의 입맛에 맞게 빼고 더하는 것은 훗날 역사의 죄인이 되는 것입니다.
 좋은 정부든, 나쁜 정부든, 실패했던 정부든, 성공했던 정부든 모두가 역사의 한 부분을 차지할 것입니다.
 정부의 존재 자체를 역사에서 지울 수도 없고, 지워서도 안 됩니다. 후대의 우리 아들딸들에게 진실을 알려줘야 한다는 책임과 역사 인식을 갖는 것이 5공 정권의 의무적 조항이기도 합니다.

장영자 사건

　장영자-이철희 사건은 5공화국 초기 정권 차원의 최대 위기로 떠올랐던 사건으로 허화평과 떼려야 뗄 수 없을 정도로 밀접하다. 대통령 친인척 사건이니까 정치적으로 해결하자는 다수의 의견에 맞서 허화평은 구속 수사를 강경하게 주장하고 끝까지 관철시켰다. 당시 정무수석 비서관이었던 허화평은 결국 이 사건으로 인해 청와대를 떠나야 했다. 자신이 실세로 참여하여 수립한 5공화국의 권부를 떠나야 하는 개인적인 손해를 감수하면서 장영자, 이철희 부부의 구속 수사를 고집했던 데서 그의 5공에 대한 자부심과 책임감을 엿볼 수 있다.
　허화평은 그때 일이 뭐 자랑스러울 게 있겠냐고 하면서도, 그 사건을 회고하면서 '정의를 지키는 것은 어렵고 외롭지만, 진정한 자유는 정의에서 나온다.'는 그의 평소 소신을 굽히지 않았다.

"요즈음 최순실 사건 때문에 온갖 이야기가 많이 나오잖아요? 그때나 지금이나 권력 핵심과 관련해서 사건이 터지면 온갖 소문들, 소위 유언비어라고 할까 낭설이 횡행하게 마련이죠.
　당시 내가 정무수석이었는데, 그 정무수석은 검찰이나 법원에 대한 대통령 참모로서의 책임이 있다고요. 나는 이철희-장영자 부부의 사건이 표면화되기 전까지 잘 몰랐어요. 그 전에 민정비서실에서 이야기가 흘러 나왔는데 청와대에서는 별로 크게 생각지 않았지요. 아마 안기부에서는 좀 알았던 것 같았어요. 나도 마찬가지고 청와대에서는 장영자나 이철희, 그 사람들이 헛소리하고 다닌다고 생각했다고요.

당시 안기부장이 유학성 씨고 민정수석이 이학봉 씨였는데, 사실 내 직무하고는 관계가 없으니까 그들에게 물어볼 것도 없었어요. 내가 알려고 하는 것은 그들의 월권하는 행위였지요. 내 소관이 아니니까 내가 알아야 할 사안이 아니었지만, 이게 대통령을 업고 자행한 부부의 대형 어음 사기사건이었던 겁니다.

그때 우리나라 경제사정은 지금과 전혀 다른 상황이었습니다. 우리나라 은행에 돈이 있었겠어요? 지금은 잘 사니까 그때 그 당시 우리나라의 경제규모를 지금의 시각으로 보면 도저히 이해하지 못할 것입니다. 아무튼 심각할 정도로 어려웠습니다.

박정희 대통령은 월남전을 통해서 미국으로부터 온갖 시련을 겪었어요. 자존심도 많이 상했고…국민들은 잘 모를 것입니다. 물론 월남전 덕분에 우리의 자주국방에 어느 정도 보탬이 된 건 사실이지만, 내가 정권의 핵심에 있어 보니까 박정희 대통령의 어려움을 이해하겠더군요.

미국은 월남 정부를 상대로 '호지명에게 안 넘어가도록 지켜줄 테니까 휴전해라.'고 해서 월남이 휴전협정을 한 것입니다. 그리고 휴전협정하고 바로 월남은 공산화가 된 겁니다.

미국은 이런 사실을 우리와 아무 협의도 없이 자기들 의회에서 노(No) 한다고 바로 철군을 했던 것입니다. 미국은 철군이 아니라 도망간 거나 마찬가지예요.

이런 미국을 박 대통령은 못 믿겠다고 했습니다. 믿다가는 큰일이 생기겠다고…뭔가 우리도 대책을 준비해야겠다는 생각을 한 거지요. 대통령은 이를 악물고 자주국방의 필요성을 강하게 느꼈던 것입니다.

기어이 박정희 대통령은 핵개발을 계획하게 되었고, 드디어 카터 미국대통령이 급히 한국으로 옵니다. 카터와 박정희 대통령은 한국 자주국방 문제로 불편한 관계가 되었습니다. 카터는 한국의 국방에 대해서는 관여할 수 없으니까 인권 문제로 박정희 대통령의 목을 죄어 왔습니다.

그때 김영삼, 김대중과 그 외 진보적 좌파 교수들, 재야세력들이 미국대사관을 드나들면서 카터의 한국 내 인권 문제 거론에 동조하는, 정말 한심하기 짝이 없는 행태가 벌어지고 있었습니다. 카터는 그의 모든 정책들이 미국 내에서도 인정받지 못하고 결국 재선에 실패했잖아요?

아무튼 이런 상황에서 박 대통령이 시해를 당하고 우리 대한민국은 한 치 앞이 안 보이는 상황에서 재야, 야권 정치인들은 계속 민주화 정부 수립만 외쳐댔지요. 경제는 바닥이 나고 정말 한국 내의 사정은 눈앞이 캄캄했습니다.

그런데 장영자-이철희 사건이 터졌으니, 이건 이 어려운 정국에 휘발유를 뿌리는 것이나 다름없었습니다.

그들의 비리에 대한 서류가 내 책상 위에 수북이 쌓였지요. 당시로서는 정말 상상할 수 없는, 어마어마한 액수의 어음 사기사건이었다는 것을 알게 되었어요.

　나는 이것이야말로 수사하지 않으면 안 될 상황이라는 판단이 들었습니다. 이런 엄청난 사실을 내 소관이 아니라고 방관한다는 것은 결코 올바른 자세가 아니라고 느꼈습니다.

　그래서 안기부장과 민정수석이 대통령에게 보고를 하게 되었지요. 어쩔 수 없이 사건이 표면화되었기 때문에 아무리 대통령과 친인척 관계라고 해도 묵과할 수 없는 사건이 되었지요.

　나는 사건의 자세한 내막이 기록된 서류를 다시 자세히 보게 되었지요. 사건의 주체인 이철희라는 사람은 전두환 대통령의 장인의 동생이었어요.

　그런 인척관계뿐만 아니라 박정희 대통령 시절에 헌병감도 하고, 박정희 대통령과 비선으로 가까운 사이의 인물이었어요.

　나는 이 사건에 대해 아무리 현직 대통령의 친인척 관계라도 법대로 처리하는 것이 옳다고 처음부터 생각했지요. 지금 5공 수립과성에 문제를 세기하고 끊임없이 대정부 투쟁을 하고 있는 재야단체나 야권 정치인들에게 정권 불신임을 부추기는 약점으로 작용하게 되어 있는 사건이었기 때문입니다.

　나는 과거에 권력을 잡고 있는 세력들이 부정과 부패에 연루되어 넘어지는 것을 보아왔고, 설사 집권 기간에는 넘어가지 않을지 몰라도 언젠가는 정권을 넘겨야 할 텐데, 그때 가서 문제가 될 것은 불 보듯 빤하기 때문에 몇 사람의 눈과 귀만 가려서 해결될 문제가 아니라는 것을 너무나 잘 알고 있었지요.

李哲熙씨 부부 拘束

大和産業회장 / 前유정회議員

外國換관리법 위반혐의

캘리포니아에 農場사 現地서 달

40萬달러 暗

情報

張부인

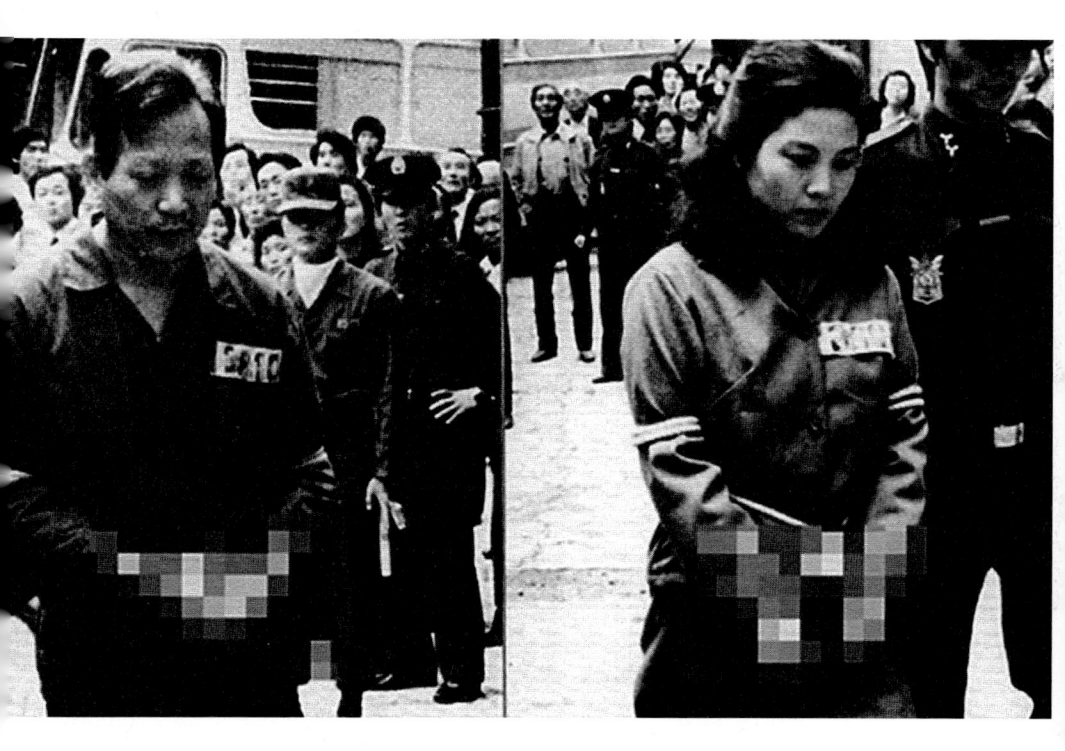

장영자 사건

법무장관이 대통령에게 정치적으로 해결해야 한다는 보고를 했다고 해요. 잘못 건드렸다가는 대단한 후폭풍을 만날 수 있다고 했답니다. 야권이든 여당이든 정치인들 불러서 입막음하자는 것인데, 나는 그렇게 하는 것이 더 큰 문제를 일으킬 수 있다는 확신을 하고 있었지요. 현 정권이 매를 맞는 한이 있어도 이것은 절대로 법대로 처리해야 한다는 것이 나의 일관된 주장이었어요.
  돌아가는 상황이 대충 속임수로 유야무야될 것 같다는 생각에 할 수 없이 내가 직접 대통령에게 갔지요. 그리고 보고를 드렸습니다. 정치적으로 해결하려는 것은 고려대상이 될 수 없다고 강하게 법적 처리를 건의했습니다.
  그런데 법무장관이라는 사람이 이규광 씨에게 가서 만나고, 그리고 돌아와 대통령에게 보고하고, 이철희까지 만나면서 사건을 조율하려 한다는 것입니다. 정말 제 정신이 있는 사람인지, 정부를 망하게 하려고 하는 건지 화가 났어요. 그들의 전화가 다 감청되거든요. 구속 수감되어야 할 사람들을 찾아다니면서 사건을 어떻게 해서든 숨기려는 것입니다.
  나는 또 다시 대통령에게 보고를 했습니다. 장관을 바꿔야 한다고 강력하게 건의했어요. 이 장관이라는 사람이 정신이 나간 사람이지, 그렇지 않고서야 어떻게 이규광 씨한테 매일 일일보고를 한단 말입니까? 이건 도저히 용서할 수 없는 것이라고 말씀드렸습니다. 대통령은 즉시 정치근 씨로 장관을 교체했어요.
  지금도 마찬가지지만, 검찰과 법원의 행태가 권력의 영향을 받거든요. 그들은 법치를 확립하는 것이 아니고, 오히려 권력자를 보호하기 급급하다 보니 권력자의 비리를 감추는 범법행위를 스스로 저지르지요. 이들은 이런 걸 자기들의 임무로 착각하고 있습니다. 그걸 충성 경쟁으로 삼고 있다는 것입니다.

나는 이 정권이 언젠가는 다음 정권으로 바뀔 것인데 손발을 자르는 심정으로 이 사건을 처리해야 한다고 계속 대통령을 죄었습니다. 주위에서 장영자-이철희와 무슨 철천지원수가 되었기에 그들을 잡아넣지 못해 그렇게 날뛰느냐고 했지요.

나는 그들을 만난 적도 없고 알지도 못합니다. 사건이 터진 시점에도 대통령의 친인척인 줄 몰랐습니다. 내가 강하게 법적조치를 건의하니까 주위에서 그들의 신분을 이야기했습니다. 나는 그래서 더욱 법적 처리를 고집했습니다.

'지금 5공화국에 대해 흠집을 못 내서 눈에 독기를 품고 이 정부의 비리를 파헤치려고 하는데, 이 부부의 어음 사기사건을 그냥 덮으면, 정권이 흔들립니다. 지금 5공화국은 정의사회구현을 절대로 지키고 성취시켜야 됩니다.'

대통령도 나의 끈질긴 보고에 거부를 할 수가 없었던 거지요. 겨우 수사가 시작되었는데 우여곡절이 많았습니다. 우리 현대사에 이렇게 큰 대형 금융사기가 일어난 적이 없었지요. 그 후에 대통령을 수감하는 일도 있었지만, 아무튼 그때까지만 해도 대통령의 친인척을 구속 수감시킨다는 게 상상이 안 가는 일이었습니다.

그들 부부가 어음 사기사건으로 수감된 후 대통령도 섭섭한 마음을 감추지 못했고, 대통령 집안에서는 나에게 볼멘소리가 많았던 것 같습니다. 나에게 직접 이야기는 못했지만.

집안에 감옥소 간 사람이 없었는데 이번에 갔다느니, 대통령에게 못할 짓을 하고 있다느니 별별 소리가 다 들렸어요.

언론도 당시에는 정무수석 책임 아래 있었습니다. 대변인실도, 홍보팀도 다 내 소관부서였습니다. 나는 특히 홍보팀에게는 언론에 어떤 부탁도 하지 마라, 협조를 구하는 의뢰가 들어오면 법 안에서 하라는 지침을 내렸습니다. 절대로 개인적 의견이나 확인 또는 점검되지 않은 예측은 절대로 하지 않도록 했습니다.

지금 최순실 사건처럼 확인되지 않은 루머가 언론에 그대로 나가면서 얼마나 사회가 시끄럽습니까? 아주 작은 실수가 걷잡을 수 없는 대형 사건을 일으키지요.

5공이 수립되면서 그 첫 목표가 '정의사회구현'이었습니다.

'지금 이 정부는 정의사회가 구현되지 않으면 그대로 무너집니다. 대통령을 모시는 참모들은 권력에서 떠난 후에도 책임질 수 있는 각오로 자신들의 임무를 투명하고 성실하게 수행하세요.'

이렇게 귀가 아프도록 주지시켰습니다. 부정이나 비리는 절대 용납하지 못한다는 것을 천명했습니다.

그러니까 대통령의 친인척 신분을 내세워 권력을 빙자하며 저지른 경제 사기범이었으니 정권의 도덕성이 의심받는 치명적인 사건이 아닐 수 없었지요. 사실 언론도 협조를 부탁하면 들어줄 수 있는 상황이었지만, 그렇게 하지 않았지요. 협조를 구할 줄 몰라서 방치한 것이 아니라 언젠가는 사실이 밝혀질 게 분명한데 그 방법은 이 정권에 대한 부정적 시선을 얽매는 길이라고 믿었기 때문에 그렇게 하지 않았습니다.

이 일로 은행장 몇 사람뿐 아니라 지휘부가 날아가고 당 사무총장도 면직이 되는 5공화국 최대 사건이었습니다. 대통령도 나에게 이 사건에 대해서는 어떤 언급도 없었습니다. 나는 그 후 법적인 처리에 대해서 보고만 받았습니다.

  나는 이 사건을 보면서 법무부 간부나 청와대 담당 비서관들에게 큰 실망을 하지 않을 수 없었습니다. 정치적으로 풀고 가야 한다는 주장을 펴면서 결국은 대통령에게 정치적 결단을 떠넘기고 자기들은 아무 책임도 지지 않으려고 했으니, 그들이 얼마나 비겁하기 짝이 없는지 생각할수록 화가 났습니다.

  그들의 모습은 개탄스러웠습니다. 이 사건의 성격상 내가 직접 나서서 처리할 위치는 아니었지만, 자칫 정치적으로 구렁이 담 넘어가듯 국민의 눈과 귀를 속이려는 사건을 법대로 처리하도록 대통령에게 보고한 것이 얼마나 잘 된 것인지 앞으로 일어날 수도 있는 유사한 사건들이 다시는 일어나지 않도록 하는 방지책이 논의되는 큰 성과를 이루었습니다.

  대통령 친인척의 부정과 비리는 언제라도 일어날 수 있는 뇌관이기 때문에 대통령의 임기 중에는 친인척 관리가 모든 것에 우선해야 하고, 우리 공직자도 자신들부터 잠시도 방관해서는 안 되는 대상자임을 깨닫는 기회가 되었지요.

  그래서 사건이 터지면 감추려고 하거나 축소 발표로 국민을 속이는 행위를 해서는 더욱 안 된다는 것을, 우리 모두의 공직신념(公職信念)으로 적어도 청와대부터 솔선수범하는 모습을 보이도록 독려했습니다.

청와대를 떠나다

 허화평은 자신의 청와대 시절 비화가 당시 함께 있었던 동료나 비서관들의 이름 또는 사건들이 들추어짐으로써 그들에게 부담을 느끼도록 의도한 것으로 오해할 수도 있는데 절대로 그렇지 않다고 강조하는 것을 잊지 않았다.
 언젠가 "왜 청와대를 떠났나요?"라고 물어봤을 때 그의 대답은 "어떤 조직이든 그 조직에서 자신의 유·무능을 떠나 불필요하다고 느낄 때는 속히 그곳을 떠나야지."라고 했다.
 "더욱이 국가의 최고 통치기관인 청와대에서 자신이 거북스러운 존재라는 것을 알아차렸을 때, 신속히 자리를 떠나는 것은 극히 당연한 일이 아닌가?"
 그의 대답은 아주 단순하고, 간단명료했다.
 나는 당시의 보도나 기록들을 찾아보기 위해 열심히 인터넷을 뒤졌다. 그동안 허화평 전 의원이 간간이 그가 겪은 이야기라고 들려주었던 내용을 보충할 수 있는 자료를 찾기 위해 인터넷 블로그나 기사를 탐색했지만, 시중에 떠돌고 있는 이야기나 인터넷 사이트의 자료와 정보들은 너무나 다른 허화평을 설명하고 있었다.
 요즘 '가짜 뉴스'가 세간의 화제가 되고 있는데, 허화평에 관한 것도 마찬가지로 가짜 뉴스나 다를 바 없었다. 사회과학 분야도 아니고 인물에 대한 이야기가 인터넷상에서 왜곡되는 것은 심각한 정신적 공격이라고 할 수도 있었다.

마구잡이로 확인되지 않은 헛소문을 퍼뜨려 당사자야 어떻게 되건, '아니면 말고' 식의 무책임한 짓으로 정신적 피해가 심각하다는 이야기를 들어왔는데, 허화평도 그 중의 대표적인 인물이라는 사실을 알았다.

허화평에 관한 인터넷 정보는 너무나 악의적인 표현으로 입에 담기조차 민망한 광기의 언어를 마구 쏟아낸 것도 눈에 띄었다.

내가 허화평을 책으로 출판하려 했던 것은 그의 전기(傳記)를 쓰려고 했던 것이 아니었다. 20년 이상의 교류(交流)를 바탕으로 정확하고 허술하지 않은 그의 철학과 사상을 나름의 객관성으로 정리하여, 얼마나 많은 사람이 될지는 몰라도 관심 있는 분들에게 소박하게 전하고 싶어서 시작한 작업이었다.

허화평을 칭송하는 글 잔치를 벌이자는 것은 더더욱 아니다. 인터넷상의 내용처럼 허화평이 자신의 지위를 이용해서 정부 관료나 재벌들을 고압적으로 겁박하여 사적 이익을 추구하려 했다는 식의 이야기에는 20년을 보아온 그의 말과 행동으로 미루어 보건대 도저히 동의할 수 없다.

그는 정의롭지 못한 사회통념에 익숙한 사람과 정직하지 못한 사람들에게 이해관계나 필요성에 관계없이 잘못이나 실수에 대한 책임은 꼭 물었던 사람이다. 인간이 실수를 전혀 안 할 수는 없지만, 실수에 대한 원인은 꼭 정리하고 같은 일이 재발하지 않도록 철저한 반성을 강조했던 것이다.

허화평은 5공 탄생의 주도적 인물임에도 불구하고 5공의 출발점에 대한 부정적 시각에는 귀를 열어두고 있다. 그러면서 5공의 탄생 원인에 대한 부정적 견해와 그것에 동의하는 것은 별개의 의미로 해석하라고 한다. 허화평이 동의하는 것은 5공 탄생의 충족되지 못한 여건이지, 탄생 자체를 부정하는 것은 아니었다.

여건이 충족되지 못했기 때문에 불합리하다는 등식은 전혀 맞지 않는다고 힘주어 말하고 있는 것도 같은 맥락이다. 충족되지 못한 여건은 비상사태에서 어쩔 수 없이 동의와 인정을 받을 수 없었던 산물인 반면, 불합리(不合理)는 이에 처음부터 성립이 불가능한 위법적 요소에 의한 것이라는 의미다.

허화평을 20년 이상 만나고 보아오면서 그로부터 불합리성을 탈법으로 정당화시키려는 의도는 전혀 발견할 수 없었다. 그를 지칭하여 '나는 새도 떨어뜨린다.'고 했던 세간(世間)의 표현대로라면, 비서실 정무 제1수석비서관이라는 그의 직위로는 가당치 않은 말이라고 생각한다.

그의 지위가 사람들에게 소위 권력자로 비춰진 것이 아니라 그의 철저한 원칙주의가 어떤 부정한 청탁도 받아들이지 않고, 불의와도 통하지 않는 데서 온 말이 아닐까 생각해 본다.

장영자-이철희 사건이 매듭지어지면서 청와대를 떠났던 허화평의 진퇴가 분명한 처신도 이런 원칙주의와 무관하지는 않을 것이다.

전파와 인터넷의 폭력

우리나라 인터넷 환경은 세계 최고를 자랑한다. 인터넷의 보급은 시골 구석구석까지, 그 확산과 발전의 속도는 우리의 상상을 뛰어넘을 정도로 놀랍다.

인터넷이 연결되는 곳이면 일상의 생활정보부터 세계의 정치, 경제, 사회, 문화의 모든 정보를 공유할 수 있다.

인터넷을 통해 이러한 정보나 지식이 공급됨으로써 선진국들이 수십 년에 걸쳐 이룩한 정보의 소통을 어렵지 않게 공유하고 있다는 긍정적인 부분이 크다.

그러나 세계적으로 유례없는 인터넷의 발전에도 불구하고 우리나라의 SNS(Social Network Service)를 이용하는 윤리나 행동질서는 초보수준은커녕 도덕적 야만성을 드러내고 있는 것이 현실이다. 양적 성장만큼 질적 성장이 따라가지 못하고 있는 셈이다.

순식간에 엄청난 정보를 접할 수 있고, 서로가 의견이나 정보를 공유할 수 있는 인터넷 공간이 유용하고 가치 있는 존재임이 분명하고, 더욱이 스마트폰의 등장으로 인터넷 사용은 때와 장소를 가리지 않는 시대에 살고 있다.

그럼에도 이러한 정보공유나 전달의 긍정적인 측면 뒤에서는 익명성(匿名性)에 기댄 불법 악성 비방이나 감정 조절이 억제되지 못한 행태, 웹을 통한 사기행각 등이 횡행하여 우리사회의 큰 문제로 대두되고 있다.

허화평은 〈제5공화국〉이라는 TV 드라마에서 자신과는 전혀 무관한 사건에 등장하여 드라마 작가와 연출자가 픽션(fiction) 놀음을 통해 휘두르는 미디어 폭력의 희생양이 되고 있다고 말한다.

직접적인 위해(危害)를 받은 것은 아니지만, 방송매체의 미디어 폭력에 의해 받은 정신적인 피해는 물리적인 폭력 이상으로 고통스럽다고 한다.

드라마는 유투브나 인터넷으로 확대 재생산되기도 한다. 인터넷을 통해 퍼져 나가는 악의적인 비방이나 왜곡된 내용들은 허화평 자신뿐만 아니라 접속하는 네티즌이라면 누구라도 공유가 가능한 인터넷 속성상 인격 살인의 도구가 되는 것이다.

뭐 경찰서에 신고하여 익명의 게시자(揭示者)를 찾을 수야 있겠지만, 이제는 그런 일로 수고하는 시간이 아까워 그냥 무시하며 살아간다고 한다. 어떤 악질적인 네티즌은 자신의 SNS 도메인을 허화평이라는 이름으로 만들어 조롱과 저주의 유언비어를 확산시키는 경우도 있다니 인터넷이 사회의 집단광기를 조장하는 느낌마저 든다. 아무런 양심의 가책도 느끼지 않고 범죄행위를 저지르는 정말 이해할 수 없는 짓이다.

본인의 허락 없이 다른 사람의 이름을 도용하여 페이스북을 개설하고 온갖 언어위해(言語危害)를 조장하는 행위는 엄연한 전기통신법 위반이며, 처벌받아야 마땅한 범법행위임에 틀림없다.

사실 허화평 전(前) 의원은 인터넷을 자주 사용하는 네티즌 주류 세대가 아니기 때문에 이러한 인터넷 환경을 잘 모를 수 있지만, 국내뿐만 아니라 지구촌 구석구석까지 노출되어 있는 웹의 공간에서 허화평 본인이 접속하지 않아도 그의 지인이 접속하지 않는다는 보장이 어디 있겠는가. 그럴 때 그 오류나 비방은 본인뿐만 아니라 주위의 지인이나 가족에게 심각한 고통을 안겨주는 범죄가 아닐 수 없다.

5공 청문회(언론 통폐합)

 일반적으로 청문회에는 조사청문회와 인사청문회가 있다. 둘 다 어떤 의혹과 책임을 묻는 자리라는 측면에서는 같다. 그러나 우리나라가 2005년에 처음 도입하여 지금까지 실시해온 국회의 인사청문회(人事聽聞會)를 보면, 청문회의 증인이나 대상자를 불러놓고 인격을 훼손하는 일이 다반사였다.
 들을 청(聽)자와 들을 문(聞)자의 청문(聽聞)이라는 의미와는 달리 억압과 비리 폭로의 장이 되고 있다. 총리, 장관 등 고위공직자 임명을 위한 인사청문회는 마치 죄인 다루듯 윽박지르기 일쑤고 심문자 자신을 드러내 소위 청문회 스타로 등극하기 위한 무대로 이용하는, 주객전도의 해괴한 일이 벌어지고 있다.
 공중파 방송으로 생중계되는 청문회의 목적이 청문회에 나온 증인들이나 참고인들의 숨겨진 비리 사실들을 들추어냈다는 쾌감을 만끽하자는 것이 아닌지 의구심을 갖게 하고 있다.
 공직자로 임명된 사람의 능력과 자질을 모든 국민 앞에서 검증하고, 임명자의 독선을 막자는 긍정적인 취지의 청문회(聽聞會) 제도가 윽박지르기, 왜곡된 의혹 제기, 도덕적 흠결 들춰내기, 정치적 선전장으로 이용됨으로써 그동안 국회의 청문회는 이해 당사자와 전문가의 의견을 듣기 위한 청문회의 본질을 훼손시키고 있다.

공직자 선임을 위한 국회의 인사청문회와는 다르지만, 많은 국민의 뇌리에 청문회에 대해 처음으로 깊은 인상을 심어준 경우는 아마도 국회의 5공 청문회가 아닐까 싶다.

5공의 언론 통폐합에 대한 청문회를 위해 문공위는 1988년 11월 10일 4당 간사회의를 열어 증인의 범위를 논의했으나 합의하지 못하고 진통을 겪어 11일 전체회의 전에 전(全)의원 간담회를 열어 입장을 조정하고 각 당의 이견이 좁혀지지 않을 경우 표결로 증인 채택 여부를 결정키로 했다.

국회 문공위는 1988년 11월 11일 하오 전체회의를 열어 오는 21일부터 23일까지 TV로 생중계되는 가운데 언론 통폐합과 언론인 강제해직, 언론정책 관련 청문회에 출석할 증인을 선정하는 과정에서 정당 간에 증인의 범위와 동료의원의 출석 문제에 대한 이견으로 진통을 겪은 끝에 청문회가 개최되었다.

이 청문회에 증인으로 출석한 허화평은 책임을 회피하려는 것이 아니라 자신이 관여되지 않은 사안이나 사실을 추궁당해야 하는 곤욕을 치르면서도 심문자들의 의도에 짜 맞추려는 억지 주장과 위압적인 태도에는 강력한 항의도 서슴지 않았다.

선서(허화평)
"본인은 국회에서의 증언 감정에 관한 법령 제7조의 규정에 의하여 문교공보위원회에서 증언을 함에 있어 양심에 따라 숨김과 보탬이 없이 사실 그대로 말하고 만일 그것이 거짓이 있으면 위증의

벌을 받기로 서약하는 선서를 합니다."

이병용 의원(당시 민정당 국회의원)의 질문

이병용 의원(이하 이병용) : 10.26 당시에 전두환 보안사령부 사령관 비서실장을 하셨죠?

허화평 : 그렇습니다.

이병용 : 80년 9월 1일에 보안사령관이 대통령에 취임하면서 청와대 비서관으로 가셨죠?

허화평 : 비서실 보좌관으로 갔지요.

이병용 : 비서실 보좌관?

허화평 : 예.

이병용 : 비서실 보좌관? 그게 정무비서실입니까?

허화평 : 아, 그건 그 이후입니다.

이병용 : 아 그럼 비서실 보좌관으로 갔다가 그 후 정무비선관이 되셨나요?

허화평 : (고개를 끄덕인다.)

이병용 : 좋습니다. 5.17 이후에 국보위의 무슨 직책을 안 맡았습니까?

허화평 : 그런 일 없습니다.

이병용 : 아 국보위의 직책은 안 맡으셨다. 여기 증인으로 많이 나왔던 허문도 씨는 중앙정보부장 서리의 비서실장이 되고….

허화평 : 네 그렇지요.

이병용 : 그 이전부터 증인은 보안사령관 비서실장이란 말입니다.

이병용 : 그런데 물론 그 직책이 따로따로라면 전혀 연결이 없을 텐데, 전두환 장군이 양쪽 보안사령관과 중앙정보부장 서리, 이렇게 되니까 한 분이 하는데 한 쪽의 비서실장이니까 적어도 보좌하는 그 점에 있어서는 같은 위치에 있었던 것이지요?

허화평 : (잠깐 생각하고 나서) 그렇다고 볼 수 있지요.

이병용 : 아 그렇다고 볼 수 있는 것이 아니고….

허화평 : (약한 미소를 지으며) 네.

이병용 : 그러면 자연히…허문도 증인도 그렇게 말했습니다. 중앙정보부장 비서실장이지만은, 보안사령관을 겸하고 있어서 보안사령부에 계실 때 가서 결재를 받는다든지, 의

　　　　　논을 한다든지 또는 어…또…일상 스케쥴 같은 것을
　　　　　알기 위해서는 보안사령부의 증인을 많이 찾아갔다고
　　　　　했는데 그렇습니까?
허화평 : 저희 사무실에 간혹 들렀지요.
이병용 : 간혹?
허화평 : 예 그렇습니다.
이병용 : 일주일에 한두 번 정도는 되겠지요?
허화평 : 그건 제가 기억이 안 납니다.
이병용 : 아~ 그래도 대략 일주일에 한 번 정도, 두 번
　　　　　정도? 이렇게 생각나지 않습니까?

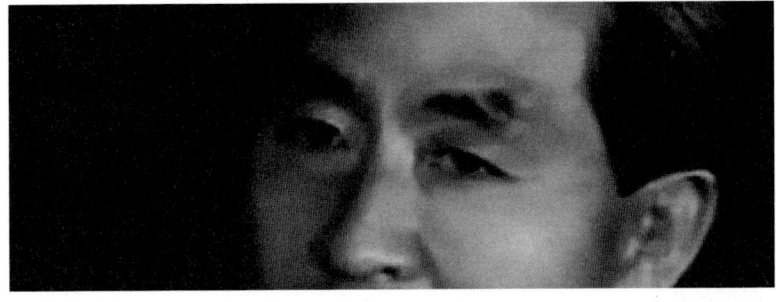

허화평 : 그건 제가 정확히 기억이 안 납니다.
이병용 : 그럼 그때에 허문도 씨가 자기는 언론에 대한
　　　　　어떤 개혁, 그런 의지를 상당히 가지고 있었는데
　　　　　그런데 대한 이야기를 하거나 언급하는 걸…
　　　　　그런 일이 없었습니까?

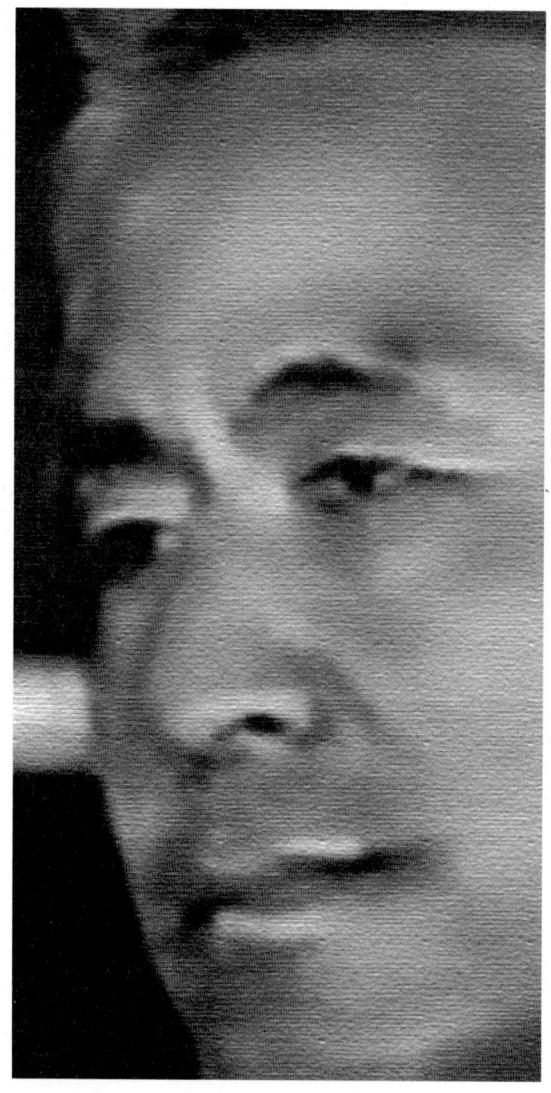

허화평 : 그땐 언론에 관한 논의는 없었지요.
이병용 : 예…없었어요? 그분이, 그분이 언론계 출신이
라는 것은 허화평 증인이 알고 있었겠지요?
허화평 : 알고 있었습니다.
이병용 : 그러나 증인은 언론계에 대해서 전혀 모르는 분
이고….
허화평 : 그렇지요.
이병용 : 그럼 그분이 그러한 의지를 가지고 있었다면
자주 만나는 사이에 단편적으로라도 언론에
관한 내지는 어떤 구상, 의지, 이런 것이 비춰
질 법한데 전혀 이야기가 없었습니까?
허화평 : 없었습니다.
이병용 : 좋습니다. 그러면 언론 통폐합에 관한 것이,
통폐합 내지는 언론인 해직, 이것이 80년 7월,
8월경이거든요. 그러면 그 무렵에, 그 무렵에
언론인 해직이나 통폐합에 관한 이야기가 논의
된다 하는 것은 증인은 몰랐습니까?
허화평 : 제가 청와대 가기 전에 보안사에서는 언론에 관해
가지고는 전혀 관심을 갖지 않았고, 또 들은 바
가 없습니다.
이병용 : 아 그래요? 그러면 청와대 간 뒤에는 어느 때
언론 통폐합이나 언론인 해직에 관한 것을 알게
되셨습니까?
허화평 : 언론인 해직은 제가 그땐 몰랐고….

5공 청문회(언론 통폐합)

허화평 : 허문도 그 당시 정무비서관이 통폐합에 대한 작업을
        하고 있다 하는 건 제가 알고 있었지요.
이병용 : 언제부터 알고 있었어요?
허화평 : 그건… 기간은 제가 모릅니다.
이병용 : 아니 그러니까 9월 2일에 가셨으니까.
허화평 : 예…예….
이병용 : 9월 2일에 가서 얼마나 된 후에 아셨습니까?
허화평 : 왜냐 하면 제 직책이….
이병용 : (허화평의 말을 막으며) 아니요. 제가 물은 것은 왜냐
        하면을 묻지 않았어요. 언론 통폐합에 관한 작업을 하고
        있다는 것을 청와대 간 뒤에 아셨다고, 그렇기 때문에…
허화평 : (이병용 의원의 이야기 중에) 그렇습니다.
이병용 : 청와대 간 뒤에 얼마나 되었을 때 알으셨느냐 물었습니다.
허화평 : 그건 제가 기억이 잘 안 나는데요.
이병용 : (조금 허탈한 모습으로) 그래요? 아니 적어도 가서 금방
        인지 한 두어 달 후인지 그건 아실 거 아닙니까?
        전혀 몰랐다는 건 아니니까….
허화평 : (단호하게)기억이 안 납니다, 그것은.
이병용 : 기억이 안 나요? (포기한 듯) 좋아요… 좋습니다.
        그러면 청와대 가서 말이지요. 이 허문도 씨나 또는 여기
        증인으로 나온 이광표 증인이나 이런 분들이 언론통폐합
        과 관련돼서 대통령에게 건의 또는 결제 받는 과정에
        옆에서 보았거나 또는 들어가고 나오는 때에 이야기들은
        바 없습니까?

허화평 : 그런 일은 없습니다.
이병용 : 아…그런데 아까 언론 통폐합의 작업을 허문도 씨가 한다는 것을 청와대에 간 다음에 알았는데 어느 때 경에 알았다 하는 것을 자꾸 빼기 때문에 내가 지금….
허화평 : (바로 이 의원의 이야기를 이어가면서) 제가 빼는 건 아니지요. 뺄 이유가 없지요.
이병용 : 그래요? 좋습니다. 그러면 언론 통폐합이 실시된… 실시된 80년 11월 12일 그때는 알았겠지요? 아무리 늦어도…어떻습니까? 9월 1일에 가셨습니다. 9월 1일에 가서 두 달 열흘이 된, 두 달 열이틀이 되었을 텐데, 늦어도 그러니까 9월 1일에서부터 11월 12일 그 중간 언제 알았을 텐데 아무리 늦었어도 11월 12일에는 알았을 꺼 아닙니까?
허화평 : 그 일을 제가 직접 관장하거나 감독하는 게 아니기 때문에…
이병용 : (말을 막으며) 증인…증인…제가 관장 여부를 묻지 않습니다. 관장이 아니라는 걸 알고 있습니다.
(다시 허화평과 이병용 의원 사이에 약간의 언쟁이 시작된다.)
허화평 : 아 그래서요….
(허화평의 말을 막으며 이병용 의원이 말한다.)
이병용 : 둘째로….
(허화평이 할 이야기를 포기하고 이병용 의원의 이야기를 듣는다.)
허화평 : 네….
이병용 : 내가 미리 이런 말을 안 하려고 했는데, 증인은 당 위원

회의 증인으로 채택된 것은 간사위에서 채택됐습니다. 그런데 나는 증인으로 채택됐기 때문에 또 증인에게 내가 물을 수밖에 없는데, 어떻게 해서 이 분이 관련이 되었을까 저도 의문을 가졌습니다. 그러니까 업무 관장 설명은 저도 알고 있으니까 그걸 설명하실 필요 없이… 아까 증인이 말을 했습니다. 자기 소관 아니다. 보안사 있을 땐 몰랐다. 청와대 간 뒤에 알았다. 그런데 언제 알았냐고 했더니 기억이 안 납니다. 그래요. 그래서 내가 물어보는 것입니다. 80년 11월 12일까지도 몰랐냐 하고 내가 물었습니다. 어떻습니까?

허화평 : (잠깐 생각에 잠기다가) 그 참 제가 답변이 아주 난처한 데요….

이병용 : 네.

허화평 : (이야기를 계속한다.) 저 날짜를 저의 일이 아니라서 기억을 하긴 어렵습니다. 8년 전 일이니까요.

이병용 : 글쎄 8년 전이던 아까 증인이 청와대에 간 뒤에는 알았 다고 그랬어요. 그러니까 거기서 후퇴할 수가 없습니다. 좋습니다! 그러면 언론 통폐합이 바로 곧 실시됐습니다. 그날로 각서를 받고 뭐 사주들이 울고, 그래서 시행이 됐습니다. 그럼 그것도 몰랐단 말입니까?

허화평 : 아, 그것은 내가 내용은 모르고….

이병용 : (허화평의 말을 중간에 막으며) 좋습니다. 언론 통폐합이 언론의 보도가 있어서 비로소 알았다는 이야기입니까?

허화평 : (이병용 의원의 말을 바로 받아서) 아니지요?

이병용 : (허화평의 말을 바로 받아서) 그렇지, 그러니까 적어도
　　　　제가 아무리 늦어도 11월 12일이고 또 아무리 일러도
　　　　9월 1일… 더 앞으로 갈 수는 없는 거지요.
허화평 : (이병용 의원의 말에 바로 이어) 그러니깐요. 제가 여기서
　　　　이야기 드리는 것은 그 일시는 중요하지 않습니다.
　　　　왜 이 보도와…(이병용 의원이 말을 막는다.)
이병용 : 중요하고 안 하고 하는 것은 증인이 판단할 건 아니고,
(다시 허화평이 이병용 의원의 말에 견해를 피력하려고 한다.)
허화평 : 저 경우에 그렇게 말씀드리는…
(이병용 의원이 허화평의 의견을 듣지 않은 채)
이병용 : 어느 때에 알았느냐 하는 것을 묻는데 그렇게 오래
　　　　이야기할 필요가 없지요.

허화평 : 그 날짜는 제게 중요하지 않습니다. 한 가지 제가 말씀
　　　　드리는 것은…
이병용 : (허화평이 말하는 중에) 내가 주의를 주잖아요,
　　　　날짜가….
(허화평은 이병용 의원의 말에 상관하지 않고 그의 주장을 계속 펼친다.)

허화평 : 허문도 비서관이 그 어려운 결재를 받고 상당히 만족했던 것은 제가 알고 있습니다. 근데 날짜는…

이병용 : (허화평의 말에 바로 묻는다) 누가? 허문도 씨가?

허화평 : 아 네 그렇지요.

이병용 : 그럼 허문도 씨가 어려운 결재를 맡고 말하자면 즐거워하더라, 그러면 결국은 11월 12일이예요.

허화평 : 근데 그 날짜는 요즘 이렇게 말썽이 되어서 제가 안 거지, 그 이전엔 저는 몰랐습니다.

(허화평의 말 중간에 이병용 의원은 공감하는 응대를 하고 있었다.)

이병용 : 아니 글쎄 날짜를 기억하는 것은 결재를 맡은 것이 11월 12일이라는 것은 분명해졌거든요. 그러니까 11월 12일에 비로서 알았다, 그렇잖아요?

허화평 : 그것이 언론에서 확인된 것이지요.

이병용 : 좋아요. 모른다는 걸 내가 자꾸…말씀하시는 것을 신빙성 때문에 내가 묻는 것이니까 언제 알고 하는 것이 중요치 않다, 그런 말은 월권입니다. 그런 말씀하시는거 아니에요. 좋습니다. 증인은 고향이 부산이시지요?

허화평 : 저는 경북 포항시입니다.

이병용 : 아 경북 포항시라…이…그…허문도 씨가 말이에요. 자기가 구상했던 것을 결재 맡아서 즐거워한다. 그럼 어떠어떠한 원칙으로 됐소? 하고 질문 안 하셨나요?

허화평 : 그건 제가 물어봤죠.

이병용 : 물어보셨죠?

허화평 : 네.

이병용 : 어떠어떠한 원칙으로 했다고 하던가요?

허화평 : 그걸 제가 정확히 기억 못 하는데요.

이병용 : (허화평의 말을 받아서) 아…마…기억 못 하실 줄 압니다.

허화평 : 아…언론 통폐합에 대해서 원칙 3개 다시 말씀드려서 언론의 공익성 향상, 언론 기업 체질의 개선, 언론 부조리 제거… 마 이 3가지 요점은 소위 개혁 차원의 제도적 개선을 한다는 원칙으로 제가 들었습니다.

이병용 : 그것은 허문도 씨가 내세우는 목적이고 개혁의 4대 원칙은 아닙니다…좋아요. 그러면 그 허문도 씨가 그렇게 그렇게 즐거워하면서 한다면 어떠한 방법으로 시행하느냐…하게 되는 것이나 하는 것이 지극히 궁금할 텐데 그건 안 물어 보셨나요?

허화평 : 그건 뭐 저와 관계없는 일입니다.

이병용 : 글쎄 관계없느냐 있느냐를 내가 묻지 않아요. 증인은 묻는 데 대해서 그것만 정면으로 답변만 하면 되는 거지, 증인이 미리 판단을 할 건 아니에요. 관계가 있을 법하니까 내가 물어보는 거예요.

허화평 : 없습니다.

이병용 : 그런 일이 있다 없다만 이야기하시면 돼요. …좋아요… 이…언론팀, 보안사에서 있던 언론팀…언론 대책반이든 팀이든 이상재 씨가 보안사 정보처장 휘하에서 하다가 그 후에는 그것의 결재 때문에 청와대도 더러 출입했던 것 같은데 이상재를 아십니까? 모르십니까?

허화평 : 알지요.

이병용 : 어느 때부터 아십니까?

허화평 : 보안사에서 알지요.

이병용 : 보안사…보안사에서 이상재 씨가 언론팀의 책임을 맡고 있다는 것을 알고 계셨군요.

허화평 : 그땐 그 점에 대해서 주의를 하지 않았습니다.

이병용 : 아~하…보안사에 있을 때. 이상재 씨가 언론팀을 장악을 하고 있다 하는 것을 어느 때 아셨습니까?

허화평 : 제가 그 점은 전혀 그 시점에선 모르고 있었습니다.

이병용 : 언론팀을 장악하고 있었다는 것은 구체적으로 몰랐다… 좋습니다……좋습니다. 이건 혹시 뭐 통폐합 결재 맡았을 때 안다고 하셨으니까. 통폐합 결정하기 전에 혹시 청와대에서 고위 논의가 있었던 것도 물론 모르시겠구먼.

허화평 : 다시 한 번 질문해 주십시오.

이병용 : 통폐합이 결정되기까지는 상당히 결재가 올라갔다가 거부가 되고 결재가 올라갔다가 거부가 되고 그런 일이 있었어요. …그런 내용을 모르시겠군요.

허화평 : 그건 좀 제가 압니다.

이병용 : 아세요?

허화평 : 그렇지요. 여기서 제가 한 말씀 드리겠습니다. 현재 소위 말하는 신군부가 정권을 강화하기 위해서 조기에 언론을 장악해야 한다. 그래서 당시 개혁주도 세력이 뒤에서 그것을 주도했다, 제가 이렇게 듣고 있습니다. 그런데 제가 이 계속되는 이 청문회를 통해서 허문도

그 당시에 비서관의 증언을 보면 아주 중요한 대목이
있습니다. 언론을 모르는 군 출신에게 자기가 집념을
가지고 계속 설득을 했다. 그것이 몇 달이 걸리고
청와대에 올라와서 몇 번 시도를 했어도 안 되었다.
이 말은 무슨 말이냐, 다시 이야기해서 그와 같은
신군부세력이 정말 정권을 위해서 언론을 장악할
필요가 있었다면, 그런 건의가 없었더라도 제깍 받아들
였을 겁니다. 그러나 그렇지 않고 계속 거절을 했다.
그걸 유보했다고 하는 것은 사실과 전혀 다른 결론이지요?
그 다음에 (이병용 의원이 이야기를 막으려고 하지만
허화평은 계속 이야기를 잇는다.)
한 가지만 더 말씀 드리겠습니다.
이건 아주 중요한 말입니다…
(이병용 의원의 제지로 결국 허화평은 더 이상 이야기를
할 수 없었다.)

이병용 : 좋아요…증인은 내가 필요로 하는 것을 묻는 것에 대해
　　　　답변해요. 그럼 허문도 씨의 독자적인 견해다, 이 말씀
　　　　이지요? 그렇지요? (허화평은 중요한 것을 이야기 못한
　　　　아쉬움에 잠시 이병용 의원의 말을 못 들었고 이병용
　　　　의원은 허화평을 향해 같은 말을 계속한다.) 허문도씨
　　　　혼자서 자기가 피력한 것이지 증인이 알고 있는
　　　　것과는 별개이다. 그 말씀이지요?
허화평 : (포기한 듯 고개를 끄덕인다.)
이병용 : 그렇다면 알겠습니다. ……그러면은 통폐합에 관해서
　　　　신중파 반대파도 있었다는 말이 있었는데 그것도
　　　　모르시겠네요.
허화평 : 모릅니다.
이병용 : 그럼 뭐 언론 통폐합에 관해서 증인이 관여한 것이
　　　　없고…그것에 대해서 더 이상 물을게 없군요.
　　　　…좋습니다…지금 오늘날에 와서 민주화가 된 오늘날에
　　　　와서 아까 증인이 말한 것처럼 사회에서 말하는 3허
　　　　씨가 실세다. 또는 개혁 주도의 말하자면, 선두주자다.
　　　　이렇기 때문에 그때 당시의 오늘날의 시각에서 아닌
　　　　그 당시 12.12 사태도 직접 겪으시고 5.17도 직접 권력의
　　　　측근에서 겪으셨는데 그때 당시 나름으로 모시고 있는
　　　　사람을 간단하게 12.12 사태를 증인은 어떻게 보셨고,
　　　　5.17은 어떻게 보셨는지 증인의 견해를 말씀해 주세요.
허화평 : 저는 사실 오늘 여기에……(이병용 의원이 말을 막으며)
이병용 : 마 주제가 아니기 때문에 말 안 하겠다면 안 해도

좋습니다.
허화평 : 예 제가 간단히 제 입장을 말씀드릴 필요가 있을 것
같습니다. 언론 청문회로 왔습니다. 그러나 질문하시기
때문에 말씀드리겠는데요. 12.12 사건은 오늘날 세 가지
점에서 문제가 되어 있지 않습니까? 하나는 그건 하극상
이다. 다음 두 번째는 국가원수의 재가를 받지 않은
상태에서 계엄사령관을 연행했다. 다음 세 번째는
무력동원을 했다. 따라서 이것은 탈권에 의한 쿠데타다,
이렇게 규정되어 있습니다. 그런데 이 12.12는 왜 일어
났느냐. 10.26 사건이 일어나지 않았으면 그런 일은
없었을 것이다. 다음 두 번째 정승화 장군이 계엄사령관
으로 임명되지 않았더라면, 이 사건은 나지 않았을
것이다. 왜냐 하면 정승화 장군은 그 시해사건의 혐의자
입니다. 일곱 가지의 혐의가 있습니다.
첫째(이때 이병용 의원이 말을 막는다.)
이병용 : 그 사건은 내가 변호인이기 때문에 증인보다도 더 잘
알고 있으니까. 간단 간단하게 결론만 이야기해요.
허화평 : 알았습니다. 박정희 대통령 만찬을 준비하라는 지시를
받은 김재규 당시 중앙정보부 부장이 참모총장을
그 옆에 불러놨다고 하는 것은 지극히 비정상입니다.
(다시 이병용 의원이 허화평의 말을 막는다.)
이병용 : 바로 옆에 방에 있었어요. 그 결론만 이야기해요.
허화평 : 그 다음 두 번째, 사건 현장에 있습니다. 예컨대 이
안에 살인사건이 났을 때 이 안에 있는 우리 모든 사람은

일단 혐의자가 될 것입니다. 따라서 수사가 끝날 때까지
위원장을 포함해서 증인을 포함해서……
(또 다시 허화평의 이야기가 이병용 의원의 제지를 받는다.)
이병용 : 이봐요, 증인이 말하려고 하는 것은 아무리 참모총장
이고 상급자지만, 살해사건…국가원수 살해사건의 옆에
자리에 있었던 사람이기 때문에 수사의 필요상 그럴
수밖에 없었다, 그이야기지요? 알았어요.
(허화평이 이야기를 계속하려 하자 이병용 의원이 말을 막는다.)
허화평 : (이병용 의원의 제지를 받으면서도 이야기를 계속
하려고 한다.) 다음에 이것은 저의 말씀을 아……조금만
시간을 주십시오…(계속 이병용 의원은 제지를 한다.)
이병용 : 아니요, 내가…
허화평 : (계속 하던 말을 이으려는 것을 굽히지 않으며) 이왕
말씀을 하라고 했으니까…(이때 위원장이 합세하여
허화평을 말을 막는다.)

위원장 : 허 증인! 증인! 심문에 대해서 성실하게 간단하게 답변
하시도록 하세요.
이병용 : 이미 15분을 했어요. 그러니까 마치고 다음 증인으로서
이광표 증인으로부터 물어야 할 시간이 있습니다.
그러기 때문에 허화평 증인의 그 이야기를 듣다가 내가
문의할 것을 못하기 때문에 좀 참고… 참고 기다려
주세요.(이광표 증인에게 심문시간을 할애하면서
허화평 증인 심문은 일단 끝낸다.)

조세형 의원의 질문

다시 허화평 증인에 대한 심문이 시작된다.

조세형 의원(이하 조세형)
: 그 보안사의 실세들이, 뭐 실세라고 하면 무슨 말인지 모르면 한 번 설명해 드릴게요. 누가, 누가 실세라는 거.

허화평 : (심문자에 대한 안쓰러운 표정으로) 한 번 설명해 주세요.

조세형 : 3허, 이학봉 씨… 뭐 이런 것이 실세입니다. 알았습니까? 알았지요?

허화평 : (듣기 거북한 표정으로) 전 이해가 잘 안 되는 소리입니다.

조세형 : 그렇게 알고 계세요. 내가 말하는 실세는 그런 사람들을 두고 하는 이야기입니다.

허화평 : (그냥 쓴 미소로 넘긴다.)

조세형 : 보안사 실세들이 주도가 되어 가지고 운영한 국보위가 설정한 당면 과제 중에는 언론에 있어서의 국가의 이익을 우선으로 하는 풍토를 확립해야 한다. 이런 것이 있는데 허화평 증인은 그걸 기억하고 있습니까?

허화평 : 기억을……못하고 있습니다.
조세형 : (괘씸하다는 말투로)못하고 있겠지요. 대개 그래요. 가해자 측은 기억을 못 해요. 피해자는 그것이 8년이 아니고 18년이라도 잊혀지지를 않아요. 그곳에서 말하는 국가이익이 우선이라는 것이 무엇을 기억을 안 한다는 거니까 무엇을 구체적으로 뜻했는지 내가 설명을 해드릴게요. 그것이 즉 이 국보위에서의 제6항 그 국가 이익을 우선하도록 그렇게 정책을 편다는 것이 무엇이었는가, 언론 대학살이었습니다. 다시 말하면 기자들을 700여 명이나 내쫓고 그리고 신문사, 통신사, 방송을 강제적으로 통폐합하고, 빼앗고 하는 대로 연장했어요. 귀하들이 한 일이 바로 그런 거하고 연결되어서 시작이 되었던 것입니다.
허화평 : (더 이상 참을 수 없다는 듯이) 그것은 잘못 아시고 계신 것입니다.
조세형 : 가만있어요. 내가 물어보면 대답만 하세요. ……증인은 국보위 당면 과제를 수행하기 위해서 문공 분과 위원회에 임명된 날 다음날인 80년 6월 6일 삼청동에 있는 국보위 사무실에서 허삼수, 이학봉, 권정달 등 소위 보안사 실세 및 오자복, 허문도, 김행자 등 이런 사람들과 만난 일이 있지요?
허화평 : 아니 제가 국보위 문공분과위원회에 소속했다구요?
조세형 : (질문에는 답변을 피하면서) 아니 그러니까 이런 사람들과 전부 만난 사실을 기억하고…진술한 적이 있다는……

(잘못된 정보를 이야기하는 조세형 의원에게 허화평이 확인을 하는데 그는 거기엔 대답을 하지 않으면서 딴 소리만 한다.)

허화평 : 그 점에 있어서 제가 방금 들은 것 같은데 제가 국보위 문공분과위원회에 있었나요?

조세형 : 가만있어요, 그 다음에……(조세형 의원은 허화평의 질문에는 계속 회피하면서 자꾸만 딴소리만 한다.)

조세형 : 그러니까 그런 사실을 진술하고 있느냐 하는 거예요.

허화평 : 그건 제가 확인도 할 가치도 없는 소리입니다.

조세형 : 이 실세들이 모여 바로 여기부터 언론 대학살이 모의가 되었던 것입니다.

허화평 : 그런데 제가 거기에 대해서 한 말씀 드리겠습니다.

조세형 : (아주 위압적으로 허화평의 항의에는 아랑곳하지 않으면서)내가 묻는 말에만 대답을 하세요.

허화평 : 아 이건 아주 불공평한데요. (계속 조세형 의원은 자신의 거짓말을 감추려고 강압적으로 허화평의 이야기를 막고 있다.)

조세형 : (수세에 몰린 끝에) 나중에 답변할 기회를 주겠어요.

허화평 : (허화평은 조세형 의원이 자신이 말한 거짓을 얼버무리려고 하는 것을 알아차리고) 조 의원님! (그러나 조세형 의원은 계속 딴청만 부린다.)

조세형 : 가만있으세요. 내가 질문을 하고 있는데….

허화평 : 저에게 답변의 기회를 주시면서 말씀을 해 주십시오. (조세형 의원은 자기가 말한 허위사실에 가책을 느꼈는지 갑자기 심문을 할 의지력을 잃고 자료만 들추고

있다. 이럴 때 동료의원들이 조세형 의원을 도우려는 뜻
에서 위원장을 부르고 허화평에 대한 질책을 요구하는
소리가 들리고…참 어색한 상황이 펼쳐진다. 한참
서류를 들춰보던 조세형 의원이 다시 허화평에게
심문을 한다.)

조세형 : 허화평 증인! 허화평 증인, 문공분과위원, 그건 국보위
입니다. 문공분과위원회의 말에 따르면 언론인 숙청 및
언론사에 대한 구체적인 구상은 이미 증인들을 중심으로
한 보안사 영관급 이상의 핵심 참모들이 한 것으로 이렇게
알려지고 있는데 증인은 이런 사실을 기억하거나 들었
거나 알고 있는 사실이 있습니까?

허화평 : 없습니다.

조세형 : 대답만 간단 간단하게 하세요.(한참 뜸을 들인 후) 당시
에 국보위…아…보안사의 간부로서…어…언론 학살의
보안사가 본거지였었습니다. 그것은 알고 있지요? 지금
되어서도 알고 있지요? (조세형 의원은 이제 질문의
요점도 찾지 못하고 횡성수설하고 있었다.)

허화평 : 그때는 그건 보안사에서 몰랐습니다.

조세형 : 네 그때는 몰랐었다고 그러겠지요. 이상재 씨를
비롯해서 보안사가 사실상 지금 우리 청문회에 문제가
되고 있는 언론 대학살의 본산이었다, 이제 당시에 거기
보안사에 간부로 있었던 허화평 증인으로서는 오늘날
이와 같이 큰 비극적인 결과를 나타낸 신문의 통폐합
그리고 수많은 기자의 축출, 이런 비극적인 사실에 대해

서 8년이라는 세월이 흐르기는 했지만은 지금
어떻게 생각하십니까?

허화평 : 제가 아까 손 의원께서 질문하실 때 답변한 것과 마찬
가지로 개인적으로 인간적으로 매우 유감으로 생각
하고 미안하게 생각합니다.

조세형 : 어…개인적으로 어…어…허화평 증인의 느낌을 물어
보겠는데, 에…신문 보도에 의하면 내일 그러니까 23일
전두환 전 대통령이 민의의 요구에 그 압력에 못 이겨서
결국 연희동 댁을 떠나게 될 것이다. 그런 보도가 있습
니다. 그 보도를 보셨지요?

허화평 : 아직까지…여기 온다고 그 보도를 직접 못 봤습니다.

조세형 : 내일 중요한 성명이 있을 것이다…그런 것은 봤습니까?

허화평 : 그건 제가 듣고 있습니다.

조세형 : 이제 역사의 한 고비가 넘어가는 그 시점이 다가오고
있는 것 같은데 지금으로부터 8년 전 그분을 도와서
전두환 씨를 중심으로 해서 5.17 쿠데타를 일으켜 가지고서
그래서 5공화국을 창출시켰던 그 하나의 주역으로서 지금
회상컨대 전두환 씨를 중심으로 도와서 5공을 출범시킨
사실에 대해서 지금 어떤 심경을 가지고 계십니까?

허화평 : 5공 탄생에 대해서는 저는 시대적…그 당시 불가피한
소산으로 보고 8년 후 지금은 다른 상황으로 봅니다.

조세형 : 지금은 어떻게 생각하세요?

허화평 : 어떤 면에서 말입니까?

조세형 : 지금은 또 다른 상황이다, 그것을 어떻게 평가하세요?

허화평 : 저는 그 출범에 참여했던 한 사람으로서 저 나름대로
정당성을 항상 갖고 있죠.
조세형 : 지금도 정당했고?
허화평 : 그렇습니다.
조세형 : 조금치도 거기에 대해서 반성하지 않습니까?
허화평 : 전 정당하게 생각합니다.
조세형 : 정당했다? 쿠데타가 정당했다?
허화평 : 쿠데타는 아닙니다.
조세형 : 그럼 뭡니까?
허화평 : ……….
조세형 : 그럼 뭐라고 생각합니까?
허화평 : 그건 이 청문회 기간 중 몇 번 있었던 것 같은데요.
소위 자유민주주의 체제를 부정하지 않았다는 면에서
그건 혁명이라고 볼 수 없고 계획된 무력동원이 아니
었다는 면에서 쿠데타가 될 수 없습니다. 그러나…
그 성격으로 볼 때에…(조세형 의원이 허화평의
이야기를 자르면서)
조세형 : 내가 간단히 하나만 물어볼게요.
허화평 : 제가 답변의 기회가 있습니까?
조세형 : 네, 내가 간단히 물어볼게요. 내가 시간을 남겨 가지고
우리 동료 의원에게 양보를 해야 하기 때문에…허화평
증인이 말하려고 하는 요지가 무엇인가를 내가 대강 다
알 수 있습니다.간단하게 반론 하나 할게요. 그때 당시
5.17 확대 계엄 조치가 합법적으로 이루어졌다, 아직도

그렇게 생각하고 있습니까?

허화평 : 글쎄요. 그 처리과정에서 법적인 검토를 할 위치에 있지 않았기 때문에 그 점에 있어서 답변을 할 입장이 아닙니다. 그러나 제가 그 당시 위기에 그 중간에 서서 보는 시각은 법이 나라를 구하기에는 상당히 어려운 상태가 아니었나, 나라가 잘못되면 그 법 자체가 의미가 없어지니까… 하는 시각을 갖고 있었습니다.

조세형 : 그래서 지금 말씀하시는 것은 바로 그것이 혁명이 맞다는 것을 스스로 자인하는 것입니다.

허화평 : 그러나 그건 이유가 있지 않겠습니까? 그렇게 판단하게 된 이유, 그건 우리 조 의원님께서 판단하시는 기준이 있을 것이고, 또 저와 같은 사람이 판단하는 기준이 있지 않겠습니까?

조세형 : 오래 이야기 않겠습니다. 지금 허화평 증인께서 법으로는 도저히 어떻게 할 수 없는 상황이었다, 그런 말씀을 하셨는데 그것이 바로 여러분들은 혁명이라고 부르고, 우리는 쿠데타로 부르는 그런 상황이었다는 것을 자인하는 것입니다.

허화평 : 혁명이나 쿠데타에는 동의하지 않습니다.

조세형 : 알겠습니다. 이만 그치겠습니다.

김동영 의원 심문

(이어 김동영 의원의 심문이 시작되었다)

김동영 의원

: 저는 심문보다도 오늘 발언을 안 하려고 했는데…
 사실은 오늘 허화평 증인이 여기 왜 나왔느냐 이걸 아직까지도 모르는 것 같애요. 이렇기 때문에 허화평 증인에게 몇 마디 좀 경고를 할려고 합니다.
 오늘 허화평 증인이 여기에 나오게 된 것은 분명하게 12.12 사태 이후에 언론 대학살 정책, 그리고 5공화국의 비리, 지금 오늘 몇 시간 후면 여러분과 같이 여러분 앞에서 정권욕에 눈이 어두웠던 전두환 씨가 이제 어디로 가는고 행방조차도 모르는 이러한 시점 입니다.
 이러한 시점에서 왜 허화평 증인이 섰느냐, 이러한 시점에서 왜 허화평 증인이 섰느냐, 이것은 분명하게 이야기해서 분명하게 이야기해서 5공화국의 잘못된 점을 6공화국에 와서는 단절시키고 새로운 민주시대를 출발하는 이러한 입장에서, 회개하고 반성하고 국민들로부터 용서를 받아야 되겠다는 이런 입장에서 오늘 섰다고, 이 자리에 증인으로 섰다는 것을 먼저 알아야 해요. 여러분의 상관인 이희성 계엄사령관도 12.12 사태는 불법이라고 령관도 12.12 사태는 불법이라고 분명히 이야기를 했습니다. 이야기를 함으로써 국민들로부터 용서를 받는 이러한 일을 하고 있습니다. 그런데 오늘 허화평 증인은 여기에 와서 하는 이 고압적인 자세는 아직도 나이가 젊어서 그런가는 모르겠소만은 본 의원이 볼 때 오늘 이 자리는 여러분들의 과거에 잘못된 부분에 있어서 국민들에게 용서를 바라고 이러한 자리, 이러한 자리인데도 반성하지 못한 데서 허화평 증인에게 5공화국에 일어났던 일을 처단하고 6공화국의 새로운 발전을 위해서 동참한다는 이러한 뜻에서 반성 있기를 바라면서 저의 이야기를 끝낼려고 합니다.

강삼재 의원 심문
(이어 강삼재 의원의 심문이 시작되었다. 강삼재 의원은 심문 전에 증인들에게 다분히 고압적인 고성으로 주의를 주고 경고성 발언을 했다.)

강삼재 의원(이하 강삼재)

: 여러분이 정권을 창출하는 과정에서 측근에서 상관을 어떻게 보필했기에 이 지경으로 만들었습니까. 여러분께서 고압적으로 답변하는 이 시간에 오늘 바로 전두환 씨가 서울을 떠난다는 사실을 본 의원은 다시 상기시키는 바입니다. 아까 허화평 증인께서 본인은 의제 외에 이와 같은 문제를 언급하지 않으려고 했습니다. 자칫 잘못하면은 증인들의 어떤 소신만 듣는 자리 내지 논리의 싸움으로 비약될 수 있기 때문에…
그런데 한 가지 허화평 증인께서 지난 광주민주화운동 청문회에서도 당시 계엄사령관인 이희성 씨조차도 12.12 사태는 잘못된 것이라고 본 의원 앞에 시인했습니다. 아까 증인께서는 뭐라고 말씀하셨습니까?
12.12 사태에 대해서….

허화평 : 지금 답변을 요구하고 계신 것입니까?

강삼재 : 답변을 요구하고 있습니다.
허화평 : 위원장님, 저 답변 전에 한 말씀 드려도 되겠습니까?
(뭔가 심각한 분위기가 느껴진다.)
위원장 : 저 강삼재 의원의 심문에 대해서 직접 답변하는 형식으로 하세요.
허화평 : 저는 이 자리에 증인이기 이전에 한 사람의 유권자입니다. 또 증인이기 이전에 한 사람의 납세자입니다.
또 저는 진실을 말씀드리기 위해 나온 증인입니다.
조금 전에 말씀하시다 시피 저에게 물어보시고 제가 답변하는 것은 국민을 향해서 답변하는 것입니다.
따라서 5공화국과 관련해서 피해 당사자 입장에 계시다면 이 청문회가 끝나서 나가서 어떤 폭언을 하셔도 저는 감수합니다. 그러나 이 안에서는 이 청문회 품위와 목적을 위해서 상호 존중을 하는 가운데…….

(허화평의 말이 아직 끝나기도 전에 여기저기서 위원장까지 "누구를 훈시하는 거야?" 하는 고압적인 언성과 더불어 강삼재 의원은 자기가 무슨 폭언을 했느냐 하는 항의가 쏟아지고 있었

다. 청문회장은 순식간에 아수라장이 되었다. 회의를 객관적으로 이끌어야 할 위원장은 허화평을 향해 국회를 모독하려는 의도가 있었다는 경고를 하였다. 결국 허화평은 발언을 마치지 못하고 다시 청문회가 속개되었다.)

강삼재 : 그러면 비서실장은 사령관이 사령관실에 결재가 올라왔을 때 적어도 사령부 내에 돌아가는 모든 사정은 자세하게는 모르지만 그래도 그 정도…살필 정도는 되지요? 돌아가는 내막은…. 왜 사령관이 혹시 실장을 불러서 물어보는 적이 있지요? 돌아가는 상황을. 특히 주요 현안 문제에 대해서 5공을 출범시킨 사실에 대해.

허화평 : 그게 꼭 그렇지 않습니다.

강삼재 : 그러면 실장에게, 그 당시 비서실장에게 물어보는 것은 어떤 종류입니까?

허화평 : 비서실장은 아시다시피 개인 보좌관으로서 주로 사령관의 공식 일정을 통제하는 것입니다. 사람 만나는 것, 각종 회합에 참석하는 거, 그 다음에 오는 사람 맞이하는 거… 이것이 기본 임무지요. 그 일 자체에 대해서는 실장이 간섭할 권한도 없고 입장에 있지도 않습니다.

강삼재 : 그렇다면 보안사 돌아가는 분위기, 적어도 대공처나 정보처에서 이루어지는 상황을 전혀 모르고 계십니까?

허화평 : 큰 방향은 제가 알지요. 큰 방향은 압니다.

강삼재 : 큰 방향은 어떻게 해서 압니까? 그 처장하고 협의해서 압니까?

허화평 : 꼭 그런 건 아닌데요, 우리가 참모 희의를 하지 않습니

까? 사령관 주재 하에 그러면 여러 가지 의견 교환하게
되는 가운데서 그날 중요한, 소위 일과가 무엇이다 하는
것이 다 알게 되어 있는 것이지요. 그리고 그 당시에
보안사는 크게 2가지 임무가 있습니다. 하나는 김재규
수사사건을 우리 보안사 합동수사본부 이름으로 진행
하고 있었기 때문에 그것이 가장 큰일의 하나였고,
나머지는 보안사령관이 계엄사령관의 참모이기 때문에
그에 관련된 제가 이제 주로 계엄사에 조언하는 이
2가지 방향에 대해서는 제가 알고 있지요. 그러나
나머지 세세한 것은 제가 간섭하지 않습니다.

강삼재 : 허문도 씨의 증언에 의하면....아까 허문도 씨가
증언을 통해서 한 말입니다. 에~그 당시에 에~
혁명적인 상황임에도 불구하고, 합법 상황의 흉내를
내면서 역사의 심판을 따라야 한다는 사실을 지적
하고자 합니다.......동의하십니까?

허화평 : 역사의 심판은 지금 저희들이 내릴 수 없는
거 아니겠습니까?

(주위에서 웃음소리가 들린다. 비웃음이라고 느껴진다.)

강삼재 : 그리고 증인께 다시 한 번 말씀드리고 싶은 것은 5공화
국 비리나 광주 민주화 운동, 그리고 언론 대학살의
책임 소재를 놓고 우리 국민 모두가 분노할 때 5공화국
시절에 전두환 씨로부터 총애를 받아서 고위직을 지냈던
수백 수천 명 중에 본 의원은 단 열 명이라도 진실을 밝
혀서 옛 상전을 감싸주기를 바랐습니다. 스스로 진언

해서 결재를 받아서 집행을 해놓고 시대가 바뀌자 모른다고 발뺌을 했기 때문에 전두환 씨의 불행이 그만큼 빨리 닥쳐왔다는 것을 지적하면서 심문을 마칩니다.

꿈 명예 길

실패가 주는 가르침

우리가 그렇게도 바라고 찾는 삶의 의미는 무엇일까? 왜 자유와 평등의 실현 가능성은 희박하고, 성공이라는 것은 힘이 들까? 결국 그런 목표는 우리 인간의 이상(理想)에 불과할까? 거듭되는 좌절에도 그 꿈을 포기하지 않는 이유는 무엇일까?

허화평의 언어 중에 빠지지 않는 말이 있다.

"안 되는 거 붙잡고 애쓰지 말고 버려라. 길을 막고 있는 것 빨리 치워야 앞이 보이잖아."

우리 한국인은 실패가 성공보다 많다는 것은 알면서도, 정작 본인은 그것을 인정하지 않는 것 같다고 허화평은 말한다.

우리는 실패가 누구에게나 일어날 수 있는 일이라는 사실을 인정하지 않는 것 같다. 성공에 대해 이야기하는 사람은 많지만, 실패로 인한 좌절과 소외감은 잘 드러나지 않는다. 실패가 성공보다 많기 때문에 실패로부터 배우는 것도 중요하고 소중하다는 것을 깨달아야 한다.

17대 총선에서 낙선한 다음 허화평이 "이제 더 이상 정치에 영혼을 들볶이지 않도록 하겠다."고 했던 말이 생각난다. 허화평은 정말 실패의 결과가 얼마나 중요한지 알았던 것 같다.

 자신의 실패를 인정하지 않고 그 원인에 대해 동의하지 않는 무수히 많은 사람들, 특히 정치인들은 그들의 실패를 스스로 받아들이지 못하고 또 다시 그 희박한 성공의 가능성을 찾아 나서서 실패할 준비를 하고 있다. 어쩌면 실패가 빤히 내다보이는 고립무원의 길을 습관처럼 선택하고 있는 것은 아닐까.
 명분을 위한 저항인가.
 왜 이 나라는 고결한 도덕을 가르치는 교육현장이 없고 불의에 눈감는 비겁함에 맞서는 강력한 정의가 없는 것인가.
 사실 이런 질문은 너무나 익숙하게 듣고 만나서 이미 공해 수준이 된 지 오래다. 하긴 실패를 두려워할 게 아니라, 불의에 저항할 줄 모르는 윤리적 불감증(不感症)의 군상(群像)들에 의해 지배받고 있는 이 사회를 무서워해야 한다.

 거짓되고 오염되더라도 부유한 삶을 영위하는 것은 어쩔 수 없는 자본주의 현상이라고 말하는 대신, 불의와 부정에 맞서 싸우다 실패한 정의를 높이 평가하는 사회와 정치를 우리는 언제 만날 수 있을까. 〈세일즈맨의 죽음 The Death of a Salesman〉에서 육체는 비록 살아남았지만, 정신이 죽었다는 일본인들의 탄식을 어떻게 들어야 할까.

 이상(理想)은 양심의 편이다. 인간은 자유, 평등, 박애를 자주 외치지만, 이상은 자기 편의대로 조절된다. 그만큼 이상에 냉정하고 인색하다. 부패와 독재만이 자유를 유린하고 파괴하는 것이 아니라 이성을 잃은 군중의 폭언이 그보다 더한 공포와 폭력을 조장한다.

 우리는 누가 누구를 감시하는지조차 망각한 채 거리와 지하철 등 어느 곳에서나 보안카메라의 감시를 받으며 살고 있다. 오히려 감시 장비가 없는 곳에서 더 불안을 느낄 정도로 감시받는다는 것에 익숙해졌다.

 최첨단 전자 장비는 거리를 달리는 차량들이 언제 어디로 지나가든 그 운행경로의 궤적을 그대로 기록한다. 인권에 대한 법이 정의와 개인 생활을 보호한다는 기대심리가 점차 상실되고 있다.

 언제부터인가 소박함과 검소함은 일상에 맞지 않고 유행 지난 거추장스러운 옷처럼 깊은 장롱 속에 틀어박혀졌다.

 우리 젊은이들이 지나치게 물질주의적이고, 이기적이고, 배타적이고, 인색한 데다 감정적이기까지 하여 마음을 열고 부모 세대와 깊이 있는 대화를 하려고 하지 않는다.

 젊은 세대들은 부모 세대와 대화의 공유점을 찾지 못한다. 인내가 부족하고 극단적이다. 부모 세대에 대한 그들의 불만은 부모 세대가 그들에 대해 우려하는 내용과 비슷하기도 하다.

 젊은 세대들은 지나친 물질주의에 대한 불평, 자신만이 올바르다는 고집과 고압적인 자세에 대한 불만, 인색하고 무정하다는 평가 등을 거침없이 쏟아낸다.

 2016년 노벨 문학상 수상자 미국의 가수 밥 딜런(Bob Dylan)은 "너 자신이 아닌 다른 누군가가 되려고 하면 실패할 것이다."라고 말했다. "아침에 일어나서 밤에 잠자리에 들 때까지 그 사이에 하고 싶은 일을 하면 성공한 것이다."라고도 했다.

젊은 세대와 부모 세대가 서로 욕심을 채우려는 잔인한 투쟁의 끝을 알 수가 없다. 서로가 다른 의견과 생각을 향해 폭주하며, 무자비한 비평과 저주가 난무한다.

우리가 바라는 자유와 평등, 박애가 실제의 삶에서는 그토록 실현하기 어려운 이상이 되었을까? 또 이런 것이 지켜지지 않는데도 누구 한 사람 심각성을 말하지 않는 까닭은 무엇일까? 이상(理想)은 영원히 우리와 상관없는 일일까?

일본에서는 실패가 성공보다 다반사로 흔한 일이기 때문에 어떻게 실패했느냐 하는 이유나 과정을 결과보다 더 중요하게 여긴다는 말이 있다.

이런 것에 거창하게 '실패학'이라는 이름까지 붙인다. '실패는 성공의 어머니'라는 격언을 설명할 수 있는 이야기인지 모르겠다.

일본은 그렇게 실패를 두고 그냥 잊어버리거나 묻어버리는 것이 아니라, 명분과 정당성이 있는 실패의 과정에 대해, 그리고 성취를 위해 최선을 다한 경우에는 비록 성공하지 못하고 실패했더라도 존경하는 데 인색하지 않다고 한다.

역사적으로 일본의 영웅들 중에는 부자나 권력자가 아니라 이처럼 명분 있는 실패자들도 많다고 한다.

기적의 배 메러디스 빅토리 호

 허화평은 흥남철수 때 배를 타고 월남했던 사람들 중에서 포항에 내린 일부와 함께 생활한 경험이 있다고 한다. 그래서일까. 흥남부두에서 몇 십 명밖에 승선할 수 없는 배에 수만 명의 피난민을 태우고 중공군을 피해 남쪽으로 내려온 기적의 배, 메러디스 빅토리 호에 대해 고마움과 관심도 갖고 있었다.

*흥남부두에 운집한 피난민

6.25 전쟁이 한창이던 1950년 12월, 중공군에 의해 고립 위기에 처한 유엔연합군이 장진호에서 중공군 포위망을 뚫고 흥남항을 통해 탈출하는 흥남철수작전은 세계 전쟁 역사상 가장 큰 규모의 해상 철수작전으로 기록되고 있습니다.

이 해상 철수작전은 국군과 유엔군, 10만여 병력과 장비, 물자뿐만 아니라 9만여 명에 이르는 피난민들도 구출합니다.

메러디스 빅토리(Meredith Victory)호는 철수작전 때 가장 마지막으로 남은 상선 중 하나로 당시 건조된 지 5년 정도 되었던 7,600t급 수송선입니다. 피난민을 위한 시설이나 식량 등이 전혀 없었고 300t의 제트연료를 수송하던 중이라 피난민을 승선시키는 것은 아주 위험한 일이었습니다.

메러디스 빅토리아 호의 정원은 60명이었고 이미 47명의 선원이 타고 있어 피난민은 고작 13명밖에 태울 수 없는 상황이었습니다. 그러나 당시 1군단장이었던 김백일 소장과 재미 의학자 현봉학 박사는 피난민을 함께 데려갈 것을 요청하였고, 다른 국군 지휘관들도 피난민을 두고 갈 바에는 국군이 걸어서 철수하겠다고 강력하게 요청하기에 이르렀습니다.

이런 요청에 레너드 라루 선장은 용기 있는 결단을 내립니다. 메러디스 빅토리아 호에 있는 무기를 모두 버리고 피난민들을 태우라는 명을 내렸던 것입니다.

그 결과 정원이 고작 60명인 배에 무려 1만 4천여 명이 승선하였고 극도의 공포와 배고픔, 추위를 견디면서도 거제도에 도착할 때까지 사흘 동안의 항해 중에 단 한 명의 사상자도 발생하지 않는 기적적인 구출작전이 이루어졌습니다.

오히려 항해 중에 5명의 새 생명이 배에서 태어났습니다. 이것이 바로 크리스마스의 기적 메러디스 빅토리아 호의 피난민 구출 사건으로 지금까지도 세계 전쟁 역사상 가장 인도주의적이고 성공적인 작전으로 평가받고 있습니다.

그리고 1만 4천여 명의 피난민을 극적으로 구해낸 기적의 배, 메러디스 빅토리 호는 단일 선박으로 가장 큰 규모의 구조 작전을 수행한 배로 기네스북에 올라 그 이름이 역사에 길이 남아 있습니다.

이때 이북에서 피난을 내려온 사람들이 포항에 정착함으로써 지금까지 이북 분들이 포항에 살고 계십니다.

학창시절

 6.25가 일어났을 때 나는 14살, 중학생이었습니다.
 날씨가 뜨거운 여름이었습니다. 아마 8월 중순경이었을 것입니다. 경찰이었던 큰 매형의 도움을 받아 우리 가족은 배를 타고 구룡포로 피난을 갔습니다. 인민군이 포항 근처까지 왔으니까요. 인민군은 안강까지 왔는데, 포항을 점령하기 위한 인민군의 침공은 대단했습니다.
 국군이 포항을 뺏기면 부산도 바로 인민군에게 함락될 위기되기 때문에 엄청난 화력과 병력이 동원된 치열한 전투였습니다.
 결국 유엔군과 국군의 반격으로 서울을 탈환하고 북으로 밀고 올라갔습니다.
 다시 우리 식구들은 포항으로 돌아왔습니다. 이때 내 기억에 남아 있는 것이 두 가지가 있습니다.
 동네 형들이 군사훈련 받는 것을 지켜보게 되었습니다. 그 모습은 나에게 강한 인상을 남겼습니다. 교관의 명령에 따라 목총을 들고 열을 맞추어 제식훈련을 받는 모습이 정말 멋있었습니다. 나는 밥 먹는 것도 잊어버리고 학교 운동장에서 훈련받는 동네 형들의 모습을 지켜봤습니다.

*윗줄 오른쪽이 허화평 학생

'적을 물리치고 전쟁에 이기려면, 저렇게 훈련(訓練)을 받아야 되는구나.'

전쟁을 생생하게 목격했던 나는 그 모습이 대수롭게 보이지 않았습니다. 제식훈련 중에 훈련병들이 부르는 군가는 나를 더욱 흥분하게 만들었습니다.

"이 몸이 죽어서 나라가 선다면, 아 이슬같이 죽겠노라."

이 노래는 오래전부터 불러온 〈학도가〉였습니다.

동네에 해병대가 주둔하고 있었는데, 동네 형들 대부분이 이 해병대에 입대하여 거의 다 전사했다고 들었습니다. 그러나 나는 그 형들이 자랑스럽고 부러웠습니다. 나라를 위해 군에 입대하여 전쟁터에 나갔다가 전사한 것은 정말 우리 모두가 잊어서는 안 될 일이라는 생각이 어렸을 때부터 가슴에 깊이 새겨졌습니다. 그들의

*뒷줄 오른쪽에서 두 번째 허화평 학생

혁혁한 싸움을 기록한 기념비를 세우는 일도 중요할 것 같습니다.

피난에서 돌아온 포항은 큰 건물 몇 채 남고 모두 잿더미가 되어 있었습니다. 바다에서 육지를 향해 무자비하게 함포를 쏘아댔기 때문에 포항의 모든 건물은 함포사격의 위력에 모조리 쓰러져 있는 것 같았습니다. 전쟁이 얼마나 많은 사람을 죽게 만드는지, 또 동네의 건물이 모두 부서진 참혹한 현장을 보면서 어린 나이에도 눈으로 본 전쟁의 비참함을 가슴에 깊이 새겼습니다.

두만강까지 북상했던 유엔군과 국군은 중공군의 인해전술(人海戰術)로 후퇴하게 됩니다. 소위 말하는 1.4후퇴입니다.

그때 흥남부두에서 인류 역사상 가장 많은 사람을 구해 '기적의 배'로 불리는 메러디스 빅토리 호를 타고 내려온 피난민들의 상당 인원이 포항에 내렸습니다.

포항 사람들도 먹을 것이 없는데 피난민들까지 오니까 정말 암담하기 짝이 없었을 것입니다. 그럼에도 포항 사람들은 그 피난민들을 집으로 데리고 와서 어렵지만 같이 먹고 살았습니다.

지금도 포항에는 그때 피난을 왔던 함경도 사람들이 많이 살고 있습니다. 그때 흥남에서 배를 타고 포항에 내렸던 피난민 중에는 선생님 출신이 많았습니다. 우리 학교에서도 그분들이 우리를 가르치셨습니다. 좋은 선생님들이 많았습니다.

나는 극히 평범한 학생이었습니다. 공부를 특출하게 잘하지는 못했지만, 머리는 나쁘지 않았던 것 같습니다. 고등학교에 들어가 선배들이 대학에 들어가기 위해 서울로 가는 것을 보면서 나도 고등학교를 졸업하면 서울에 가서 대학을 다녀야겠다고 생각했습니다.

우리 집뿐만 아니라 당시의 농촌은 자녀들의 대학교 학비를 마련할 수 있는 넉넉한 집안이 별로 없었습니다. 대학에 입학해도 부모로부터 학비를 받을 수 없으니까 가정교사라도 해서 학비를 벌겠다는 믿음과 각오로 고등학교 졸업하면 꼭 대학에 들어가야겠다는 마음을 학교 다니는 3년 내내 포기한 적이 없었습니다.

고등학교 3학년에 진급해서 구체적으로 대학 진학 계획을 세웠습니다. 먼저 대학은 사회학과를 정했습니다. 1957년에 고등학교를 졸업하니까 대학을 들어가게 되는 해가 1957년입니다.

당시 우리나라는 전쟁이 막 끝나서 사회는 어지럽고 사람들의 생활은 비참하기 짝이 없었습니다. 권력을 가진 사람이 모든 것을 가로채는 비리와 부패가 사회 전반에 퍼져 나갔습니다. 사람들은 의욕을 잃고 미래에 대한 기대는커녕 살아가기 벅차고 암담한 현실의 삶 속에서 목숨만 겨우 지탱하는 고통스러운 시기였습니다.

대한민국 전체를 볼 수 있는 안목은 없었지만, 포항의 현실을 보면서 나의 미래를 생각해 봤습니다. 그러나 사회가 너무 참혹하니까 뭔가 해보겠다는 기대나 의욕조차 생기지 않았습니다.

지금 기억하기로는 그 어떤 것을 하더라도 관료가 되는 것은 원하지 않았습니다. 물론 공무원이 되면 굶지 않고 살 수는 있겠지만, 내 눈에 비추어지는 당시의 관료들은 부패했고, 정의롭게 보이지 않았습니다.

당장 하루 두 끼도 먹기 힘든 가난에 찌들어 살고 있지만, 그들처럼 의미 없는 삶은 미래를 꿈꾸는 나에게 바람직한 상이 아니었고, 그 후로 나는 부자로 살아야겠다는 생각은 해본 적이 없었습니다.

육군사관학교

 허화평은 일종의 각성과도 같은 국가관, 사명감의 수동적인 가르침을 자신의 육군사관학교 입학을 계기로 보다 확실한 성취가치가 수용되는 능동적 사고(思考)의 명료한 도전을 받았다고 했다.
 그는 지금까지 한 순간도 사관학교의 교육에 대한 자부심을 잃지 않고 있었다.
 고등학교 2학년 때, 육군사관학교 입학을 홍보하고 독려하기 위해 육사 생도들이 포항에 내려왔습니다.
 육군사관학교의 생도에 대한 여러 가지 대우를 이야기했습니다. 좋은 학습 환경과 최고의 후생시설 속에서 공부할 수 있고, 해외 유학을 갈 수 있는 길도 많으며, 졸업하면 육군 장교가 되어 장군도 될 수 있다는 이야기를 했습니다.
 나는 육사의 좋은 학교 시설이나 외양, 일반대학에서 받을 수 없는 특혜보다는 대한민국의 미래를 지키는 군(軍)의 지휘관이 된다는 말이 가장 가슴에 와 닿았습니다.
 나는 어린 나이에 나라 없는 굴욕과 치욕 속에서 사셨던 부모님을 보았고, 해방 후에는 통일도 스스로 결정하지 못하고 강대국에 나라의 운명을 맡겨야 하는, 자주력 없는 민족의 참담함을 직접

체험했습니다. 그리고 6.25 전쟁으로 국토가 초토화되고 지독한 가난에 신음하는 민족의 허약함을 나 스스로의 모습에서 발견했습니다.

교과목 중에서 유난히 역사를 좋아했던 나는 우리 민족사에서 다른 나라가 부러워하고 두려울 정도로 강건했던 시대를 찾기 어려운 이유가 무엇일까 하는 고민을 많이 해왔습니다.

물론 고구려의 을지문덕 장군이나 연개소문 장군, 조선의 이순신 장군이 있었지만, 그들은 개인적으로 훌륭한 성품을 타고난 사람들이지 국가가 강건했던 것은 아니었습니다. 오히려 국가는 그들을 시기하는 정권욕에 눈이 어두운 간신들의 손을 들어주는 어처구니없는 짓을 할 뿐이었습니다.

특히 조선왕조 500년은 왕권 쟁탈과 모함, 당파싸움으로 얼룩진 역사였습니다. 결국은 전쟁에서 패하여 나라를 빼앗긴 것이 아니라 국가가 나서서 일본에게 나라를 고스란히 바치고 식민지를 선택하다시피 했던, 세계사에 유례가 없는 치욕적인 민족사를 만들었습니다.

이런 일련의 원인이 나라가 약했기 때문이었다는 것을 나는 항상 마음에 안고 살았습니다.

학교 선생님들이 누구나 하시는 말씀이 있습니다.
"시간을 아껴라. 한 번 간 시간은 결코 다시 오지 않는다."
지금 생각하면 그 학창시절이 노래같이 느껴지고, 가슴을 콩콩 뛰게 만드는 꿈 많은 시간들이었다고 생각됩니다. 아주 오래전에 걸어온 그 옛날의 삶이 여행처럼 다가오는 것 같습니다. 그 여행에서 만난 친구들을 소중한 보물처럼 아끼며 간직하고 싶어집니다.
가난 때문에 여의치 못해 더 큰 꿈을 그리지 못한 아쉬움도 지금에서야 잡히지 않는 아지랑이처럼 추억으로 다가옵니다.
그러나 돌이켜보면 그때는 눈에 비춰지는 상황들이 전부라고 생각했지, 저 너머에 기다리는 꿈이 있을 거라는 사실은 생각조차 못했습니다.
학창시절이 여든을 넘긴 나이에 살포시 나의 기억을 일깨워줍니다. 마주치고 스쳐 지나갔던 메마른 추억의 어린 시절들이 가슴 속에 애틋한 감정으로 되살아나면서 모든 삶의 억지와 노여움을 꼭 껴안아 주고 싶어집니다.

사관생도 허화평

　6.25 전쟁을 통해 강하지 못한 나라가 어떤 결과를 초래하는지 내 눈으로 똑똑히 보았습니다. 육군사관학교 입학을 홍보하고 독려하는 사관생도들의 모습에서 육사가 나의 숙제를 풀어줄 수 있겠다는 확신이 생겼습니다.
　사관생도들의 이야기를 들으면서 고등학교 2학년이었던 나는 용기를 가졌고, 미래에 대한 희망이 보였습니다.
　"그렇다! 육군사관학교로 가자."
　육사가 나를 받아줄지 모르겠지만, 나는 육사에 입학하기로 마음먹고 열심히 공부했습니다.

　육군사관학교 입학이 결정되었을 때 고향 동네에서는 큰 축하잔치가 벌어졌습니다. 나는 동네 어른들에게 많이 미안했습니다. 사실 겨우 꼴지를 면할 정도의 실력으로 합격했기 때문이지요.
　어쨌건 사관학교 생활은 나에게 커다란 변화와 포부를 갖게 했습니다. 나의 생도생활은 선배 생도들로부터 모범생도라는 평을 받았습니다. 동해 바닷가의 외딴 마을 작은 농어촌 포항에서 올라온 촌(村) 학생이 동기생 중에서 제법 주목받는 생도가 되었다는 게

나도 믿기지 않는 사실이니까요.

우리나라의 육군사관학교는 미국 웨스트포인트 육군사관학교의 군사, 학과, 복장까지 모든 시스템을 그대로 가져왔습니다. 우리나라 육사 4년제 1기생도가 1955년에 졸업했으니까 전쟁 중에 정규 4년제 생도를 모집했던 것입니다.

나는 국가의 미래를 보는 이승만 대통령의 비전은 대단했다고 봅니다. 전쟁을 치르고 있는 와중이라 젊은이 한 사람이 부족한 때에 미국 웨스트포인트 육군사관학교의 시스템을 도입한 사관학교를 설립하여 육군 장교를 육성하겠다는 생각은 누구도 감히 생각지 못할 것입니다.

기초 군사훈련만 마치면 바로 전쟁터로 내보내는 판국에 100년의 역사를 자랑하는 미국 육군사관학교와 같은 시스템의 4년제 군(軍)

간부육성학교를 설립하겠다는 것은 이 대통령과 같은 지도자가 아닌 범인은 상상도 못 할 일입니다.

지금도 마찬가지만, 육군사관학교 생활은 명예를 최고의 가치로 여깁니다. 대한민국을 지키는 강력한 육군의 장래가 우리 각자의 어깨에 있다는 사명감을 심어주는 교육을 통해 습관이 되고 익숙했던 지난날의 허물을 벗었습니다.

대한민국에 주적(主敵)이 엄연히 있는 현실은 우리에게 더욱 강건한 정신력과 확고한 국가관의 소중함을 깨우쳐 줬습니다. 그러면서 학교는 우리에게 민주주의를 가르쳐 줬습니다.

웨스트포인트의 교육 특징이 민주주의 군대입니다. 흔히 사회에서 말하는 민주주의와는 좀 다른 해석이 필요합니다. 민주주의가 자기 마음대로 말하고 행동하는 것은 아니지요. 민주주의만큼 스스로 구속을 요구하는 제도가 없습니다. 책임과 의무가 따르고, 독단의 이론이나 자기주의 가치는 철저하게 제재를 받습니다.

사관학교이기 때문에 개체의 자유가 허용되지 않습니다. 사관학교 생활은 공동의 가치에 대한 동의이며, 사관생도의 궁극적 목표를 위한 협력입니다. 대중의 의식을 마비시키는 나쁜 정치가 단지 다수결 원칙인 민주주의의 허점을 이용한 불법적 다수의 횡포가 민주주의 정당 행위로 정의(定義)되는 대한민국 정치세계와는 달리, 사관학교는 다수의 큰 소리가 소수의 침묵에 함락될 때가 있습니다. 다수와 소수라는 숫자의 우위다툼보다는 정의와 진리가 모든 것에 우선합니다.

상사의 '명령'은 절대적입니다. 사관학교에서는 '명령'을 배웁니다. '명령'이 위압으로 변질되면, 군대는 정의(正義)가 사라집니다.

'명령'을 배운다는 것은 사전적 의미의 뜻을 배우는 것이 아니라, '명령'을 사용하는 자의 소양과 '왜?'라는 확실한 이유를 가르칩니다. 사관학교는 교장부터 생도대장까지 그들의 정신이 사관생도들의 이상(理想)이 되고 모델이 됩니다.

매주 토요일마다 국기 하강식(下降式)을 하는데, 하기식(下旗式) 생도들이 군악대의 연주 속에 국기를 내립니다. 생도들은 한창 젊고 감수성이 예민한 때입니다.
하기식에서 국기가 내려갈 때, 석양의 빛이 국기를 진하게 비추고. 멀리 붉은 태양에 감싸인 도봉산은 하나의 거대한 병풍이 됩니다. 그 거대한 장관의 배경 위에 연병장을 아우르는 무거운 군악대의 브라스밴드 소리….
한 번 상상해 보십시오. 우리 생도의 가슴에 불타오르는 뜨거운 기상은 우리가 해야 할 국가에 대한 의무를 다짐하게 됩니다.

허화평 그는 팔순의 나이에도 자세가 곧고 워낙 건강한 체질이지만, 육군사관학교를 이야기할 때는 강직함이 더욱 돋보였다.

늦게 깨달은 수학의 중요성

내가 제일 싫어하는 과목이 수학이었어요. 고등학교 때도 그렇고, 사관학교에 와서도 싫어하는 과목이 수학이었습니다. 수학을 꼭 잘해야 할 이유를 발견할 수 없었어요.

포항에서 만난 그의 지인들의 이야기에 의하면 허화평은 중학교, 고등학교 내내 전교에서 1, 2등을 놓친 적이 없다고 했는데, 수학을 싫어했다는 말이 믿기지 않았다.

웨스트포인트가 공병학교로 출발했습니다. 사관생도는 먹는 것부터 입는 것, 잠자는 것까지 최고의 시설을 제공받고, 또한 공병학에 맞는 공부는 물론 최첨단 장비와 무기를 다룰 수 있도록 학습과 훈련을 시킵니다.

육군사관학교는 웨스트포인트 교육시스템을 그대로 들여왔기 때문에 우리 생도들이 자연과학 분야의 과정을 이수해야 하는 것은 필수입니다. 그런데 나는 고등학교에서도 수학을 싫어했지만, 수학 선생이 미적분이나 조합, 함수, 수열 등에 대하여 그 필요성과 중요성을 자세히 가르쳐 주지 않았던 것 같아요.

사관학교 교과 과목에 나는 이런 수학 과목은 거의 생소하게 느껴지는데 동기생들은 고등학교 때 다 배웠다고 다들 잘 따라하더라고요. 이러다가는 공부에 밀려서 퇴학을 당할지도 모를 위기를 느꼈습니다.

사관학교에 연등제도라는 것이 있습니다. 생도들이 다들 잘 때, 따로 등을 켜고 1시간 공부할 수 있도록 허가를 받는 것입니다. 6개월 동안 연등 허가를 받고 정말 열심히 수학 공부를 해서 결국 동기생들을 따라 공부할 수 있었습니다.

육사는 이토록 자신을 스스로 일깨우는 환경이 조성되어 있습니다. 내가 17기인데 다른 기수도 훌륭한 생도들이 많이 있었지만, 우리 기수가 제일 우수했다고 하는 소리를 많이 들었습니다.

육군사관학교에는 소위 명문고등학교 출신들이 많았습니다.

내가 지금까지 기억하는 우리 17기의 출신 고등학교를 보면, 포항에서 포항고등학교는 나 혼자, 경주고등학교가 한 사람, 대구는 경북고등학교, 사대부고가 두 사람씩, 부산은 부산고등학교, 경남고등학교, 동래고등학교에서 두 사람인가 세 사람씩, 광주일고, 군산고등학교 출신이 하나, 전주고등학교, 대전고등학교, 서울은 경기, 서울, 경복 이 학교들이 주를 이루었고, 용산고등학교, 중앙고등학교 출신이 한둘, 휘문고등학교에서 하나…이런 식입니다.

우리 한 기수 선배 중에 이종찬 씨가 있어요. 그분 경기고등학교 나왔어요. 이승만 대통령 양자 이강석 씨도 16기입니다.

서울고등학교와 경기고등학교 교장을 지내신 김원규 선생님이란 분이 계셨는데, 그분은 항상 졸업하는 학생들에게 "일반 대학 가지 말고 육군사관학교를 가라."고 강력하게 권고하셨다고 합니다.

전쟁을 겪으면서 후진국에서는 군이 강건해야 하고 군의 역할이 중요하다는 것을 깨달은 만큼, 장교들이 지휘관으로서 지식을 갖추어야 현대전에서 탁월한 군의 역할을 감당할 수 있다고 늘 생각오신 분이라고 합니다.

그러니까 장교의 질적 향상이 절실히 필요하다고 주장하셨기 때문에 제자들에게 그 역할을 하라고 가르쳤을 것입니다.

아마도 당시 육사에 명문 고등학교의 인재들이 많이 입학했던 것은 김원규 교장 선생님 같은 분이 계셨기에 가능하지 않았을까 하는 생각이 듭니다.

사실 나는 사관학교에 입학하기 위해 처음 서울 올라왔습니다. 서울에 올 아무런 이유가 없었습니다. 친척도, 아는 사람도 없었고, 서울을 구경하고 싶어도 차비가 없었고, 서울은 나와는 전혀 관계없는 곳으로 생각해온 정말 촌놈이었지요

사관학교에서 바라본 4.19

4.19 당시 나는 4학년이었습니다.

우리 생도들은 자세히 몰랐지만, 자유당 말엽에 대통령이나 정부에 대해 민심이 아주 나빴던 것 같습니다.

수요일에 수양 강의가 있습니다. 그 시간은 주로 외래 인사들이 와서 특강을 합니다. 3.15 부정선거가 있기 전 수요 교양강좌에 정치인들이 많이 왔었습니다. 나라를 걱정하는 이야기, 자유당 정부가 국민을 위해 열심히 일하고 있다는 정치선전 등 이야기의 본질은 자유당에 투표하라는 것을 생도들이 모를 일이 있겠습니까?

당시 생도들은 학교 내에서 투표를 하지 않았습니다. 학교 밖 공릉동 투표소에 가서 일반인들과 함께 투표를 했습니다. 별 특별한 감시는 없었지만, 생도들은 한꺼번에 단체로 투표를 하니까 투표함을 열면 생도들의 투표용지의 행방을 어느 정도 알 수는 있겠지요. 공릉동 투표소에서 자유당 표가 너무 안 나와 사관학교 교장이 문책을 받았다는 소문이 학교 내에 돌았습니다. 이승만 대통령이 비서나 관료들의 장벽에 막혀 국민정서나 나라의 현실을 전혀 몰랐던 것 같았습니다.

결국 4.19가 터지고 대통령이 하야하는 비상시국을 맞이하게 됩니다. 4.19가 일어난 직접적인 원인은 자유당의 부정선거, 즉 3.15 부정선거임에는 틀림없습니다.
　그러나 그 이전부터 국민들 마음에는 6.25 전쟁으로 인해 불어닥친 심각한 가난이 정부에 대한 불신으로 싹터 왔습니다. 당시 야당의 선거 슬로건(Slogan)이 "못 살겠다 갈아보자!"였습니다. 이것이 의미하는 바는 '빵의 문제'입니다.
　"정치의 독재는 견딜 수 있어도 빵은 참을 수 없다."는 말이 이해가 갑니다.
　드디어 새로운 정부가 탄생했습니다. 그야말로 대한민국은 자유의 물결로 새로운 세상을 만났다고 온 나라가 기쁨에 차 있었습니다.
　하지만 이 자유는 법을 무시하거나 나라의 기본적인 질서를 파괴하고 있었습니다. 대한민국 모든 단체들과 학교, 4.19 피해자 등 초등학생까지 그들 각자의 주장을 들고 거리에 나왔습니다. 사회는 깊은 수렁에 빠졌습니다.
　집권당인 민주당은 구파, 신파로 나뉘어 매일 다투는 게 일이었습니다. 4.19 부상자들은 그들의 요구가 관철되지 않자 의회로 쳐들어가 단상을 뒤엎고 기물을 파괴하는 등 기가 막힐 일이 도처에서 벌어졌습니다. 민주당 정부가 들어서서 정상적 법치질서라고 하는 것은 없어졌습니다. 자유가 법의 테두리를 벗어나면 폭력과 무질서가 됩니다.
　학생들은 "판문점으로 가자, 북으로 가자." 하며, 하루도 조용할 날이 없었습니다.

불과 몇 년 전 6.25를 겪고 공산주의자들의 참혹상을 경험하고도 정신을 못 차리는 그들이 도저히 이해가 안 갔습니다. 강력한 반공주의 정부 아래서 숨을 죽이고 있던 남한 내 좌익세력들이 혼란을 틈타 서서히 그 얼굴을 드러내기 시작했습니다. 사회는 극도로 불안했고, 균형을 잃은 정치는 깊은 혼란에 빠졌습니다.

길거리 민중이 쏟아내는 저마다의 다양한 요구에 정부는 속수무책이었습니다. 학생들에게 치받치고, 각종 단체들로부터 시달리면서 설상가상 당의 내분과 불화로 민주당 정권은 맥을 추지 못하고 있었습니다. 이 정부는 안 되겠다는 국민들의 비난에 봉착되면서 나라가 주저앉을 판이었습니다.

국가의 가치와 애국의 마지막 보루(堡壘)인 군이 등장할 수밖에 없었습니다. 민주당 정부가 제대로 나라를 잘 이끌고 갔다면, 군이 나설 수 없었고, 나서서도 안 되는 것입니다.

월남 파병과 참전

 허화평은 두 차례에 걸쳐 월남에서 복무했다. 맹호부대 작전처 요원과 보안부대 운영과장의 역할이었다.

 나는 1965년 맹호부대 작전처 요원으로 월남전에 처음 참전하고, 1970년 백마부대 보안부대 운영과장으로 다시 월남에 갔습니다.
 내가 1차로 월남전에 파견되었을 때의 계급은 중위였습니다. 맹호부대의 공수특전대 게릴라전 요원으로 근무했는데, 그때 직책이 팀장이었어요. 중대장 급입니다. 그런 경력으로 월남전에 참전했던 것입니다.
 월남전에 한국군이 참전한 목적이나 의미는 여러 가지로 말할 수 있습니다. 첫째는 미국이 원했기 때문입니다. 그 대신 우리도 요구하는 게 있었습니다.
 우리나라 국방력 증가에 대한 미국 측의 약속입니다.
 나는 특수임무를 띤 비밀요원이었기 때문에 부산에서 월남 파병 부대와 함께 떠나지 않고, 따로 LST를 타고 선발대 요원으로 비밀리에 월남으로 떠났습니다. 쥐도 새도 모르게 한국을 떠나서 일주일 만에 도착한 베트남 퀴논(Qui Nhon) 현지, 맹호부대 사단사령부 주둔지에는 아무 것도 없었습니다.

　전에 미군기지가 있었던 곳이라고 하는데 그들이 이전하면서 베트콩으로부터 안전을 확보하기 위해 철조망만 길게 쳐놓았던 것입니다. 우리 요원들은 작전처를 만들기 위해 48인 텐트를 쳤습니다. 부대 본부에 작전처가 중추적 역할을 해야 하기 때문에 우리 인력으로는 힘에 버거운 작업이었지만, 죽을힘을 다해서 천막을 쳤습니다.

　그런데 월남에서는 갑자기 비가 쏟아질 때가 있습니다. 스콜(squall)이라고, 이 지역에서는 흔한 현상으로 대류현상에 의해 갑자기 소나기가 내리는데, 열대나 아열대 지역에 나타나는 대륙성 강우입니다.

*월남 파병식

*가운데 허화평 중위

*오른쪽이 허화평 중위   *우측에서 두 번째가 허화평 중위

 이러한 스콜은 낮 시간에 지표면이 강한 햇빛으로 가열되면서 습윤한 공기가 상승하여 비구름대를 만들고, 이것이 냉각 응결하여 짧은 시간에 갑자기 많은 비가 쏟아지는 현상입니다.
 맑은 하늘이 갑자기 흐려지며 거세게 비가 내려서 몇 분 만에 지면은 온통 물로 뒤덮이지만 이러한 비는 또 갑자기 그칩니다.
 그래서 열대지역에서는 지면의 열과 습기를 차단하면서, 동시에 스콜로 집이 물에 잠기는 것을 피하기 위해, 바닥을 높인 고상가옥을 많이 짓습니다.
 그런데 우리가 쳐 놓은 천막은 이런 스콜을 만나면 완전히 물에 잠기곤 합니다. 하루에 한 번씩 이런 소나기를 만나 물에 잠긴 천막을 다시 세우는 일은 보통 힘들지 않았습니다.
 작전처라고 하지만 책상도 없고 덩그러니 전화 몇 대가 고작입니다. 식당도 없어서 씨레이션으로 허기를 채웠습니다. 얼마 후에 부대본부가 도착하면서 기갑연대가 들어왔어요. 대본부가 도착하면서 기갑연대가 들어왔어요.
 나는 전술지휘본부 TOC(Tactical operations Center)에 배치되었는데 중위였던 내가 가장 하급자였습니다. 상사의 힘든 일, 귀찮은 일은 내가 도맡다시피 하는 거지요.
 나보다 3년에서 6~7년 선배 기수들이 버티고 있으니까 힘들다는 소리도 못 하고, 항상 긴장 속에서 전투통제 업무에 매달려 다른 생각은 할 틈이 없었습니다. 연대장은 물론 사단장에게까지 전황 브리핑을 하는 것은 제 몫이었습니다.
 1년 동안 월남 근무를 마치고 귀국길에 올랐습니다. 귀국하여 월남전에 대해 연구해 봤습니다.
 월남전은 도덕적으로 미국에 책임이 있는 전쟁이었다는 생각이 들었습니다.
 1953년 제네바(Geneva) 협정에 의해서 월남은 남북이 나눠져 있는데, 미국이 월남정부에 집중적인 원조와 지원을 하면서 장차 월남 반도를 장악할 의도가 있었던 것입니다.
 왜냐 하면 북쪽의 중국을 견제하기 위해 월남반도는 미국의 군사전략 지역으로 그야말로 최고의 요새가 될 수 있었기 때문이지요. 북쪽의 호치밍과 남쪽의 베트콩을 섬멸하지 않고는 미국의 이런 전략을 성공시킬 수 없으니까 무리한 전쟁을 일으켰던 것이라고 봅니다.

전선(戰線)이 없는 전투, 피아(彼我)가 구분되지 않는 월남군의 불명확한 소속(所屬), 프랑스 지배 80년에서 오는 국민적 반외세 감정 등으로 미국이 월남을 뜻대로 장악하기란 결코 쉬운 일이 아니었습니다.
　미국 역사상 해외에서 무참하게 패배한 전쟁으로 기억되는 월남 전쟁은 미국으로서는 자존심에 씻을 수 없는 상처를 남겼지요.

정직과 충성은 군인의 생명

　사람들이 군에 사조직(私組織)이 있어 그들끼리 군을 좌지우지한다는, 전혀 사실무근의 헛소문을 퍼뜨리는 것을 들었습니다.
　사실 김영삼 대통령이 '하나회'를 해체한다고 했을 때, 나는 어안이 벙벙했습니다. 단순한 친목모임 이상도 이하도 아니고, 정의롭게 군 생활을 하자는 군인들의 친목모임을 불의의 집단으로 매도하는 것 같은 생각에 마음이 불편했습니다.
　하나회 출신 중에서 대통령이 나오고 대통령 주위 인물들이 정계에 진출하거나 정부 각료로 등장하기도 하면서 '하나회'라는 '모임'이 '조직'이라는 정치적 용어로 변형되면서 '하나회'가 어마어마한 정치적 색채를 띤 군(軍)의 악의 상징으로 비춰졌던 것입니다.
　육군사관학교에는 하나회뿐 아니라 여러 친목모임이 있었습니다. 럭비 선수들끼리 친목을 다짐하는 '천백회'라든지 또 취미 동호회 등도 많았습니다. 하나회도 그런 수준이었습니다.
　정의감이 유별나게 강한 사람들, 군인에 대한 자부심이 강한 사람들, 다른 사람들보다 의협심이 불타는 사람들……이런 사람들이 그렇지 못한 사람들에게 우월감으로 비춰져서 시기(猜忌)의 대상이 될 수는 있다고 봅니다.

그렇다고 이들이 군대 내에서 큰 파워를 조장할 수 있는 것은 아니지 않을까요. 박정희 대통령도 어디서 잘못된 정보를 듣고 당시 청와대에 근무했던 전두환 대위에게 하나회에 대해서 물어본 적이 있었다고 합니다. 누구의 보고인지는 몰라도 대수롭지 않은 모임을 크게 확대 해석해서 문제를 만들었던 것 같습니다.

육사 출신다운 일종의 다짐인 "나라에 충성하자.", "군의 기강을 지키는 데 솔선수범하자."는 등의 기준을 갖고 군 생활을 하며 국가에 대한 충정을 맹세하는 그룹이었습니다.

'하나회'에 들어올 때 입회원서를 쓰고, 선서 같은 것을 한다고 그러는데, 그렇지 않습니다. 하나회란 글자가 뜻하는 의미는 "한 마음 한 뜻으로 국가에 충성을 다하자."입니다.

물론 하나회 소속으로 유별난 사람이 간혹 있었습니다. 혈기 있고, 정의심이 두드러지게 강한 사람, 좀 심할 정도로 자긍심이 강한 사람 등 이런 부류의 사람은 어디에나, 어느 조직에나 있게 마련입니다. 다른 사람이 볼 때, 이들의 언행이 거슬리게 느껴질 수는 있겠으나 그들의 성격이지, 꼭 하나회이기 때문에 그런 것은 아니라고 봅니다.

하나회가 아닌 군인은 나라에 충성하지 않는다는 이야기는 아니지 않습니까. 김영삼 정부의 하나회 척결로 유능한 지휘관들이 군복을 벗었습니다. 그들은 정치의 '정(政)'자도 모르는, 오로지 '군(軍)'밖에 모르는 참 군인들이었습니다. 하나회는 특별하게 우월감을 갖고 군대 내에서 사조직을 형성했던 것은 결단코 아닙니다

기묘한 모퉁이에서의
운명적인 만남

정치광고

 모든 인연이 그렇듯이 허화평과 만난 것도 우연이었다.
 15대 총선을 1개월여 앞두고 대학 후배가 정치광고 할 만한 가치가 있는 사람이라고 소개해준 사람이 바로 허화평이었다. 당시 허화평은 현역 국회의원이었다. 14대 총선거 때 무소속으로 출마한 포항에서 삼당합당 이후 거대 집권여당의 후광을 업고 출마한 상대후보를 꺾고 당선되어 화제가 되기도 했던 정치인이었다.
 15대 총선을 준비하는 허화평의 선거를 위한 전략팀을 만들 때 그 후배가 나를 허화평에게 추천하였던 것이다. 나는 평소 5공에 대해 부정적인 생각을 해왔기 때문에 그의 선거캠프에 참여하는 일이 마음에 내킬 리가 없었다.
 정치광고가 비즈니스 측면이 있다고는 하나 후보자 개인에 대한 선호도가 전혀 없이는 소위 전략이나 묘안을 짜내는 일이 쉽지 않다는 것은 불문가지다.
 5공의 부정적인 이미지에도 불구하고 〈허화평〉이라는 개인은 인격으로나 능력으로나 정말 괜찮은 사람이라고 후배가 어떻게나 만나볼 것을 종용하던지 허화평을 탐탁하게 생각하지 않았던 나도 막연하게나마 궁금증이 생겼다. 그러면서도 선거 캠페인에 대한

콘텐츠 개발 의지 따위는 당연히 있을 턱이 없었다.

사실 선거 캠페인 전략을 수립하려면 자료 수집과 함께 전략을 짜기 위한 후보자와의 협의나 공감대 형성이 절실히 필요함에도 불구하고 그와 그런 시간을 갖고자 하는 의욕이 별로 없었다.

사장으로서 선거 캠페인을 총괄 지휘할 내가 후보자 본인에 대한 적극성이 결여된 상태로 그의 선거 전략회의를 주관한다는 것이 얼마나 허구이며, 후보자가 나의 이러한 무성의를 알고 있다면, 이처럼 황당한 일이 어디에 있을 것인가.

우리 회사는 그때까지 대선(大選)을 두 번, 그리고 수십 명의 여야 국회의원과 지방자치단체장 선거를 치렀던 현장 경험과 선거 캠페인에 대한 노하우(know-how)로 선거철만 되면 적잖은 후보자들로부터 의뢰를 받는 꽤나 알려진 정치광고 회사였다. 다른 광고 일도 많이 맡았지만, 나름대로 정치적 관념에 대한 이론과 경험을 갖춘 담당부서가 있는, 소위 잘나가는 회사였다.

국회에서 그를 만나고 돌아와 정치광고 담당부서 직원들과 회의를 하였다. 카피라이터 정은주가 침묵을 깨고 입을 연다.

"일단 후보자가 의도하고 있는 선거 복안과 출마지역에 대한 자료를 수집하는 것이 급선무네요. 먼저 14대 선거자료를 참고로 그 지역 숙원사업이 무엇인지, 후보자의 입지적 장점과 후보자 메시지에서 특화할 수 있는 내용을 찾아내야 할 것 같습니다."

"그래 내일 다시 의원회관에 가서 보좌관에게 필요한 자료들을 구해보도록 하지."

별로 대수롭게 여기지 않는 말투로 보좌관 명함을 꺼내 들고 의뢰할 화화평 의원 자료 목록을 보드에 기록했다. 억지로 뱉어내는 성의 없는 대꾸를 직원들이 알아차릴 것 같아서 딴청을 부리려고 하는데, 기획본부장 명주철이 특유의 찌그러진 얼굴로 자리에서 일어나 창문 쪽으로 걸어가면서 정은주의 말을 가로막는다.

"감방 갈 사람인데 표를 많이 얻어 당선된들 뭐해? 바로 보궐선거로 새로운 국회의원을 선출해야 하는 지역 아냐? 이런 상황을 본인은 우리보다 더 잘 알 텐데 구태여 이번에 총선거에 출마하는 이유가 뭡니까? 당선되어도 어차피 구속되어 영어(囹圄)의 몸이 되는 건 그 지역 유권자들도 뻔히 알고 있지 않겠어요? 선거에서 공약한 지역사업을 누가 믿겠어요? 물거품이 될 게 뻔한데, 이런 사기가 어디 있어요? 뻔히 당선무효가 될 줄 알면서 뭐 분풀이라도 하겠다는 건가요? 무효가 될 선거공약을 지역 주민들한테 내놓겠다면, 우리는 뭡니까? 뼈 빠지게 일하고 돈도 못 받는 거 아닙니까? 내 생각엔 그렇게 쉽게 덤벼들 선거판이 아니라고 봅니다."

명 본부장은 원래가 논리정연한 사람이다. 그리고 선거를 수십 번 치러오면서 직관적인 판단도 아주 훌륭한 사람이다. 오늘따라 의사(義士)라도 된 양 열변을 토한다.

나도 그의 주장에 전적으로 동의할 수밖에 없다는 것을 깨달으면서, 우리가 허화평의 당선을 위해 선거에 참여하려던 마음 한구석엔 5공 세력들이 주장하는 정의(正義)에 대한 의구심이 밀물처럼 다가왔다.

물론 이런 이유로 허화평의 선거를 주저할 정도의 정의심이 있는 것은 아니었다.

다만 허화평, 그가 마음 깊이 칼을 갈고 있는 현 정권에 대한 개인적인 분풀이 또는 적개심에 동조하고 싶지는 않았다. 아울러 비판의 흙탕물에 섞이지 않기 위한 이해손실 계산도 하고 있었다.
내가 무슨 의인이나 된 것처럼 정의를 내세우는 조작된 위선이인지(認知)되면서 실체가 드러나는 수치심으로 허화평의 선거에 대한 혼란이 온몸에 퍼지고 있었다.
"허 의원 쪽에서는 우리가 선거에 참여하는 것으로 알고 있으니까 지금 와서 못하겠다고 하는 것은 도리가 아니다. 일단 포항을 다녀와서 세부적인 절차를 의논하자."
"사장님, 지난 번 전주시장 선거 비용도 아직 다 못 받고 있잖아요? 떨어졌다고 못 주겠다는 건가요?"
자금담당 임 부장이 관리본부장의 말을 받아치며 대꾸한다.
"그래도 실비는 받았잖아요. 꼭 될 줄 알았던 사람이 떨어져서 심적인 고통이 없지 않을 텐데, 제작 실비라도 챙겨주는 그 사람 다시 보게 되더라고요. 그런 사람이 시장이 되어야 하는 게 아닌가 싶더라고요."
감성적이고 유난히 인정이 많은 자금담당 임 부장이 내 눈치를 보면서 핀잔 투로 관리본부장에게 조심스럽게 말을 건넸다.
"지난 이야기 그만하고 명 본부장이 지금 말한 거 말이야…정말 허화평 구속될까? 전직 대통령들 비자금 조사가 시작되고 있는 모양인데, 이참에 5공 세력을 정권 찬탈 국사범으로 다루는 특별법이 제정될 거라는 소문이 국회보좌관들 입에서 흘러나오긴 하다라만…."
나는 갑자기 돈 때문이 아니라, 이 선거가 자존심은 자존심대로 구기고 무의미한 헛수고가 될 것 같은 생각에 힘이 죽 빠지는 것을 애써 감추려고 자리에서 일어나 커피포트에서 커피를 내렸다.

"저도 김 의원 의정보고서 때문에 의원회관에 갔다가 그런 이야기 들었어요. 만일 그 법이 제정되면 허화평은 당연히 구속되고, 중죄인으로 엄청난 형을 받아서 당선되더라도 의원직을 잃게 되지 않을까요?"

김원식 팀장이 그렇잖아도 허화평에 대한 망설임으로 불이 붙지 않는 의지에 찬물을 끼얹는 말을 했다. 포기할 명분을 찾고 있는 마음을 재촉하는 듯했다. 김 부장의 말을 곱씹어보면 손을 떼는 것이 좋겠다는 뜻으로 받아들여졌다.

'맞다. 뻔한 헛수고로 끝날 선거를 위해 직원들한테 무리한 작업을 시키는 것이 아닌가.'

나는 무언가에 짓눌리며 자괴감에 빠졌다. 당장은 어떤 결정을 하기보다 빨리 자리를 뜨고 싶었다. 전개되는 정치 판도를 지켜보면서 후보자의 전략적 포지셔닝과 캠페인 컨셉을 정하자고 약속한 다음 일단 회의를 마쳤다.

11월의 싸늘한 햇빛은 짧아진 낮의 길이를 견디지 못한 듯 서둘러 멀리 도시의 서쪽 빌딩숲 사이로 사라지고 있었다. 창문 사이로 새어 들어와 길게 늘어진 붉은 햇빛의 잔류가 뚜렷하지 못한 나의 머리구조를 단층촬영이라도 하듯 한 겹, 한 겹 스캔되고 있었.

허화평의 지역구 포항에 내려가 선거 캠프를 조직한다는 것이 인력이나 비용 면에서 결코 쉬운 일은 아니었다. 마침 정희경 기자와의 약속도 있어 황 본부장에게 정리를 부탁하고 도망치듯 사무실을 빠져나왔다.

'우리 회사가 차기 총선에서 허화평의 당선을 위해 뛰어들어야 하

는 이유가 무엇일까. 그리고 비즈니스 차원에서 어떤 소득이 얻어질까.'

　이런 생각과 함께 허화평에게 따라붙는 5공 인사라는 정치적·법리적·도덕적으로 부정적인 시각에 대한 부담감은 없는지, 또 소문과는 달리 허화평의 재력이 여의치 않아서 회사가 재정적으로 톡톡히 재미를 볼 수 있는 다른 선거를 포기하면서까지 그에 대한 순수한 동지애나 의무감으로 당선시켜야 하는 정의감의 발로(發露)인지 머리가 복잡하다.

　허화평의 선거에 대해 좀 더 냉정하고 철저하고 면밀하게 이해관계를 검토한 후 판단해보자는 명 본부장의 말이 현실적이라는 생각이 들었다. 아직까지 숱한 선거광고를 해오면서 후보자의 본질을 이토록 집요하게 파고들었던 적이 없었는데, 유독 허화평에 대해선 쉽게 결정하지 못하는 이유가 무엇인지, 그 망설임의 근원은 어떤 것인지, 아니면 열심히 해봐야 빤하게 헛수고가 예상되는 허탈감 때문인지, 마음의 갈피를 못 잡는 이유가 무엇인지 정녕 알 수가 없었다.

　이미 많은 시간을 쏟아 부으며 허화평을 생각하고 생각해온 심적 동요로 우리 회사가 그렇게도 도도하게 정치 광고를 해왔던 자부심은 여지없이 짓밟히고 있었다.

　'나 자신에게 던지는 선거에 대한 본질적 반론은 유권자의 의지와 결심에 의해 선택받는다.'

　그동안 선거전에 통용되었던, 선거 캠페인을 정의하는 이런 논리를 수긍하는 후보자가 과연 몇이나 있을까. 오히려 유권자의 선택을 자신의 사고 틀에 끌어들여 유권자들이 선택할 수 있는 의지력

(意志力)을 혼동시키는 마취조작 능력에 숙련된 허위날조가 난무해온 선거판이 아닐까. 선거공약은 화장술로 포장된 실현성 희박한 속임수일 뿐…기업가든, 율사든, 학자든, 누구나 정치 유희에 빠져 들면 인생사의 막장을 연출하는 데 혼신을 담보한 비윤리적 인간이 되는 것이 아닐까.

 처음 허화평을 만났을 때는, 5공에 대한 알레르기(allergy) 반응으로 그의 모든 이미지는 불의와 불법으로 포장되어 있었다.
 그가 어떤 사람이고 어떤 사상을 갖고 있는지 전혀 관심을 갖고 싶지 않았다.
 내가 특별히 5공으로 인해 피해를 입은 것은 없지만, 힘을 동원하여 정권을 탈취한 세력들 때문에 억울하고 분하게 살아가는 피해자들의 대변자를 자처하고 싶은 충동이 아니었던가 싶다.
 이미 5공은 제6공화국의 탄생으로 역사의 뒤로 물러서서 우리의 기억에서 지워진, 아니 지워야 할 존재임에도 불구하고 왜 이리도 끈질기게 평가를 요구하고 있는 것인가. 그러나 나는 정가에서 흘러나오는 말처럼 5공 세력들을 다시 역사의 심판대로 불러온다는 데는 개인적으로 동의하지 않는다.
 어느 나라, 어느 시대에 완전한 정의가 있었던가. 새로운 역사창조를 주장하는 그 외침 뒤에는 저주와 적개심이 웅크리고 있는 것이 아닌가. 인격 살인의 광기가 이제 끝났으면 하는 바람이다.
 아마 잔혹할지는 몰라도 내가 허화평에게 요구하는 가장 신념적인 무력(武力)은 그가 다시 정치 현장에서 자신을 정치적 죄인으로 정의한 잘못을 수정하겠다는 의지를 소리보다는 침묵으로 표현하는 것이었다. 그것이야말로 정의나 불의의 프레임을 벗어나 역사에 책임 있는 행동이 아닐까 하는 생각이 들었기 때문이다.

"우리가 후보자의 인격이나 가치를 두고 정치 광고를 했던가? 당선되면 모두가 본인이 잘해서 당선되었다고 하잖아. 하긴 뭐 당사자가 당락에 중요한 변수가 될 수 있지만, 유권자의 선택이 선거 참모들의 도움 없이 쉽게 이루어지는가 말이다."
"선거에 참여할 때마다 다시는 더 안 하겠다고 다짐을 했지만, 우리도 참 우습다. 그러면서 몇 년을 했니? 후보자 가족도 그렇게 열심히 돕지는 못할 것이다."
"도와준 사람들에 대한 고마움을 모를 때, 섭섭함 이상의 허탈감마저 들긴 들어."
저마다 그동안 선거를 하면서 섭섭했던 일, 화가 났던 일들을 한꺼번에 쏟아내고 있었다.
"전략을 짜고 홍보 컨셉을 만들고, 후보자의 대(對)유권자 이미지 메이킹이 그저 되는 건가? 그런데 이 사람들 우리를 단순한 심부름꾼으로 여길 때가 많단 말이야, 참."
평소 말이 적은 황 본부장도 참았던 섭섭함을 실토하고 있다.
"맞아요, 사장님, 보람이나 자부심이 깡그리 짓밟히지요. 아무튼 정치한다는 사람들, 정말 밥맛이에요."
정은주가 짜증을 낸다. 그들의 됨됨이에 대해 쌓였던 화를 못 이기는 듯 수두룩 앞에 쌓인 애매한 자료들을 내려다보며 그녀는 독기가 서린 눈살을 찌푸린다.
"아이쿠, 말도 말아요. 평소에 그렇게나 점잖은 척하던 그 사람들, 의사당에서 싸움을 할 땐 정말 못 봐주겠더군요. 시정잡배들도 그 정도는 아닐 거예요. 그들이 말하는 정의는 무엇인지, 과연 국민을 위해 그렇게 치고 박고 싸우는 건지…. 몸 싸움뿐 아니라 온갖 천박한 짓을 할 때, 인간으로 느껴지지 않아요. 쌍욕이란 쌍욕은 아마도 국회에서 다 나오는 거 같아요."

건너편에 앉아 있는 김 부장이 한 마디 거든다.

"사장님! 허화평 의원 선거에 참여는 할 거지요? 내년 총선에 나갈 후보자들 중에서 지금 우리 회사에 의뢰한 사람이 둘입니다. 한 사람은 공천이 바로 당선이 되는 호남지역이구요. 한 사람은 아직 당적이 없습니다. 당 공천을 받기 위한 준비물을 부탁해 왔습니다."

AE 강의준 부장이 허화평 의원의 선거에 투입되는 인력 구성을 미리 정하기를 원하는 것 같았다. 그러나 나는 아직 마음속으로 결정을 못 내리고 있었다. 의욕이 생기지 않는 이유를 잘 모르겠다.

어느 정도 회의가 정리되는 것을 뒤로 하고 얼마 전에 월간 주부잡지사에서 일간 신문사로 자리를 옮긴 정희경 기자를 만나기 위해 홍대 앞으로 부지런히 차를 몰았다.

거리에서는 풋풋한 젊음이 향수처럼 나를 유혹했다. 낮 시간이라 그런지 카페 건물 주차장은 한적했다.

정희경 기자의 차가 눈에 들어왔다. 주차장 한 귀퉁이에 주차 가이드라인을 밟고 있는 그녀의 차가 금방 들어왔음을 보여주듯 차 보닛에서는 아직 식지 않은 엔진의 열이 그녀의 바쁜 시간들을 말해 주고 있는 것 같았다.

카페 안에 들어서자 진한 커피 향이 힘겨웠던 회의에서의 해방을 확인시켜 주는 것 같았다. 주홍빛으로 물들어가는 창밖 저녁 햇살의 긴 빛에 묻혀 깊은 생각에 잠겨 있는 정희경 기자의 평화스러운 모습을 깨기 싫어 급히 그녀에게 다가가려던 반가운 발걸음을 잠시 멈추었다.

일간 신문사로 옮기면서 취재의 협곡에서 언제 협공을 당할지 몰라 긴장을 놓을 수 없다는 그녀. 쫓기는 일상을 잠시나마 잊으려는 그녀를 방해하고 싶지 않았다.

먹이를 찾아 하늘을 맴도는 매처럼, 항상 특종기사를 찾아 전투적 취재에 밤낮이 없었던 그녀의 잡지기자 생활이 신문사 일선 정치기자로 옮기면서 더 크고 혼탁한 정치판에 휘몰아치는 두꺼운 벽을 만나게 되었다고 말하곤 했다.

잡지에서의 투쟁적 취재의 시달림에 오히려 향수를 느낄 때가 있다고 일선 정치기자의 고충을 호소하던 그녀가 지금 지친 모습으로, 한없이 안쓰럽게 내 눈에 깊이 파고들고 있었다.

"박 선배님! 언제 왔어요? 내가 잠시 멍했었네."

창에 비친 나를 발견하고 고개를 돌려 나를 불렀다. 그녀의 부르는 소리가 놀랄 일은 아닌데 나는 뭔가 도둑질을 하다 들킨 것처럼 그냥 겸연쩍은 웃음으로 그녀의 앞에 앉았다.

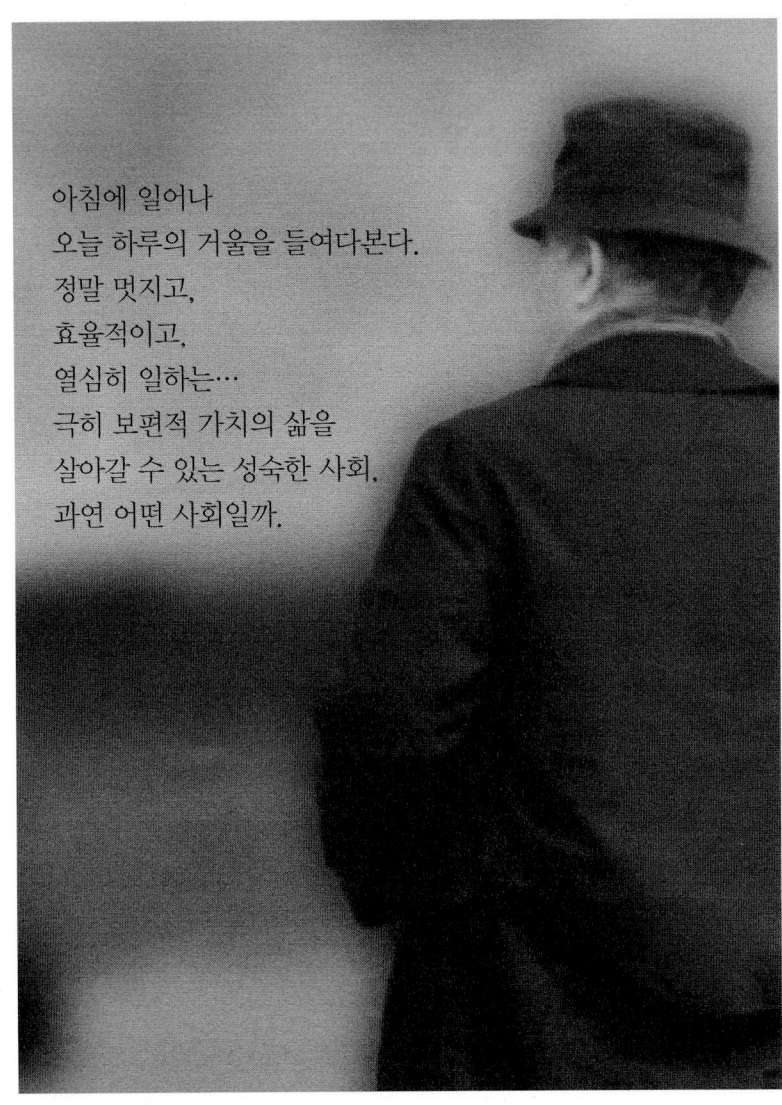

아침에 일어나
오늘 하루의 거울을 들여다본다.
정말 멋지고,
효율적이고,
열심히 일하는…
극히 보편적 가치의 삶을
살아갈 수 있는 성숙한 사회,
과연 어떤 사회일까.

삶의 제작, 국악의 새로운 포맷 탄생

 20대 후반의 나이에 아무 준비 없이 방송국을 떠나 외국에 나갔다가 이제 제법 인생의 흐름을 간파하는 40대에 다시 돌아왔다. 귀국해서 어떤 일을 해야 할지, 아직 국내 정착이 여의치 않아 사업을 하든, 취직을 하든, 오랫동안 떠나 있던 한국 내의 사정을 익히기 위해 시작한 일이 음반(音盤)이었다.
 국내 음반회사와 계약하고 외국 음반의 라이선스(License)를 국내에서 제작하는 일과 각종 음반의 수입에 관한 무역 업무였다. 그 당시만 해도 대기업 종합상사 이외에는 해외 무역 업무가 활발하지 못한 시기였고, 더군다나 국내 음반회사와 외국음반회사와의 거래는 아주 특별한 업무로 인식되고 있었다.
 대부분의 음반회사가 경험이 없었고, 외국 음반 라이선스 업무를 수행할 전문 인력이 부족했기 때문에 분야는 달라도 외국 업무에 경험이 있는 내가 그들에게는 필요했던 것이다. 뿐만 아니라 음악에 대한 관심이 많다 보니 외국 음반 레이블(Label)과 아티스트(Artist)의 활동 정보를 누구보다 쉽게 알 수 있어서 음반 사업에 많은 도움이 되었다.
 다행히 출반된 라이선스(License) 음반이 음반시장에서 상당한 매출을 기록하여 음반회사라면 꼭 갖고 싶어 하는 자체 녹음실 설비를 갖추는 데 필요한 시설비를 확보하게 되었다. 녹음실은 나도 아주 유용하게 사용할 수 있었기 때문에 녹음실 운영을 책임지기로 하고 6개월의 공사 끝에 제법 훌륭한 녹음실을 갖추었다.

물론 오케스트라나 많은 사람들이 동시에 녹음하는 대형 합창 같은 녹음 작업은 우리가 만든 녹음실 규모로는 감당하기 어렵겠지만, 일반 가요 음반 제작은 충분히 소화할 수 있는 시설을 갖춘 녹음실이었다.

광고 제작을 해온 나는 우선 TV 매체 광고, 즉 CF음악을 이 녹음실에서 작업하기 시작했다. 시간이 흐르면서 다른 회사, 또는 다른 녹음실에서 제작해오던 음악 프로듀서나 가수들이 녹음실을 찾아오게 되었다. 녹음실의 설비를 지원한 음반회사에 속한 가수들의 음반을 제작할 때 자사 녹음실을 사용하게 함으로써 경비나 시간에서 꽤 매력적인 측면이 많았다. 이제까지 시간에 쫓기면서 작업을 하던 자사 음악 제작이나 가수들의 스트레스를 풀어주면서 시간적 여유를 누리게 했다.

음악 녹음은 악기 녹음이나 가수의 노래 녹음이 한 번에 끝나지 않고 반복적 작업을 통해 결과물을 만들어내는, 상당한 시간과 노력이 요구되는 작업이기 때문에 시간이나 금전적 제한을 받지 않는 것은 음반 제작을 하는 데 큰 매력이 아닐 수 없다.

노래 한 곡을 녹음하는 시간이 5~6시간, 때로는 그 이상의 시간이 소모되기도 한다. 녹음실 대여 시간에 쫓기다 보면, 항상 아쉽고 부족함 속에 노래를 만드는 것이 누구나 하는 녹음 작업의 엄연한 현실이다. 그러니 자사 녹음실이 있으면 마음 편하게 시간에 쫓기지 않으면서 충분한 시간을 갖고 원하는 노래나 연주를 만족할 때까지 작업함으로써, 좋은 음질이나 만족스러운 노래를 만들 수 있는 것이다.

따라서 충분한 시간을 갖고 제작한 노래나 음악이 사랑을 받고 안 받는 것은 대중들의 취향에 따라야겠지만, 음악의 내용이나 녹음 상태에 관해서는 자사 녹음실 제작물이 좋은 평가와 인정을 받을 수 있는 조건을 갖추었다고 하겠다.

실제로 음질이 좋으면 노래나 음악은 웬만하면 좋게 느껴지게 마련이다. 녹음실은 24시간 운영했다.

녹음실 Laboratory(Lab)는 실험적 의미가 부여된, 기존의 음악 장르를 넘어선 음반을 제작하겠다는 의지가 담긴 음악들을 제작하고 싶은 마음에서 그런 이름을 지었다.

자사 제작뿐 아니라 외부 음반 녹음이 계속 증가하면서 기기도 보강하고 새로운 설비도 증설했다. 그러면서 광고음악까지 그 제작의 종류도 다양해졌다.

이 녹음실을 통해 제작한 가수의 노래나 음반, 카세트가 시중에서 좋은 반응을 보이자 다양한 장르의 음악인들이 나의 녹음실을 찾았다.

어느 대학 노래 서클의 음반을 제작했는데, 그 노래들이 대학가 운동권의 시위 노래로 사용되고 있다는 정보를 받은 경찰로부터 녹음 원본과 제작 동기 등을 제출하라는 통지를 받는 일도 있었다.

실제로 그 음반의 제작자나 가수들의 일부가 대학 운동권으로 경찰의 수배를 받는 학생들이 있었기에 나는 끝까지 그 원본을 제출하지 않았다.

이미 문공부로부터 음반제작과 판매허가를 취득한 음반을 아무런 법적 근거도 없이 제작의 동기나 노래를 한 가수들의 인적사항을 제출하라는 경찰의 주장을 받아들일 수 없었기 때문이다.
　내가 경찰이 요구하는 녹음 원본과 음반의 노래에 참여한 가수들의 이름 제출에 응하지 않자 경찰은 나에게 경찰 공안부서로 출석통지를 보내왔다. 억압이나 위압적인 조사를 받지는 않았지만, 위해(危害)하거나, 불온한 음반이라는 명백한 사실이 드러나지 않았음에도 경찰 자체로 음반의 불명확성을 조사하는 것인지, 누구의 민원으로 나를 경찰서로 출석시킨 것인지는 몰라도 다분히 의심만 갖고 하는 조사 자체를 인정하지 못하겠다는 강력한 항의를 했다.
　경찰에서 그 음반의 제작 배포가 정상적인 판매 유통 이외에 불법집회에서 무료든 유료든 배포하는 것은 법적 책임을 질 수 있다는 것에 동의하고 사건을 마무리했다.
　그 후 특별한 음반을 제작하는 제작자로 알려지면서 금전적 여건이 여의치 않아 자신들의 음반 제작은 감히 생각지도 못해 왔던 소위 언더그라운드 음악인들이 나를 찾아오곤 했다.
　평소 개인적으로 그들의 음악성이 지하에 머물러 있는 것에 대한 안타까움이 많았고 뭔가 내가 도울 수 있는 것을 궁리하고 있던 중에 나의 소식을 듣고 찾아오는 마이너 그룹의 음악인들을 맞이하는 기쁨은 더 없이 컸다.
　녹음실은 그들의 연주 연습장이 되었고, 서로 정보를 나누는 모임 장소가 되었다. 기성 가수나 연주자처럼 자신들의 음악을 대중들에게 전달하는 음반을 만들지 못했던 음악인들로서, 자신들의 음악적 소질을 펼 수 있는 기회가 없었던 그들에게는 오아시스와도 같은 녹음실이었다. 가수뿐만 아니라 대학가에서 활동하는 젊은 음반 제작자들과의 인연은 젊고 싱그러운 대학가의 노래를 제작하는 아주 뜻깊은 기회도 갖게 되었다. 새로운 장르의 음악이 연습되고 계속 제작되었다.

어느 날 국악 분야에서 실력을 인정받고 있는 젊은 대금연주자를 만나면서 내 생애 최고의 기념비적 음반을 제작하는 기회를 맞는다.

평소 우리나라 고유의 악기나 음악이 서양의 팝에 익숙한 젊은이들의 취향에 맞지 않는 것은 당연했지만, 국악도 현대를 사는 젊은이나 다양한 계층의 음악 애호가들을 끌어들일 수 있을 텐데 음악의 대중성을 국악인 누구도 깊이 고심하지 않는 것 같았다.

국악 악기에는 양악기에서 못 느끼는, 우리의 가슴을 동화시키는 선율이 있다. 국악의 맥을 잇는 의미에서 국악만의 고유성과, 예로부터 내려오는 전통을 지키는 것도 아주 중요하고 필요한 일이다. 그러나 국악이 계속 시대의 뒷전에서 머무르고 있다면, 국악은 점차 대중으로부터 멀어져갈 게 뻔했다.

결국은 몇몇 국악 애호가나 국악인들만의 음악으로 국한되어 국악의 깊은 감성을 불어 일으키는 국악의 대중성으로부터 외면을 자초하고 말 것이라고 생각했다.

양악기와 달리 특화된 국악의 느낌이 대중에게 파고들어가 새로운 음악의 장르를 만들 수 있는 기회가 있음에도 불구하고 국악인들이 자기 보호에 급급한 나머지 쓸데없는 아집과 편견으로 기회를 가로막고 있다는 생각이 들었다. 국악의 고유성을 대중음악 시장에서 얼마든지 새로운 음악으로 개척하여 음악성을 발휘할 수 있다는 게 내 생각이었다.

내 생각은 단순히 국악악기로 서양음악을 연주하자는 것이 아니었다. 간혹 가야금이나 대금, 해금으로 서양 음감을 연주하는 음반들을 만나게 되지만, 나는 그런 형태로 국악이나 국악기를 이용하는 것에는 동의하지 않는다. 양악기의 선율이나 음정과는 판이하게 다른 국악의 악기로 서양음악을 서양 악기의 편곡대로 연주한다는 것이 얼마나 억지스러운가.

대금이든 가야금이든 해금이든 모든 전통 국악악기는 그 악기로 연주해야만 되는 고유의 음색이 있다. 그 소리를 통해 우리의 가슴을 동화시킬 수 있는 음악을 만들어 보자는 것이다.

그 노래나 음감의 음악은 당연히 국악악기로 연주해야만 가능하다는 것이 나의 주장이다.

나는 이런 생각을 외국에 있을 때부터 꾸준히 해왔다. 그런데 드디어 그렇게도 고대하던 그 음악 제작이 현실로 다가왔던 것이다. 외국생활에서 그 나라의 음악과 문화에 어쩔 수 없이 동화(同化)될 수밖에 없는 환경에서 서양음악에 대한 익숙함은 국악 음악을 만나는 데 많은 거리감으로 작용할 수밖에 없었다.

그러나 국악원 대금주자인 그를 만나면서 나의 염려는 일시에 사라졌다. 그와 함께 국악과 현대악기의 협연 제작을 해보자는 것은 실험적인 시도가 아니라 현실성으로 나를 끌어들였다.

나는 그의 대금소리를 들으면서 고조되는 감정을 조정할 수 없는 흥분을 감출 수 없었다. 지금 그의 이름을 거론하지 않는 것은 그에게 자신의 이름을 책에 기록하는 데 대해 아직 양해를 받지 못했기 때문이다. 그의 실명을 밝히지 않더라도 내가 쓰고자 하는 책의 내용을 허술하게 하지 않을 뿐 아니라 독자들에게 예의를 갖추는 데 부족하지는 않을 것이라는 생각이 들어 양해를 구하고자 한다.

국악도 대중으로부터 관심과 호감을 가질 수 있다는 확신에 대한 결론은 그 사람이 누구인지 알리는 것보다 더 중요한 사실이기 때문이다. 그도 국악을 하면서 항상 국악이 현대 대중음악 애호가들에게 사랑을 받지 못하거나 깊은 감동을 주지 못하는 데 대해 아쉬움을 갖고 있었다.

이런 나의 생각에 불을 붙인 사람이 이수언이라는 서라벌 레코드사 전무였다. 그는 회사 내의 직책은 비록 전무지만 회사의 모든 경영을 책임지고 책자 전집물의 부속물에 불과한 카세트 제작을 하던 출판사 정도의 음반회사를 우리나라의 대표적 레코드사로 성장시킨 인물이다. 그가 이 국악 음반의 제작을 적극적으로 응원하고 지원해 주었다.

사실 이런 장르의 음악은 대개 음반시장에서 판매가 활발할 수 없는 음반이기 때문에 선뜻 나 같은 엉뚱한 제작자를 받아들인다는 것이 쉽지 않을 텐데 왜 그랬을까 하는 생각을 지금도 지울 수 없다. 아무튼 그도 평범한 사람은 아니라고 생각이 든다.

녹음실을 만들었던 초기부터 신촌 일대 카페나 동아리 모임에서 활동하는 젊은 언더그라운드 연주자들을 찾아 그들의 음악들이 그냥 불리고 음반으로 남지 않는 것에 항상 안타까움을 갖고 있었던 중에 나는 그들에게 음반을 낼 수 있는 기회를 주고 싶었다. 녹음 스케줄이 없는 시간과 늦은 밤 시간을 이용하여 그들에게 녹음실을 사용하도록 배려해 주었다.

그런 배려로 인해 그들이 국악음반제작 녹음에도 적극적으로 참여하여 훌륭한 그들의 숨은 재주가 묻어나는 음반을 제작할 수 있었다. 노래는 기성가수가 아닌, 노래를 좋아하는 연주자들이나 국악 연주자의 대학 후배들이 참여했다. 기성가수의 노련함과 기계에 의해 만들어진 기교로 담겨진 소리가 배제된 자연스러운 목소리와 악기의 원음이 담긴 음반으로 6개월 이상의 작업을 통해 세상에 없는 장르의 음악이 탄생되었을 때 우리들의 기쁨은 이루 말로 다 할 수 없었다.

음반이 나오자 음반시장에서 단연 화제 거리가 되었다. 인기 있는 일반 가요 음반만큼은 팔리지 않지만, 음반시장에서 매출도 꾸준히 발생하는 음반이 되었다.

그 음반에 실린 음악들은 대학의 무용학과에서 배경음악으로 사용되기도 했다. 이런 일련의 현상은 창작을 꿈꾸는 많은 음악인들에게 희망을 주는 좋은 기회를 제공하기도 했다. 우리 녹음실과 나는 많은 음악인들의 입에 오르는 특별한 음악의 산실로 알려졌다. 이 녹음실을 통해 음반을 낸 음악인이나 작곡자들이 언론에 이름이 오르내리곤 했다

나는 국악 등의 새로운 장르 음악을 개척하는 작업에 대한 용기가 생겼다. 즐길 수 있는 새로운 음악의 가치를 구현하는 곡을 만들고 싶었던 갈증을 해소하는 기폭제가 되었다.

정희경 기자를 처음 만난 것이 바로 이 음반을 출시했던 때다.

당시 여성 월간지의 정희경 기자가 녹음실에 찾아와 그 음반 이야기를 취재하였고 그 국악인은 새로운 음반의 작곡자로서 일약

이름이 알려져 음반시장에 화제가 되었다. 그 후 나도 자연히 음반 제작에 깊이 빠지면서 또 다른 새로운 음악을 제작하려는 욕심이 생기기 시작했다.

그러나 음반시장은 녹녹치 않았다. 제작하는 것마다 시장에서 외면을 당했다. 음반은 제작이 중요한 것이 아니라는 사실도 알았다. 홍보를 하지 않으면 아무리 좋은 음악도 대중에게 도달하지 못한다는 것, 그런데 그 홍보가 간단하지 않았다. 나로서는 도저히 감당할 수 없었다.

나는 자신을 뒤돌아보게 되었다. 내가 하고 있는 일에 대한 혼란과 방황으로 나는 매일 매일 깊은 수렁에 빠져 들고 있다는 걸 느끼게 되었다. 음반 제작자로 활동하는 자신이 몹시 어설프고 걸맞지 않은 옷을 입고 있는 것 같았다.

많은 생각과 고심 끝에 녹음실 소유주인 음반회사 대표에게 사의를 표명하고 녹음실의 모든 것을 인계했다.

충무로의 새로운 광고 일터

　나는 음반회사에 녹음실 운영권을 돌려주고 충무로에 새로운 광고 일터를 벌렸다. 디자이너도 불러왔고, 광고 카피라이터도 충원했다. 일반 광고프로덕션 회사로 문을 열었다.
　그동안 음반을 제작하고 공연 콘서트를 기획했던 것은 오랫동안 외국에 있다가 국내에 들어와 바로 광고를 할 인적·물적 여건이나 광고 현장에 뛰어들 수 있는 준비가 미흡해서 우선 취미에 맞는 일을 만난 것이 음반라이센서 무역업무였고, 그러다가 음반회사에서 녹음실을 만들어서 운영까지 했던 것이다.
　다행히 내가 거래를 도와주는 외국음반도 시장에서 호응이 좋았고, 녹음실도 나의 흥미를 채우는 데 일조를 하여 광고는 내 손과 머리에서 멀리 갔었던 것이다.

　새로 시작한 충무로의 새 둥지를 튼 일터는 광고회사였다.
　외국에서 함께 광고와 마케팅 작업을 했던 인맥을 통해 일본과 홍콩 등지로부터 상품 디자인 수주를 받아 우선 최소 인원으로 시작한 작은 규모의 광고 회사는 별 어려움없이 10여명의 직원들이 매달 거르지 않고 생활비를 가져갈 수 있는 디자인 작업장으로 모두가 즐거운 분위기를 이어갔다.

　점차 광고 수주가 많아지면서 인원이 충원되고, 사무실은 날로 확장되어 갔다. 차츰 국내 기업체 홍보영상 제작과 행사기획까지 작업의 종류는 다양하게 늘어났다. 대형 광고대행사로부터 TV광고 제작 수주도 늘면서 사무실을 더 큰 곳으로 옮겼다.

　행사는 외국에서 배우고 작업한 경험과 노하우로 광고주들에게 새로운 방향을 제시하고 도전적인 연출을 시도하면서 광고주들로부터 신뢰를 쌓아갔다.

　유명 패션 디자이너와 패션협회로부터 패션쇼 기획과 연출의뢰도 들어오면서 30여명의 직원들은 전천후 시대를 준비하는 침구나 식사도구가 집을 떠나 사무실로 옮겨오기 시작했다.

　무대 위에서 단순한 작품 쇼만 해오던 종전의 패션쇼 형태를 패션 브랜드와 디자이너들의 부스를 만들어 현장 홍보와 대리점 계약을 할 수 있는 마케팅 패션 페어(Fashion Fair)로 새로운 패션 마케팅을 계획하고 제작함으로써 유명 패션 디자이너들의 패션 쇼 제작이 몰려왔다.

　패션쇼에서 작품 발표회를 하는 목적은 결국은 마케팅이다. 그들의 작품을 홍보하고 판매할 수 있는 마케팅이 특별한 것이 아니라 필수라는 것을 강하게 심어주었다.

　패션을 마케팅에 접목시키는 국제 패션 페어에 대한 경험이 없었던 패션시장에 새로운 바람을 불러일으켜 우리 회사는 모든 패션 행사 기획에서 두각을 나타냈다. 행사의 대부분은 내가 직접 기획하고 연출했다.

　새로운 형태의 패션 쇼 연출은 패션 디자이너들로 하여금 도전적이고 창의적인 마케팅을 스스로 연구하게 하는 계기가 되었다. 패션 디자이너들은 나에게 패션쇼 자문과 시장개척을 위해 외국에 나갈 때, 함께 동행을 해달라는 의뢰도 있었다. 그들은 나의 외국 경험, 특히 유럽 패션 시장을 읽는 나의 조언이 필요했던 것이다.

당시 충무로 사무실은 공간이 한정되어 있었기 때문에 인원도 일의 수주를 지체없이 처리하기에는 부족했다.

광고 작업들을 미처 마감을 지킬 수 없어 다른 프로덕션에 넘겨줄 정도로 몹시 바빴다. 광고뿐 아니라 행사기획과 연출도 해야 되고, 정말 전천후 인생으로 충무로를 휘저었다

어느 날 정희경 기자가 사무실을 찾아왔다. 지난봄에 우리 회사가 기획하고 연출했던 패션쇼에 참석하고 3개월 만의 만남이었다.

정희경 기자는 특별취재로 한국의 유명 패션 디자이너들과 함께 파리로 가는데 파리 프레타포르테(Pret-A-Porter) 쇼 참석에 대해 자문을 해달라고 했다. 일주일 정도 시간을 내서 한국 디자이너 작품 패션쇼를 도와달라는 것. 일주일은커녕 일곱 시간도 사무실을 비울 수 없었다.

몇 번 국내에서는 시도도 해보지 않았던 패션쇼를 기획하여 패션 디자이너들에게 패션쇼 자문을 자주 해오면서 그들이 외국에서 나가 자신들의 작품 마케팅을 하는 데 외국 경험이 있는 자문이 필요했던 것이다.

광고회사로서도 영역이 날로 넓어지고 있었다.

기업의 새로운 제품 개발부터 광고에 이르기까지 그들의 광고 전반을 우리회사에 맡기는 쉽지않은 결정을 하고 있었다. 나는 광고

나 마케팅에 경험이 많은 전문인들을 충원하여 더 좋은 더 마케팅력이 드러나는 작업에 매진하였다.

드디어 인력을 보완하여 광고대행사를 설립한다. 회사는 날로 새로운 광고주를 영입함으로써 확장(拡張) 일로였다.

광고뿐만 아니라 정치 캠페인으로 회사의 업무 영역이 넓어진 것도 그 무렵이었다. 국회의원이나 지방자치단체장 등의 정치 광고를 하면서 우리 회사가 인적·물적 선거 전략 시스템을 제대로 갖춘 정치광고전문회사로 알려져 대선(大選)에까지 참여하기에 이르렀던 것이다.

허화평이 국회에 들어가야 하는 이유

"정 기자, 웬일이야? 지금 정기국회 회기 중이잖아? 시간 낼 수 있었어? 멀리서 보니까 〈망향〉의 히로인 미레이유 발랭을 연상시키던데?"

방금 전까지 직원들과 허화평 선거 참여 문제를 토의하다 결정하지 못했던 미진한 잔무에 짓눌린 스트레스를 애써 정 기자에게 보여주지 않으려고 넉살을 떨었다.

"뭐 겉치레 말이겠지만 기분은 나쁘지 않은데, 저녁을 대접하오리까? 박 사장님."

눈에 잔뜩 농(弄)끼를 머금고 어깨를 치켜 올리며 입 속의 웃음을 내뱉지 못하는 동작을 취한다.

"참 잘 왔어, 정 기자! 허화평 알지?"

나는 그녀가 나를 찾아온 이유는 묻지도 않고 느닷없이 머리에 가득 찬 허화평의 이름을 불쑥 내뱉었다.

"잘 알지는 못해도 상임위에서 몇 번 스친 적은 있어요. 그런데 왜 그 사람에 대해 물어요?"

그녀의 눈은 궁금증으로 가득했다.

"음…내년 국회의원 선거에 그가 출마하는데 지역구가 포항이야.

좀 도와달래."

그녀의 생각은 아랑곳하지 않고 대뜸 허화평의 선거 이야기부터 꺼냈다.

"그래요? 그 사람 선배하고 코드가 맞아요? 공연히 되지도 않을 사람 선거 돕는다고 정말 해야 할 사람 놓치는 거 아니에요? 그리고 그동안 쌓은 정치광고 경력을 쓸데없는 데 소진시키는 일 아니에요? 가망 없는 허화평 하지 말고 될 사람을 해요. 그리고 5공 세력들은 썩 내키지 않잖아요, 솔직히 말해서……."

정 기자는 허화평이 우리의 대화 거리가 될 수 없다는 듯 내가 허화평의 이야기를 지속할 수 있는 여지를 바로 틀어막았다. 그러자 나는 조금 섭섭한 생각이 들었다. 참 이상한 일이었다. 정 기자를 만나기 전에 회사에서는 허화평에 대한 비판에 동조했던 내가 정 기자의 이야기에 섭섭한 기분을 느꼈다는 것이 스스로 믿기지가 않았다. 잠시 무슨 말로 대화를 이어나갈지 망설였다.

"선배님, 무슨 생각을 해요? 우리 다른 이야기해요. 선배님한테 의논할 일도 있고……."

정 기자가 다시 나를 다른 이야기로 끌고 나갔다.

정 기자에게 허화평은 '낙선할 게 뻔한 비판의 대상인 5공 인사'였다. 물어보나마나 그녀의 의견에 반하는 허화평 이야기를 공연히 했나 싶어 후회가 되었다. 그러나 속마음으로는 정 기자로부터 다른 이야기를 듣고 싶어 했던 것은 아닐까 하는 생각도 들었다.

마음 한 구석에는 나를 포함하여 회사의 정치광고 팀 모두가 아니라고 하는 허화평에 대해 정 기자로부터 직원들과 다른 의견을 듣고 싶었던 것이 아닐까? 말하자면 '허화평 한 번 도와보라.'는 말

같은…. 어쨌거나 그녀에게 조언을 바랐던 기대가 한꺼번에 무너져 실망하는 나의 비참한 모습이 앞에 있는 정 기자에게 드러나지 않았으면 하는 마음으로 아무 일도 아니라는 듯 컵을 들어 입에 커피를 부어 넣었다. 행여나 이중적인 내 마음이 드러날까 봐 조바심하는 모습을 그녀에게 들키지 말아야겠다는 강박관념으로 자꾸만 뭔가에 빠져 들어가는 것 같았다.

정 기자의 까칠하고 비관적인 말과 내뱉는 모습이 내심 미운 이유도 이해할 수 없는 혼란을 불러왔다. 나는 태연한 척 의자에 엉덩이를 깊이 밀어붙이면서 아무 일 없었다는 듯이 태연을 가장하며 그래도 이 말은 해야겠다는 마지막 자존심을 동원했다

"그래도 한 방에 그렇게 박살을 낼 수 있나? 내가 정 기자라면, 정치기자로서 좀 진지하게 물었겠다."

차분하게 말을 하고 있지만, 그녀는 내 말 속에 숨겨진 송곳을 느꼈나보다. 그녀의 반응은 생각보다 빨리 왔다. 그녀는 자세를 고쳐 나를 빤히 쳐다보았다. 그녀에게 내가 숨기고 있는 것이 모두 금방 들통 날 것 같아 잔뜩 위축된 나를….

뚫어지게 쳐다보고 있다는 것을 인지하자마자 이미 그녀의 반격이 느껴졌다. 테이블에 가까이 몸을 기울이면서 드디어 뭔가 따지듯 바라보는 그녀의 표정이 나를 엄습했다.

"어 선배님. 왜 기분이 나빴어요? 난 선배님이 그냥 마음에 없이 나가는 이야기를 하는 줄 알았어요. 내가 허화평이라는 사람을 싫어할 이유도 없고, 그럴 필요도 없지요. 선배님이나 선배님 회사 정치광고 경력으로 누가 봐도 떨어질 게 확실한 사람의 선거 캠페인을 해야 되겠는가 말입니다. 선배님을 아는 사람이라면 당연히

말렸을 거예요. 선배님 회사가 국회의원 출마자들을 찾아다니며 구걸하는 회사는 아니잖아요. 그런데 당선이 불확실한 사람, 아니 당선되면 안 될 사람을 돕는다고 했을 때 나는 말려야지요."
 정 기자의 말은 내 자존심을 완전히 짓뭉개기에 충분했다. 섭섭함이 마구 솟았지만, 어떤 반응도 대답도 나에게는 고갈상태였다. 그냥 고개만 끄덕였다. 그것밖에 다른 뾰족한 묘책이 없었다.

 참 이상하다. 여기 나오기까지 직원들과 이야기하면서도 허화평의 선거캠페인 참여를 긍정적으로 생각하지 않았는데 왜 정 기자의 말에 겉으로는 표현을 자제하고 있지만 내심 이렇게 발끈하고 있을까? 정말 내가 허화평의 선거 캠페인에 적극적으로 참여하려고 하는 건가?
 아무리 나를 갈기갈기 찢어 숨어 있는 생각들을 들추고 들춰도 허화평에 도달하려는 의지나 의욕은 전혀 발견되지 않았다. 그렇다면 모두가 안 된다고 하는 것에 대한 일종의 반항심인가? 아니면 오기인가? 앞에 앉아 나를 빤히 쳐다보고 있는 정 기자의 눈에 뜻없이 엷은 웃음을 심어주며, 아무튼 오늘은 더 이상 생각하지 말자고 목에 걸린 생선가시를 침으로 삼켜 내리듯 목구멍을 크게 벌려 한 입 가득 침을 모아 넘겼다.
 아직 나에 대한 의구심이 씻기지 않은 정 기자는 한 판 승부를 걸어 결판을 내겠다는 전사의 모습이다.
 "선배님! 박주현 선배님! 혹시 내 말에 기분 상하셨어요? 갑자기 선배님 얼굴이 굳어졌어요."
 정 기자가 허리를 굽혀 일어나 탁자 위의 내 손을 잡아당기면서 삐친 어린아이 달래듯 말을 건넨다.
"내년 총선 정치광고 의뢰한 후보자들 많아요? 필요한 자료 지원해 드릴 테니까 직원들 신문사에 보내세요. 그 사람 이야기 그만하고 다른 이야기해요."
나는 감정표현이 다스려지지 않았음을 느꼈다. 나는 억지웃음을 지으며 대꾸했다.
"아니야. 좀 피곤한 일이 있어서 잠시 그 생각을 했어. 미안해."
"정말? 내가 선배를 안 것이 벌써 10년이나 된다, 알아?"
정 기자는 그녀 특유의 애교인 코를 찡긋하는 모습으로 이야기를 계속한다.
"선배님은 날 못 속여요. 기분 좋은 거, 나쁜 거 금방 읽을 수 있단 말이에요. 선배님 얼굴에 그대로 씌어 있어요."
나는 정 기자의 말을 듣고 있었지만, 마음은 그녀의 말과 모습에 닿지 않는다. 정 기자는 나에게 쓸데없는 짓을 하고 있다고 생각하는 듯 빨리 화제를 바꾸자는 식으로 말을 잇는다.
"그런데 있잖아요? 지금 정부는 5공화국의 탄생 동기를 군을 동원해서 헌정을 파괴한 파렴치한 세력의 불법 정권찬탈로 보고, 곧 역사바로세우기 특별법이 만들어질 것이라는 이야기가 솔솔 풍기고 있어요. 그러니까 허화평 같은 사람은 당연히 구속될 게 뻔해요. 그 사람이 좋든 나쁘든 그런 문제를 떠나 그가 이번 선거에서 당선되어도 어차피 당선 무효가 될 사람인데, 왜 애를 쓰면서 선거운동을 해야 하는가 그 말입니다. 그런 뻔한 헛수고를 왜 하느냐 말이에요."
"그래 정 기자의 말이 맞는 거 같다. 고맙다. 정 기자의 좋은 충고, 잘 알겠어."

"아이, 박 선배님 충고라니요? 오늘 참 이상하다. 회사에서 뭐 나쁜 일이 있었어요? 평소와 넘 달라요."

"아니 무슨 일이 있기는……."

나는 뚜렷한 이유 없이 정 기자와 함께 있는 시간이 갑자기 어색하다는 느낌이 들었다. 정 기자가 가방에서 서류를 꺼내면서 분위기 전환을 서두른다.

"선배님, 오늘 선배님 만나려고 한 것은 해외연수 때문이에요. 한국언론재단에서 2년 동안 꽤 유명한 미국의 언론재단에 연수를 보내는 프로그램이 있는데 내가 추천받았어요. 10년 이상 잡지사 연예기자를 하다가 이제 막 일간신문에 와서 딴에는 한국 최고의 여자기자가 되겠다고 잔뜩 포부를 갖고 기자생활을 해나가고 있는데 2년 동안 그 열정을 쉬어야 한다는 것이 너무 아쉬워요. 미국 연수도 욕심이 나고…."

"그럼 신문사는 그만두는 거야?"

"아니 일종의 휴직이지. 그런데 연수 마치고 돌아와서 2년의 공백을 채우는 것도 만만치 않을 것 같기도 하고……."

다시 정 기자와 나는 어두운 터널을 빠져 나와 일상의 대화로 돌아왔다. 아직까지의 버거웠던 대화가 사라지고 마음은 한껏 가벼워졌다는 느낌이 들고 있었다.

"참 정 기자! 전에 결혼할 사람이라고 소개받은 그 친구 말이야. 오진욱이라고 했지? 결혼은 언제 할 건데? 연수 갔다가 돌아와서 할 건가?"

"네, 그 사람도 미국에서 대학원 다니다가 한국에 갑자기 직장이 생겨서 공부를 마치지 못하고 한국에 왔어요. 그런데 하던 공부를 더하고 싶다고 회사를 그만둘까 하고 있는 것 같아요. 그래서 생각 중인데 여기서 결혼하고 같이 미국에 들어가면 어떨까?"

"좋은 생각이다. 할 수만 있다면 그렇게 해. 그럼 같이 갈 수는 있는 거니?"

"그 사람은 학기에 맞추어 들어가면 되는가 봐요. 나는 내년 3월에 갈 것 같아요."

"와~바쁘겠다. 결혼도 해야겠고…가능한 거니?"

"뭐 괜찮아요. 내가 지금 막 정치 기자 시작했는데 2년의 공백이 좀 길 것 같긴 하지만. 양가 어른들한테는 벌써 결혼 허락 받았고요, 결혼 날짜만 말씀 드리면 돼요."

"그럼 신랑 되는 친구 직장은?"

"사표를 제출했다고 해요. 미국 가기로 이미 마음을 정했던 것 같아요. 전부터 나보고 미국에 들어가자고 했거든요. 그건 그렇고 더 중요한 이야기는…선배님이 우리 결혼 주례를 서주셨으면 해요."

"뭐라고, 내가 주례를? 주례는 아무나 하는 게 아니야. 덕망 있고 사회적 지위도 어느 정도 있는 사람이 서야지, 나 같이 작은 광고 회사 사장이 무슨 주례를 서니? 하객들에게 예의가 아니지. 정 기자는 주위에 유명한 사람 많잖아? 신문사 사장도 있고, 정치인도 있고……."

"나는 나를 잘 아는 인생의 선배가 축하해주는 결혼을 하고 싶어요. 선배님이 나에게는 아주 좋은 인생의 멘토거든요. 잡지사에서 연예인 섭외가 안 되고 편집 마감은 다가오고, 쩔쩔매고 속이 바짝바짝 타들어갈 때 선배님의 위로가 얼마나 고마웠는데요. 취재에

애를 먹이던 사람을 찾아주기도 했잖아요. 마음 고생할 때 선배님의 따뜻한 위로와 격려가 지금의 나를 만들어 줬어요. 진욱 씨도 선배님을 만난 후 많이 좋아하고 있어요."

"그 친구 고등학교 후배더라고. 참 인연이 우습다."

"아무튼 약속했어요, 주례 서는 거… 알았지요?"

"그래, 두 사람의 행복을 축하하는 마음은 누구 못지않을 테니까 뭐 그거 하나만 갖고 하겠다."

"고마워요, 선배님. 참 아까 이야기하던 것 있잖아요, 허화평 선거…."

갑자기 그녀가 허화평 이야기를 다시 꺼내서 짐짓 놀랐다.

"왜?"

"지금도 선배님과 이야기하면서 선배님 얼굴을 읽어보면 선배님 얼굴에서 허화평의 궁금한 이야기들이 읽히는 것 같아요."

참 모를 일이었다. 회사에서 직원들과 허화평 선거캠페인 회의를 할 때는 별로 그 선거가 마음에 차지도 않고 관심이 없었는데, 정 기자를 만나면서 허화평의 생각이 머리에서 떠나지를 않았다. 회사에서는 하지 않을 방법이라도 찾아보려는 생각으로 꽉 차 있었는데 정 기자를 만나면서 전혀 예기치 않은 허화평의 잔상이 나를 포승줄로 묶는 느낌을 떨칠 수 없었던 것이다.

정 기자가 나의 이런 모습을 바로 알아차렸을까.

"글쎄…. 사실 나도 그의 선거에 별로 끌리지도 않고 탐탁치도 않았어. 그런데 이미 내 마음을 정 기자에게 들켰으니까 이야기하지. 이상하게 정 기자 만나면서 그가 자꾸만 내 생각에서 지워지질 않는 거야."

"맞아요, 선배님! 나도 그런 유사한 경험이 있어요. 싫거나 별로 관심이 없는데도 끌리는 심리가 꿈틀거리고 있지 않나 싶어요. 팩트(Fact)는 싫은데 감정은 관심이 샘솟고 있는 거예요. 맞지요?"

정 기자가 나의 타는 속을 훤히 들여다보는 것 같아 겸연쩍은 웃음을 지었다.

"회사에 들어가 그동안 어떤 의논들을 했는지 물어봐야겠다."

"아무튼 제 결혼식 주례 부탁드려요."

"날짜도 안 잡고 주례부터 부탁하는 거야?"

"날짜 정해지면 연락할게요. 그리고 다음 주 중에 진욱 씨랑 함께 저녁식사 한 번 해요."

"그래."

정 기자가 먼저 취재노트를 챙기며 자리에서 일어나려고 한다.

"난 바로 국회에 가봐야겠어요. 그리고 참 허화평 의원 심층 분석 해볼게요. 하하하."

"뭐 심층 분석까지? 고맙다. 연락 해. 그럼 일어나자."

나는 정 기자를 먼저 보내고 회사에 전화를 걸었다. 정 기자를 보낸 빈 공간에는 허화평만 차곡차곡 쌓인다.

"선배님은 대선이다, 국회의원 선거다, 지방자치단체장 선거를 겪으면서 그들의 인간성을 잘 알 거야. 나도 정치기자로서는 아주 병아리지만, 국회의원들의 하는 짓을 보면 두뇌가 있는 인간인지 의심하지 않을 수가 없어요. 인간에 대한 실망을 원하면, 국회에 가보면 될 것 같아요."

"정치인들이 요즘 연예인들과 가까이 하는 것을 아주 자랑스럽게 여기고 있더라."

"맞아요 내가 연예인 취재를 10년 했잖아요. 정치인도 거의 연예인 수준이에요. 얼굴이 잘 생기고 옷을 잘 입어서가 아니라 완전히 대본 들고 다니는 연기자들이라니깐요. 그뿐만이 아니에요. 지저분하고 어둠침침하고 정말 쓰레기 같이 구역질나는 정치인들이 얼마나 많은지 모르겠어요. 선배님도 내가 다 이야기 안 해도 너무 잘 알 겁니다. 그런 추한 인간들을 만나다가 이때까지 만나지 않던 정말 깨끗한 사람을 선배님이 만난 거예요. 비록 취향에 안 맞고 무력으로 정권을 찬탈한 범법행위자들 중의 한 사람이지만, 허화평이란 사람의 인격이나 품성은 그 어떤 정치인들에게서 쉽게 찾아볼 수가 없는 맑은 사람이에요. 선배 기자들도 하나같이 그렇게 이야기해요. 나야 새내기 기자라 허화평 의원을 잘 모르지만, 선배 기자들한테 들었어요. 허화평 개인에 대한 평가는 아주 좋아요. 단지 그가 5공의 핵심적 인물이었다는 것 때문에 비판의 대상이 되고 있을 뿐이지요."

정희경 기자가 했던 말들이 내 머리에 깊이 파고들고 있다.

15대 국회의원 선거

 허화평 의원실의 전화를 받은 시간은 도시의 빌딩을 검붉게 물들인 태양이 사무실 창문 아래로 사라진 지 한참 후인, 하루가 식어가는 저녁시간이었다. 급히 허 의원이 만나자고 한다는 전갈을 해온 보좌관의 전화를 받고 여의도로 차를 몰았다. 마침 올림픽대로가 막히지 않아 예상보다 일찍 화평 의원을 만날 수 있었다.
 내일 포항에 가서 3일 정도 체류할 예정인데 포항을 한 번 와줄 수 없느냐는 부탁이었다. 특별히 허 의원과 같이 가야 할 일이 아니면, 나중에 혼자 다녀오겠다고 하였다. 포항에 있는 자신의 선거를 도와줄 자원봉사자들과 만났으면 한다는 이야기다. 막상 선거가 시작될 때는 5공 특별법으로 구속이 될 것 같다고도 했다.
 허화평은 자신을 엄습해오는 검은 운명을 기다리고 있었다. 그는 자신을 서서히 잠식하는 비정상(非正常)에 대항하여 싸움을 준비하거나, 저항의 묘수를 찾겠다는 의지를 이미 포기한 상태였다.
 반도의 남동쪽 포항에서 자란 허화평은 누구보다 심한 이념의 갈등 속에서 시련의 삶을 살아왔다고, 자신의 인생 한 조각을 이야기해 주던 생각이 났다. 그는 세상을 살아온 자신의 이력은 짧고 단순하지만, 비겁했거나 순리를 거스르는 억지는 부려본 적이 없다고 했다. 그는 이미 어두운 세력들의 침략을 맞이해야 하는 운명을 예견한 듯 담담했다.

그의 말의 명료함과 당당함의 위력은 그 어떤 공격에도 무너지지 않겠다는 신념에 차 있었지만, 자신을 옥죄어 오고 있는 정치적 강압에는 아무 저항 없이 받아들여야 한다는 운명을 애써 피하고 싶지 않은 듯, 그의 눈은 자신의 안타까움으로 허약해진 가슴과는 달리 언젠가는 자신의 편이 될 먼 미래를 그리고 있었다.

그토록 생명처럼 지켜왔던 진실이 갈기갈기 찢겨지는 어처구니없는 역사의 시간을 받아들일 수밖에 없는 자신을 위로하고 있는가. 허화평에게는 어떤 질문을 던져도 그가 복잡하고 애매모호한 답을 내놓지 않는다. 그는 자신의 확고한 진의를 수식어 없이 표현하고 있었다.

회사에 돌아와 허화평의 포항 선거캠페인 스텝을 구성하였다.

허화평으로부터 전화가 왔다.

식사를 같이 하자는 전화였다. 여의도의 한 음식점에서 허화평 의원과 처음 만남을 가졌다. 전에도 몇 번 만났지만, 단 둘이서 이렇게 이야기를 한 것은 처음이다.

그가 마음을 열고 만나고 싶다고 했다. 그는 나에게 5공 탄생부터 전두환 대통령과 매끄럽지 못하게 청와대를 그만둔 사연과, 국회의원이 되고자 하는 목적 등을 이야기해 주었다. 깍듯한 존댓말로 아주 차분하게 자신을 표현하고 있었다.

청와대를 갑자기 퇴임했을 때, 처음에는 마음이 많이 혼란스러웠다고 했다.

그리고 미국으로 간 것은 피할 수 없는 선택이었다고도 했다.

5년 동안의 미국 헤리티지재단 연구원 생활을 마치면서 그동안 미국에서 보고 배운 정당정치를 토대로 조국에서 정치인생을 살고 싶은 생각이 들었다고 한다.

청와대 있을 때나 미국에 가서도 정치를 할 생각은 추호도 없었다고 한다. 제5공화국이 출범하고 청와대에 들어가서 느낀 것이 우리나라 정치가 너무 낙후되어 있다는 사실이었다고 한다.

미국에서 현실 정치인들과의 만남에서 얻은 결과는 우리나라의 정치발전을 위해 사람은 물론이고 정치 시스템이 변하지 않으면 정치적 야만국을 면치 못할 것이라는 생각이 들었다고 했다.

아무리 경제가 발전해도 정치발전이 없으면, 글로벌 시대에 뒤떨어지게 마련이며, 결국은 경제도 무너지게 되어 있다는 생각을 갖게 되었던 것도 그때였다고 한다.

이번 선거가 아주 중요한 계기가 될 것이라는, 그의 강력한 의지가 느껴졌다. 그는 한참 동안 식당의 천장을 쳐다보다가 물을 한 잔 마시고 이야기를 계속한다.

"귀국했을 때가 마침 서울올림픽이 열리는 해였고, 올림픽 전 4월에 제13대 국회의원 선거가 있었습니다. 5공 출범에 맞춰 탄생시킨 민정당은 내가 그 기본적인 구성과 당규 당헌까지 살펴 내 주도로 창당했던 정당입니다.

나는 귀국과 동시에 민정당을 찾아가서 퇴임한 전두환 전 대통령과 노태우 대통령에게 당의 공천을 받으려고 준비를 했지요. 그게 13대 총선입니다. 물론 두 분을 직접 만난 것은 아닙니다. 당 지도부와 두 분을 모시고 있는 소위 당시 실세들을 만났습니다. 쉽게 나에게 공천을 주리라는 생각은 안 했습니다. 예상은 했으나 막상 거부를 당하니까 섭섭함이 이루 말할 수 없더군요. 솔직한 심정은 분하기도 했습니다.

나는 무소속 출마를 결심하고 선거 준비를 했습니다. 준비라고 해봐야 고향 선후배들의 도움을 받는 것 이외에 뭐 특별한 것이 없었습니다.

선거를 해본 적도 없고, 선거에 참여한 경험도 전혀 없을 뿐 아니라 돈도 없었습니다. 그러나 하루에 10사람을 만나든 100사람을 만나든 발로 뛰겠다고 단단히 마음을 먹고, 정말 맨땅에 헤딩하듯 선거를 도와줄 고향 친구와 후배들을 만나기 시작했습니다.

30년 넘게 고향을 떠나 고향을 위해 아무 것도 하지 않았던 내가 그들에게 정치를 하겠다고 도움을 청하는 것이 정말 미안하고 죄를 짓는 것 같았습니다. 그러나 대한민국 정치를 바꾸어 보겠다는 원대한 꿈이 강했기 때문에 그런 인정에 휘말려서는 안 된다는 나름대로의 목표와 정의가 있었습니다.

차츰 나에게 용기를 심어주는 사람들이 늘어가고 열심히 돕겠다는 사람들이 나서기 시작했습니다. 고등학교 후배들이 십시일반으로 선거캠프를 조직하는 데 도움을 주었습니다. 나는 부지런히 사람들을 만나 그들의 의견을 들었습니다.

그런데 출마를 가로막는 압력이 들어왔습니다. 5공의 출범에 함께한 동기와 군대 선배들이 출마를 만류하는 것이었습니다. 그런 압력을 넣는 세력의 주축 인물들이 육사 선후배들이었다는 데 일종의 배신감을 느꼈습니다. 그들은 이미 노태우 정권에 합류하여 정부 부처의 요직을 맡고 있었습니다.

 사실 내가 5공을 떠난 이유가 그들에게는 오히려 그들의 심기를 불편하게 했던 일이라는 것을 늦게야 깨달았습니다. 내가 청와대를 떠난 것은 전두환 대통령에 대한 섭섭함이 아니었습니다. 내가 더 이상 대통령 주변에 있는 것이 꼭 내가 무슨 잘못한 일이 있거나 누를 끼쳐서가 아니라 대통령이나 그 외 5공을 창설한 누구에게도 불편하게 여겨져서는 안 되겠다는 생각 때문이었습니다. 나 자신이 그들에게 불편한 존재가 되어서는 안 된다는 신념이 있었던 것입니다.

 그 어떤 조직도 한 사람의 뛰어난 재능이나 능력이 구성원들의 협력과 공동체 의식보다 중요하지 않다는 것을 나는 잘 알고 있습니다, 하물며 국가는 더 더욱 그것이 준수되어야 한다는 것 또한 잘 알지요.

 대통령 이하 모든 비서관들은 국정의 원활한 운영에 사익이나 사견이 있어서는 안 되는 것은 당연하고요.

 물론 그런 일 때문에 내가 청와대를 떠난 것은 아니지만, 정의를 구현하는 과정에서 간접적일 망정, 대통령을 불편하게 했다는 것은 그 중심에 섰던 내가 떠나는 것이 대통령을 보좌했던 사람의 도리라고 생각했던 것입니다.

 아마도 나의 이런 원칙주의가 다른 비서관들에게는 부담이 됐을지 모르겠으나 지금까지 내가 한 행동에 대해서 누구에게 경각심을 준다거나 부담을 주기 위해 일종의 모범답안을 제시했다고, 추호도 그런 생각을 한 적도 없습니다."

 갑자기 그가 처량하게 느껴졌다. 그에게 조심스럽게 물었다.

"그럼 14대 때는 의원님 출마를 막는 사람이 없었나요?"

"그때는 없었어요. 노태우 대통령도 퇴임하고 YS가 대통령이니까 나에게 뭐라고 할 사람도 없었고, 그럴 필요도 이유도 없지요."

"그럼 왜 무소속으로 출마하셨지요? 물론 당선은 되셨지만……."

"내가 나갈 지역에 이미 거대한 사람을 업고 공천이 일찍감치 정해진 후보가 있었어요. 나도 당의 공천을 받으려고 애쓰지 않았고요."

"그 거대한 사람이 혹시 포철 박태준 회장 아닌가요?"

"네 맞습니다. 골리앗과 다윗의 싸움이었습니다. 돈도 없고 선거원도 없고, 참 막막했어요. 우리 선거원들 정말 고생 많았습니다. 얼마나 걸어 다녔던지 발에 물집이 생겼지만 계속 다녔습니다."

"참 대단하십니다. 그래도 당선이 되셨으니까 얼마나 보람을 느꼈습니까."

"우리 선거원들이 고생 많았지요. 정말 고마운 사람들입니다. 그런데 이번 선거는 그에 못지않게 어려운 선거입니다. 아마 내가 구속이 될 것 같습니다. 후보자가 없이 선거를 한다면 뻔한 것 아닙니까?"

"네 알고 있습니다. 참 희한하네요. 소급입법으로 만든다는 게……."

"박 사장! 도와주십시오. 당선이 되어도 형이 확정되면 의원직이 박탈되겠지만, 이 선거는 정말로 중요합니다. 어거지로 만든 5.18 특별법에 대한 일종의 저항입니다. 포항에서라도 이 법이 잘못되었다는 것을 알리고 싶습니다."

다음날 포항에 갈 준비를 마치고 포항에서 만날 사람, 내가 해야 할 일들에 대해 보좌관과 협의를 마쳤다. 혹시 현지에서 선거홍보 제작에 필요한 자료를 촬영할 수도 있는 경우를 대비하여 촬영장비도 준비하라고 지시를 마쳤다.

부산에 출장을 갈 촬영 팀을 하루 일찍 출발시켜 포항에 들렀다가 부산으로 가라고 지시했다. 아직 계약은커녕 하느냐, 마느냐 하는 것도 결정하지 않고 일을 시작하는 것이 아무래도 무리가 따르지 않겠냐는 명 본부장의 의견이 있었지만, 현지 상황을 보는 것도 일을 시작할 건지 말 건지 결정하는 데 도움이 될 것 같다는 생각에 일단 포항을 다녀올 스텝 구성을 본부장에게 부탁했다.

명 본부장이 선거홍보에 필요한, 허화평 의원의 그동안 의정활동 자료를 보고했다.

이미 10년도 더 지난 일을 소급해서 특별법을 만들고 죄를 묻는 것이 상식적으로 합법이라고 할 수 있을까.

소위 '역사바로세우기' 특별법의 적법성에 대한 법률적 부당함이 인용은 안 된다고 해도, 유권자들에게 강력한 부당성을 알려야 한다는 포항 현지 선거원들의 투쟁의지는 대단하게 느껴졌다.

허화평 의원이 구속되어 선거활동을 할 수 없을 경우 허화평 의원 가족을 유권자들의 밑바닥부터 지속적으로 선거전에 등장시켜야 한다는 내용 등의 세세한 계획을 설명했다.

유권자들에게는 '5공 특별법'이 헌법의 규정을 위반한 소급법이라는 것을 적극적으로 홍보함으로써 허화평(許和平) 의원 출마의 필연성과 정당성을 알리는 것이 만일에 대비한 최고의 선거 전략임을 선거원 각자가 유념해서 유권자들에게 게릴라 전법으로 파고

들어가자고 했다.
 또한 이것이야말로 정치보복이며 탄압이라는 것을 논리적으로 심어주어야 한다는 것도 아주 필요한 메시지가 될 수 있으니 간단하게 누구나 보고 이해할 수 있는 문구를 만들자고 합의를 봤다.
 선거원들은 나만 믿겠다고 잔뜩 부담을 주었다. 그러나 싫지는 않았다. 대한민국에 정의가 살아 있다면, 포항부터 일어나야 한다는 선동적 메시지가 있어야 한다는 확신을 갖도록 독려를 했다.
 서울에 올라가서 선거 홍보 스텝을 구성하여 빨리 포항에 내려오도록 하겠다는 약속을 하고 귀경 버스를 탔다.
 '무슨 수를 써서라도 이번 선거는 허화평이 꼭 이겨야 된다는 각오를 우리 홍보팀에 심어주련다.'고 생각했다.

옥중당선

선거에 출마하는 후보자의 목적은 누구나 '승리'다.

물론 선거는 경쟁 후보를 이겨야 한다는 차원에서 여러 가지 부작용이 발생하고 있는 것이 병폐로 드러나고 있다. 선거에는 적지 않은 돈이 필요하다. 특히 소속정당 없이 무소속으로 출마한 후보자의 상황은 이루 말할 수 없이 열악하다. 선거자금은 조직원들의 교육, 대유권자 전략개발비, 선거사무실 운영비, 선거원 활동비 등으로 엄청나게 들어간다.

허화평 의원은 육군사관학교에 입학했던 이야기를 자주 했다.

"나는 포항 촌놈입니다. 나를 출세시킨 곳이고 더 중요한 것은 국가에 대한 고마움을 알게 했던 곳이기도 합니다. 그때 나를 가르쳐 준 국가는 지금도 그대로 내 눈앞에 존재합니다. 그러나 요즘 젊은 이들은 국가에 대한 고마움이 그렇게 많지 않은 것 같아요. 나는 나에게 크고 작은 어려움이 닥치면, 어떻게 할까, 어떻게 이 고통의 시간을 이겨낼 수 있을까 하는 생각보다는 국가가 키워 준 은혜에 보답하는 길을 생각합니다."

허화평은 누구보다 많은 시련을 받아온 사람이다. 억울함도 있을 법했고, 자기 의지와는 상관없이 진실공방에 피해자가 되거나 말로 다할 수 없는 정신적 고통을 받은 사람이다. 그러나 그의 국가(國家)에 대한 충성심은 확고했다.

"자신에게 닥쳐온 어려움을 이겨내지 못하면 자기 개인의 실패나 좌절이 아니라 국가가 자신에게 투자했던 거대한 기대를 저버리는, 국가에 대한 배신행위라고 생각합니다. 그래서 웬만한 걱정이나 고통은 아주 수월하게 이겨낼 수 있는 힘이 생겼어요."

그는 모든 인간의 잘못이나 실패는 정신적인 버팀목이 약한 데서 비롯된다고도 했다.

포항에 내려와서 본 선거사무소는 초라하기 짝이 없었다. 포항고등학교 선후배들이 주로 선거를 돕고 있었다. 이미 14대 선거 때 골리앗과의 싸움에서 이긴 경험이 있는 그들의 얼굴에는 자신감이 넘쳐 있었다. 사무실은 사람들로 북새통을 이루었다. 급히 사무실로 들어온 허 의원의 사촌동생 되는 사람이 나에게 허 의원이 나와 의논할 것이 있다고 하니까 같이 가자고 했다.

북부해수욕장이 훤하게 펼쳐 보이는 물회집에 도착했다.

건장한 세 사람의 젊은이가 허화평 의원과 함께 있었다. 14대 선거 때 맨땅에 헤딩하듯 몸으로 뛰며 선거를 돕던 돌격대 대원들이라고 소개를 받았다. 그들은 허화평 의원이 이번 선거를 직접 뛰지 못할 경우 선거 캠페인 전략을 어떤 방향으로 했으면 좋겠느냐고 의논을 하자는 것이었다. 의논이 아니라 답을 내놓으라는 식이었지만.

상식적으로 볼 때 후보자가 선거 현장에 없다는 것은 낙선하자는 의미나 마찬가지다. 정말 암담할 뿐 특별한 묘수가 떠오르지 않았다. 허 의원의 가족을 유권자들에게 자주 노출시키자는 방법과 가족들이 유권자에게 인사하는 문구 정도를 준비하겠다는 약속 이외에 무슨 특별한 방법이 있겠는가.

 포항에 내려온 김에 촬영을 하자고 허 의원에게 이야기했다. 마침 부산에 출장 예정이던 촬영 팀이 포항에 하루 체류하기로 했던 것이다. 한 낮보다는 해가 서쪽으로 기울기 시작하는 시간에 촬영하는 것이 인물이 깊게 느껴지기 때문에 오후 4시에 촬영을 시작하는 것으로 약속하고 나는 촬영장소를 헌팅하기 위해 허화평 의원과 헤어졌다.

 촬영 스텝과 촬영하기 적합한 장소를 물색하기 시작했다. 주로 바닷가를 찾아다녔다. 북부해수욕장에서부터 죽도시장, 송도부두 등을 들러 포항제철이 보이는, 바다와 형산강이 만나는 고수부지에 왔을 때 촬영 컨셉이 떠올랐다.

 '후보자가 없는 선거에서 후보자의 모습을 영상으로 유권자들에게 보여줌으로써, 유권자로 하여금 후보자에 대한 감성과 연민을 불러일으키는 연출을 하자.'고 결정한 다음 허 의원에게 전화를 했다.

 형산강이 바다에 닿는 수면은 길게 늘어진 붉은 햇빛이 깔려서 포철과 조화가 잘 이루어지는 장면이 연출되었다. 나는 허 의원이 멀리서 걸어오게 했다. 나중에 이 영상이 사람들에게 선보여질 때는 허 의원이 구속되어 있을 것이라고 생각하니 마음이 더욱 무거워졌다.

 카메라 기사가 허 의원에게 이렇게 걸어오라, 저렇게 걸어오라, 고개를 들고 시선은 어디를 봐라…하는 주문을 한다. 나는 카메라 기사에게 그냥 카메라를 정지하지 말고 계속 찍으라고 했다. 주문하는 대로 하면 전문 연기자가 아니기 때문에 어색한 장면이 찍히게 마련이다. 원하는 대로 자연스러운 모습을 얻을 수 없는 것은 뻔하다.

나중에 전해 듣기로는, 허 의원이 구속 중에 선거를 치르면서 이 영상을 본 많은 사람들이 울었다고 했다. 정말 고맙게도 허화평 의원은 14대에 이어 15대에도 당선했다.

옥중 당선, 허화평 의원의 옥중 당선은 나름대로 큰 의미를 남겼다.

그가 구속을 며칠 앞두고 나에게 했던 말이 새삼 떠오른다. 막막한 심정으로 선거 준비를 하고 있을 때였다.

내가 세상을 보는 눈이 뜨이고 나에게 무거운 책임이 주어졌을 때, 그때 비로소 "내가 앞으로 어떻게 살아야 되나?" 하는 걸 생각했던 거거든요. 그때 생각했던 게 뭐냐?

"아, 이건 포기하면 안 된다."

그건 내 삶이라고 하는 것과 깊은 관계가 있으니까. 목표를 세우면 함부로 바꿀 수도 없는 나이고, 또 환경을 바꿀 수도 없고, 또 우리의 사회라는 것이 여러 가지 면에서 그런 것이 필요하기 때문에 "아, 내가 해야 할 방향은 내가 절대 포기하면 안 되겠다."고 생각했고, 내가 앞으로 살아가는 것하고도 관계가 있어요. 제일 중요한 것은 정직하게 사는 것입니다. 물론 말처럼 쉬운 일은 아닙니다. 그래도 노력해야지요. 힘들고 어렵다고 아주 기본적인 질서를 지키지 않으면 안 되지요.

나는 어느 날부터 집 마당에 꽃나무와 함께 자라나는 잡초를 뽑지 않습니다. 잡초도 꽃이 핍니다. 비록 잡초에서 나온 꽃이지만, 나름대로 아름다움을 지니고 핀 꽃이 아닙니까? 그리고 부모가 저를 건강한 체질로 태어나게 해주신 것이 얼마나 감사한지 모릅니다. 이런 모든 것이 바쁘게 살던 시간에는 못 느꼈던 일들입니다. 그래서 생각하게 됩니다.

"아, 가끔은 쉼이 필요하구나."

쉰다는 것은 멈춘다는 것이 아니라 자신을 한 번 뒤돌아보는 아주 필요한 시간이라는 것이지요.

그때 허화평은 이미 수감될 준비가 되어 있었다.

마지막으로 자기가 없는 바깥에서 치러야 할 자신의 전쟁을 점검하기 위해 나를 불렀던 셈이었다.

정의, 그리고 자유

허화평 의원이 자주 거론하는 말이 있다.
"정의를 지키는 것은 대단한 고통이다. 그러나 진정한 자유는 정의에서 얻어진다."
허화평은 옳고 바른 일이라고 정하면 어떤 불이익이나 억압에도 굴하지 않고 묵묵히 최선을 다하는 사람이었다.
"6년 만에 조국에 돌아와 국회의원에 출마하려는 자기를 막아서는 사람들이 있었지만, 그러나 꿋꿋이 내 길을 걸었다. 내가 하는 일과 계획이 정의라면 언젠가 신은 나의 손을 들어준다는 믿음으로 지금까지 걸어왔고 앞으로도 똑 같이 그렇게 걸어가려고 한다."
벌써 오래전인데, 아마 17대 선거가 끝났을 때라고 기억한다.
그때 낙선(落選)을 하고 오히려 나를 위로했던 그가 한 말이 떠오른다.
"낙선은 보이는 것이지만, 보이지 않는 승리가 있다고…. 언젠가 이 보이지 않던 승리가 우리의 가슴을 뜨겁게 할 것이며, 우리가 만든 이야기들과 계획하려던 것들이 우리가 아니더라도 누군가가 이룬다는 확신과 기대를 갖자고. 낙선의 아쉬움으로 좌절의 길에 들어서지 말고 우리가 소리 내어 외치던 말들과 계획들이 정의였다는 신념을 갖고 새로운 희망을 설계하자고."
 그의 말이 가슴에 차오르고 있다. 그가 현실정치를 떠난 지 12년, 오늘 새삼 그의 말들이 가슴에서 모락모락 피어오르고 있다.
 그도 마음에 많은 상처를 받고 배신도 당했지만, 그러나 그는 정의를 잊은 적이 없다고 했다.

적지 않은 사람들이 5공화국을 폄훼(貶毁)하거나 심지어 악의 축으로, 불의한 집단으로 왜곡 전파하고 있는 것이 사실이다.
 오히려 그런 공격이 있기 때문에 허화평 그는 더욱 강해질 수 있었고, 5공의 존재를, 가치를 객관화시키는 데 노력을 게을리 할 수 없다는 그의 정신도 정의에 대한 신념과 같은 맥락이 아닌가 하는 생각이 든다.

 "내가 청와대에 있을 때 항상 강조했던 것은 5공 정부가 '정의사회 구현'의 목표를 이루지 못하면 정권이 순식간에 위태로운 지경으로 빠져 들 수 있다는 것입니다.
 그것을 일관되게 주장해 왔거든요.
 대통령도, 대통령 보좌진이나 주위 비서관들도 나로 인해 많이 힘들었을 것입니다. 그러나 나는 지금도 그 생각에 잘못을 느끼지 못하고 있습니다. 나의 이런 고집은 누구도, 어떤 회유도 막지 못했습니다.
 박정희 대통령의 갑작스러운 유고로 정치인들의 추악한 정권야욕이 드러나기 시작했습니다. 이러다가는 대한민국이 무너질 것 같은 위기감은 날로 심각한 지경에 이르렀습니다. 이런 상황에서 나라를 구해야겠다는 각오로 죽음을 무릅쓰고 5공화국 탄생의 주역을 담당했던 것입니다.
 국가를 지키자는 정당성을 내세운 필연적인 정권 창출의 동지들이었던 사람들이 6년 만에 고국에 들어와 정치에 도전하려는 나를 가로막으려는 의도를 도저히 이해할 수 없었습니다. 정말 받아들여지지 않았습니다. 무슨 이유일까, 고민도 많이 했지요.

정의, 그리고 자유

당시 군대에는 동기도 있었고 후배들도 있었습니다. 그들은 내가 대통령의 심기를 불편하게 하면서까지 정치를 하겠다고 고집을 피우는 데 대해 고민들이 많았던 것 같았습니다. 나는 그들에게 구태여 이유를 묻지 않았습니다. 왜 이렇게 나를 꺼려하는지 이유를 확인하고 싶지도 않았습니다.

한편으로 그 어려운 시기에 고생을 함께했던 사람들인데 원수질 일이 뭐 있겠나 하는 마음으로 그들의 부탁을 들어주는 것도 필요하지 않겠나 하는 생각을 하게 되었습니다.

5공을 출범시키고 여러 가지 국내 정세를 안정시켜야 할 내가 청와대를 떠나야 했던, 물론 어쩔 수 없는 상황이었지만, 내가 청와대를 떠났던 그때 일이 그들에게 짐이 되어 차후 내가 국회에 들어가면 또 어려운 상황을 만들지도 모른다는 우려로 나를 막고 있는 것이 아닌가 하는 생각도 해 봤습니다.

내가 이 나라에 없는 동안 나대신 고생했을 그들에게 미안한 마음도 들긴 들었지요. 많은 생각을 했습니다. 이번만은 내가 물러서지만, 그러나 다음엔 절대 양보를 하지 않겠다고 단단히 다짐을 하면서 13대 총선 출마를 접었습니다.

5.18 특별법

 김영삼 정부 때 만든 '역사바로세우기' 입법에 관한 허화평의 이야기를 싣는다. 말하자면 소위 5.18 특별법에 맞서서 "나는 정당했다."고 주장하는 허화평의 육성(肉聲)이나 다를 바 없다.

 1996년 '역사바로세우기'라는 입법을 통과한 소위 신군부 정권 찬탈 혐의 재판에서 5.17이 정권을 잡기 위해서 대통령에게 위압을 가하고 각의를 열어 김대중을 구속했다고 판결했는데, 이것은 전혀 사실이 아닙니다. 먼 훗날 진실이 밝혀지리라고 믿습니다.
 1980년 당시에 정부가 계엄 하에 있었는데, 김대중의 민중반란 세력들과 계엄군의 충돌이 일어나지 않았을 것이라고 생각을 하시는지요? 아니면 최규하 대통령이 다음 정부에 권력을 이양하기 위한 계획을 접고 김대중 세력에게 정권을 넘겨줬다면, 국가가 온전했을까요?
 재야단체나 반정부 세력들의 주장으로는 군대가 썩었느니, 군대가 정치적이니 하는 말을 많이 하는데요. 물론 개중에는 썩은 군인도 있을 것입니다. 정치적인 군인도 있겠지요.
 그러나 대다수의 군인은 정직하고 국가관이 뚜렷합니다. 군은 정

직하고 국가에 대한 충성이 몸에 깊이 뿌리내린 다수의 군인들이 이끌어가는 조직입니다.

우리가 냉정하게 생각해야 합니다. 우리나라에서 군이 정치에 개입한 최초 사건이 5.16 군사 혁명입니다. 그것은 우리 민족사에 결코 바람직한 일은 아닙니다.

그러나 5.16이 왜 일어났는지 곰곰이 생각해볼 필요가 있습니다. 그리고 10.26 대통령 시해사건은 단순한 살인사건이 아니지 않습니까? 국가 원수가 저격당해 국가의 위기가 초래될 수 있는 엄청난 사건입니다.

보안사 합동수사본부의 목표는 최규하 대통령의 새 헌법 작업이 성공적으로 끝나도록 하는 것, 즉 계엄사와 협력하여 선거를 무사히 치르도록 사회질서 유지에 최선을 다하는 것이었습니다.

새 정부의 수립과 동시에 수사본부에서는 김재규 사건을 마무리하고 계엄사령관을 보좌해서 정권이양이 순조롭게 이루어지도록 군으로서의 협력을 충실히 이행하는 것이었습니다.

그리고 모든 자료들을 새 정부에 일임하고 군으로 돌아가 국방임무를 다하는 것이 합동수사본부의 궁극적 목적입니다. 역을 담당했던 것입니다.

일부에서 5.17 계엄확대조치나, 김대중 내란사건에 의한 구속 등이 신군부가 권력을 잡기 위해 각본을 짠 것이라고 합니다. 정말 터무니없는 소설 같은 이야기입니다.

나는 광주사태가 끝날 때까지만 해도 전두환 사령관이 대통령이 될 가능성은 0%였다고 자신합니다. 아마 본인도 나의 생각에 동의할 것이라고 믿습니다.

광주사태가 우리나라에 얼마나 엄청난 상처를 만들었습니까? 그리고 그 후 나라의 사정은 어땠습니까? 누군가가 대한민국을 살려야 하는 절체절명의 위기였습니다.

〈제5공화국〉이라는, 5공을 다룬 MBC의 드라마는 사실무근으로 허위 날조된 부분이 너무나 많았습니다

허화평 의원의 국회 신상발언/1995.11.30.

   14대 국회가 이제 회기를 마치고 모든 국회의원들은 다음 15대 총선을 준비하고 있었다. 정가에서는 5.18 특별입법이 소리 소문 없이 진행되고 있었다.
   허화평 의원은 국회에 자신의 신상발언을 신청했다.
   그는 김영삼 정부의 정치 탄압의 희생자가 될 수밖에 없는 현실을 직감하고 있었다. 그는 현 정부나 정치권에서 논의되고 있는 5공 청산이라는 특별법을 피하거나 항변을 하고 싶은 생각은 추호도 없었다. 썩은 패거리 정치꾼들의 추태와 민중궐기나 여론에 휘몰리는 대통령의 철학을 비판하고 그들에게 어떤 핍박에도 어떤 정치 탄압에도 한 정치인의 죽지 않는 영혼을 보여 주고 싶었다.
   그를 잘 아는 국회의원이 그를 만류했다. 바위에 계란을 던지는 격이라고 했다. 오히려 감정만 더 건드려 일을 더 꼬이게 만들 수 있다고 했다.
   그러나 그는 강행했다. 그리고 다음 15대 총선에도 당당히 나가겠다는 결심을 했다. 허화평의 단 하나 믿음은 정의였다.

　오늘 한국 민주주의의 최후 보류인 헌법재판소가 이른바 민주투사들에 의하여 조종을 울리는 날이 되지 않기를 바라면서 몇 가지 말씀을 드리고자 합니다.
　존경하는 의장, 의원 여러분!
　역사에 있어서 책임은 일방적일 수 없습니다. 80년 당시 민주화 세력들이 분열하지 않고 과격한 민중전술을 동원하지 않았던들 5공 탄생은 불가능했을 것입니다. 같은 시대 같은 무대 위에서 서로 다투었던 이 세력들에겐 책임이 함께 있을 수밖에 없습니다.
　민주화 투쟁 그것만으로 모든 책임이 면제되는 것이 아니고, 민주라는 미명 하에 진실이 엄폐되고 왜곡된 점 역시 많았습니다. 더욱이 80년 이래 오늘에 이르기까지 어떤 과정이 있었습니까?
　진실을 규명하는 문제라면, 여소야대 정국 하에서 소위 1노3김에 의한 5공 청산이 있었습니다. 12.12 국회 국정조사가 있었고,

12.12와 5.18에 대한 검찰의 수사가 있었습니다.

화해와 용서에 관한 문제라면, 13대, 14대 대선에서 각 당 후보들은 정치보복을 하지 않기로 국민 앞에 거듭 약속하지 않았습니까? 이에 한 분은 대통령이 되었고 두 분은 야당의 지도자로서 오늘의 정국을 책임지고 있으며 3당 합당의 민자당 출범으로 과거의 대립관계가 종식되고 그 토대 위에서 문민정권이 탄생하였습니다.

그러나 유감스럽게도 작금의 현실은 그러한 과정과 약속이 쓸모없게 되고 모든 것이 원점으로 되돌아가고 있습니다. 국민의 다수인 보수 우익이 침몰하는 가운데 좌파가 주도하는 소수세력이 국민 전체를 대변하듯 소란하고, 일부 전파매체는 당대의 역사를 정치 드라마라는 형식으로 왜곡·날조하여 국민을 호도하면서 당사자들에게 일찍이 없었던 영상테러를 자행하고 있습니다.

이와 병행하여 정치권은 거듭된 대국민 약속을 헌신짝처럼 버리면서 헌정질서를 무시하면서까지 소급입법을 통하여 과거 반대세력에 대한 정치보복을 서두르고 있습니다.

이 나라에서 최초의 소급입법은 4.19 직후 민주당 정권 하에서 비롯됐습니다. 5.16 군사정부가 그 뒤에 답습을 했었고, 이제 34년이 경과한 오늘 이러한 전철을 또 다시 되풀이하려고 하고 있습니다.

지난 날 소급입법으로 과연 민주주의가 진전되고 정치가 발전됐습니까? 보복의 악순환이 있었을 뿐입니다. 독일의 예를 들지만 독일에서는 나치스의 도움으로 탄생되었거나 동독 공산당의 도움으로 탄생된 집권당이 일찍이 존재한 일이 없었고, 현재도 존재하지 않습니다.

정치 비자금과 대선 비자금의 정국을 맞이하여 지금 우리에게 절실한 과제가 있다면, 정치에 있어서 정직성과 신뢰성을 회복하는 일일 것입니다. 지금 이곳에 자리하고 있는 우리는 어떤 입장에 처해 있습니까? 과거의 약속을 버리고 정치보복을 위한 소급입법을 논의하고 있습니다.

우리는 과거 전 정권 하에서 여야 합의로 통과된 현행 헌법에 근거해서 국회의원이 되지 않았습니까? 우리에게 일말의 정치적 양심이 있다면, 의원직을 사퇴한 후에 5.18 특별법을 제정해도 늦지 않을 것입니다. 약속을 지키지 않고 거짓말의 축에 있는 오늘 한국의 정치인들에 대하여 국민들은 실망과 분노를 감추지 못하고 있는 것이 현실입니다.

또 5.18 특별법의 본질은 어디에 있습니까? 이 나라 요소요소에 자리하고 있는 좌파들이 소위 양심세력으로, 민주세력으로, 진보세력으로, 통일세력으로, 평화세력으로 위장하면서 12.12와 5.18을 부정의 고리로 삼아서 이제 군을 무력화시킨 후에 건국 이래 이 나라를 지켜온 보수 우익세력에게 일대 타격을 가함으로써 국민의 주도권을 장악하고자 하는 징후가 도처에서 나타나고 있습니다.

존경하는 의원 여러분.

본 의원은 정치보복을 결코 두려워하지 않습니다. 진실은 영원하고 최후 심판은 국민의 다수인 보수 우익이 내려줄 것이기 때문입니다. 정치보복의 악순환을 보면서 좌우 투쟁이라는 불길한 예감을 느끼면서 결론을 맺을까 합니다.

허화평 의원의 국회 신상발언/1995.11.30.

색깔을 말하지 말라구요?

허화평의 참고 묻어왔던 생각과 말들.
감상적 민주주의자들을 향한 깨우침.
거짓 개혁과 민주화를 가장한 세력들의
실체를 고발하는 허화평의 이야기

색깔론과 허화평의 메시지

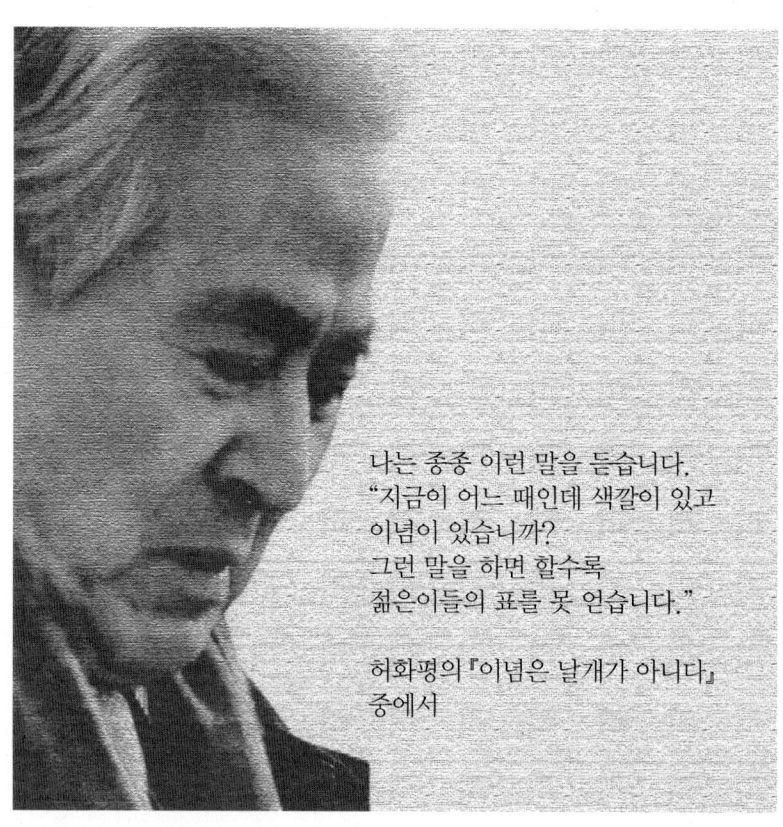

나는 종종 이런 말을 듣습니다.
"지금이 어느 때인데 색깔이 있고
이념이 있습니까?
그런 말을 하면 할수록
젊은이들의 표를 못 얻습니다."

허화평의 『이념은 날개가 아니다』
중에서

허화평이 2000년 16대 총선과 2004년 17대 총선에 출마했을 때 지역 언론의 기자들과 젊은 지지자들로부터 귀가 따가울 정도로 들어야 했던 소리라고 한다.

허화평이 출마한 지역은 포스코가 있는 포항시다. 포항은 서울의 축소판이라고 할 만큼 전국 각지에서 이주해 온 사람들이 모여 사는 인구 50만 규모의 도시다.

평균적으로 나이가 젊고 학력 수준도 높다. 경제 여건도 나쁘지 않은 도시이며, 소비시장이 활발하여 경제적으로 풍요한 환경에서 수도권 생활에 버금가는 편의와 행복 만족도가 높은 도시생활을 누리고 있다. 또한 어린 자녀들을 위한 편의시설이 다른 지역에 비해 다양하게 제공되어 인구감소가 적은 곳이다.

허화평은 "이념 안에서 보수와 진보가 산술적인 균형을 이룬다면 주도권 행사는 불가능하지만, 정치사회에서의 주도권 행사는 배제할 수 없는 게임의 법칙이다."라고 그의 책을 통해 주장하고 있다.

"상반되는 노선관계는 균형(balance)관계가 아니라, 경쟁과 견제와 상호보완의 관계다."라는 것이다.

그는 책에서 최근 들어 좌익에 경도되었던 지식인들, 특히 386세대 지식인들이 자유주의 연대를 구성하고 새로운 우익, 우파운동을 전개해 나가겠다는 기치를 올리자 언론은 이들을 뉴 라이트(new right)로 호칭하면서 이들의 이념운동을 '뉴 라이트 운동(new right movement)'으로 결정했다고 한다.

그런데 이들의 창립선언에서, 그들이 열정적으로 쏟아내고 있는 담론에 새로운 알맹이는 발견되지 않는다는 것이다.

다른 점이 있다면 그들의 면면이 과거 익숙했던 우익 또는 우파들의 얼굴이 아니라 다소 낯선 얼굴들이라는 점이다. 뉴 라이트가 아니라 뉴 페이스(new face)인 것이다.

그들은 기성 우익, 우파들을 자신들과 구분하여 '올드 라이트(old right)'라고 하면서 자신들이야말로 도덕적 순수성을 지니고 있기 때문에 우익운동의 주도권 행사는 자기들 몫이라고 주장하고 있다는 설명도 하고 있다. 그는 이어 그들을 자세히 분석해 보면 "공허한 헛소리에 지나지 않는다."고도 했다.

"양심이 없는 지식인은 맹수보다 더 위험하다. 한 마리의 맹수는 한 마리의 먹잇감만 노리지만, 양심이 없는 한 명의 지식인은 사회 전체를 기만하고 혼란에 빠뜨릴 수 있다."

허화평은 젊은 지식인들이 이런 점을 분명히 인식해 주기를 바라고 있다고 역설한다. 아울러 "색깔을 논하지 말라."는 사람들을 향해 그는 그의 책을 통해 다음과 같이 분명하게 기술하고 있다. 색깔에 대한 단호한 메시지를 선포하고 있는 셈이다.

"지금 우리는 이성과 지성으로 이념에 대해 본격적으로 논의하거나 논쟁해본 적이 없다. 이념은 색깔이다. 색깔을 논하지 말라고 하는 것은 이념을 말하지 말라는 것과 같은 말이다. 어찌 인간사회에서 이념이 없을 수 있단 말인가."

같은 맥락에서 세습통치와 철권독재로 세계의 평화를 균열시키는 북쪽의 체제를 위험집단으로 간주하고, 그들의 입장을 옹호하는 대한민국의 일부 정치인들에 대해 문제 삼는 발언을 했다고 하여 그것을 색깔논쟁이라고 하는 언론의 보도나 그런 보도에 동조하는 정치인과 재야 시민단체들을 이해할 수 없다고 허화평은 책에서 말하고 있다.
 허화평은 현재 정치권에서 벌어지고 있는 색깔론에 대한 시비가 삼류 저질 코미디 수준에도 못 미치는 짓들이라고 하면서, "이 지구상에서 색깔 없는 국가, 색깔 없는 국민이 있으면 말해보라."고 요구한다.
 민주주의 국가, 사회민주주의 국가, 공산주의 국가, 사회주의 국가, 전체주의 국가, 입헌군주 국가, 왕정 국가, 신정 국가, 심지어 미개발지역의 부족 체제에 이르기까지 그것이 어떤 형태든 색깔 없는 국가란 존재할 수 없다는 것이다.
 국가의 색깔이 바로 그 국민의 색깔인 것은 당연한 이치라고 하면서 좌파적 시각을 갖고 있는 이 나라의 대표적 좌익신문이라고 할 수 있는 〈한겨레〉의 우익 또는 우파들의 이념적인 반격에 대해 비판하는 신문기사 한 구절을 예로 든다.
 "이념 공방은 그 실체가 없다는 점에서 언제나 소모적이다. 냉전 시대의 오랜 학습효과가 아직도 유효하기 때문에 나타나는 현상이다."
 허화평은 이 신문 기사에 대하여 웃기는 소리라고 하면서 색깔론을 부인하는 자들은 기만하는 자들이거나 무지한 자들이고, 색깔론을 거부하는 자들은 비겁한 기회주의자들이라고 말한다. 그러면서 색깔이 없는 국가는 성격이 없는 국가가 되고, 색깔이 없는 국민은 정신이 없는 국민이 되었을 때만 가능하다는 논리를 편다.
 허화평은 책에서 이들에게 "이런 말로 자신들의 좌파적 시각을 숨기고 있는 것이다."라고 강하게 일침을 놓는다.

색깔을 말하지 말라고 주장하는 이들이야말로 대한민국 탄생의 기틀을 마련한 우익정권을 인정하지 않고 설익은 이념투쟁으로 거리에 뛰쳐나가 정부 타도를 외쳤던 좌파적 시각에 물든 자들이 아닐까?

오전 일찍 세검정 큰 매형의 병문안을 다녀오던 길에 2개월여 만에 효자동에 있는 미래한국재단 사무실에 들러 허화평 전(前) 국회의원을 만났다. 지방에서 공연 준비를 하느라 오랫동안 서울을 떠나 있었기에 오랜만의 방문이었다.

그는 만나면 맞이하는 첫 인사가 "잘 되나?" 하는 말이다. 나 또한 "잘 되고 있습니다. 뭐 잘 될 겁니다." 하고 대답한다. 무엇이 잘 되고 있는 것인지 어떤 것이 잘 될 것인지 사실 나는 별 의미 없이 건성으로 대답을 할 뿐이다.

그러나 허화평의 말은 한 마디, 한 마디가 그냥 인사치레로 지나가는 것을 본 적이 없다. 그가 하는 말에는 항상 이유가 분명하고, 상대에 대한 기억하는 관점에서 말을 한다. 그는 대화에서 허튼 겉치레 말이나 확인되지 않은 풍문을 인용해서 자신의 생각을 피력하지 않는다.

자기주장에 대해 대단한 확신을 갖고 있는 강직한 성품이지만, 상대에게 자신의 생각을 강제로 주입시키지도 않는다. 그와 대화를 하다 보면 컴퓨터에 잘 저장된 파일을 꺼내 보듯 확연하게 지난번 대화했던 이야기들이 그대로 활성화되는 것을 느낄 수 있다. 매번 느끼는 바지만, 그의 기억력은 놀랄 정도로 완벽하다. 그가 말을 꺼낸다.

"어이 박 사장! 요즘 지방에서 계획한다는 공연 준비 잘 되나? 박 사장이 말하던 것을 중국에서는 대단위로 광활한 야외에 무대를 만들어서 공연한다고?"

"아닙니다. 제가 중국에서 계획하여 실행하고 있는 공연 형식을 우리나라 지방에 벤치마킹(Benchmarking)하려고 합니다. 그런 공연을 하는 중국에 두 번 다녀왔는데, 중국은 워낙 산수가 좋고 경관이 출중(出衆)해서 그 자체만으로도 볼거리가 됩니다."

"그래? 우리나라에는 어느 지방에 사람들이 '빽'하고 반할 수 있는 그런 장소가 있던가?"

"인위적으로 만들어야지요, 뭐. 주로 밤에 공연을 하니까 조명과 특수효과로 대신할 수밖에 없습니다."

"그런 공연장을 만들려면, 예산이 꽤 들어갈 텐데 지방재정으로 가능하겠나?"

좀 걱정스러운 표정으로 나의 다음 대답을 기다린다.

"네 그게 제일 큰 문제입니다. 어쨌거나 군수가 중국 현지를 저랑 같이 다녀오고 바로 용역계약을 하자고 했으니까 일단 첫 단추는 끼운 셈입니다."

"아 그래? 그럼 되는 것 아닌가? 어이 박 사장, 기대된다. 한 번 본때 나게 해봐라, 응? 박 사장 능력 있잖아."

그는 이어 책 한 권을 내놓았다. 얼마 전에 그가 출간한 책을 주겠다는 연락을 받고 그를 방문했던 것이다. 사륙배판 크기로 300페이지가 넘는, 다른 일반적인 서적보다는 두껍고 묵직한 책이었다. 책 제목부터 무거운 느낌을 받았다.『이념은 날개가 아니다』라는 책이었다.

"박 사장! 가치관이란 것이 뭐 높은 지위에 있는 특수한 사람들만의 전유물은 아니야. 그리고 꼭 성공했다는 결과로만 얻어지는 것은 더더욱 아니고…우리가 흔히 뭔가를 판단한다고 했을 때 그 기준은 말이야, 보편성에 있는 것이야. 박 사장의 세계 있잖아, 광고나 예술 계통의 가치관이 뭔가? 지향하는 목적, 원하는 기대치 같은 것이 아닐까?"

책을 펴들고 내용에 별로 관심이 없는 듯 페이지를 넘기는 나에게 갑자기 열린 창문으로 불어오는 바람처럼 생각의 통로를 열어주는 그의 말은 내 속에서 자라는, 허영에 얽매인 바벨탑을 무너뜨려 주었다.

그는 나의 깨달음의 징벌을 알아차린 듯 이야기를 계속했다.

"박 사장! 박 사장도 광고에서 또는 예술 공연에서 대중의 지지가 중요하다고 생각하겠지? 아, 대중이라고 하기보다는 소비자 아니면 관객이라고 해야겠네. 아무튼 자신의 주장이나 의지를 남에게 전달할 때는 상대의 반응에 신경을 쓰고 그들의 행동에 대해 생각해야 되지 않나? 인간의 본성은 자기 개인으로부터 출력된 사고가 폭넓은 대중적 지지를 획득하기를 바라게 되어 있어. 거기서 오는 자극과 욕망은 누구나 할 것 없이 인간 본성의 한 단면이지. 그래서 사람들은 패션과 취미, 문화에 상당한 정신적·물질적 투자를 아끼지 않는 것 같아. 그 자체가 대중 속에서 자신을 내세우고자 하는 욕구에 대해 하나의 충족감을 채워주기 때문이지."

지속적으로 나를 엄습하는 그의 이야기에 내가 빨려 들어가고 있다는 것을 느낄 때 그의 또 다른 논리가 나의 둔탁한 머릿속에 침입했다.

"민주주의와 사회주의는 단 하나의 공통점이 있다. 평등이다. 그러나 좀 더 그 논리를 자세히 들여다보면 확연한 차이가 있다. 민주주의에서의 평등이란 자유에 있어서 평등을 추구하지만, 사회주의는 억압과 노예상태의 평등을 요구하고 있어. 『공산당 선언』이 발표되었던 1848년 프랑스 사상가 알렉식스 토크빌(Alexis de Tocqueville)이 주장한 말인데, 이 주장이 시사(示唆)하는 바가 우리로 하여금 많은 생각을 하게 하지.

물질이 운동하는 우주의 법칙과 인간이 활동하고 움직이는 생활법칙 사이에는 공통점이 있는데, 그게 뭐냐 하면…물질세계 고유의 속성에 따른 불균형과 인간세계의 불평등이 뜻하는 것이 같다는 것이지. 불균형이 없으면 어떠한 움직임도 일어나지 않을 것이고, 움직이지 않는 물체는 운동 에너지가 결코 발생하지 않는다는 것이 우주물리학에서 적용되는 법칙 아니겠어? 마찬가지 이치로 인간세계에서도 불평등이 없으면 경쟁이 일어나지 않고, 경쟁이 없으면 발전도, 창의성도 인간에게서 기대할 수 없는 거지.

인간의 본성은 불평등 속에서 자유의지에 따른 상승욕구가 자극을 받게 되고 경쟁력이 요구되는 창조적인 노력을 하지 않을 수 없게 된다는 거다. 평등이 지배하는 사회에서는 변화나 창조의 필요성과 욕구가 일어나지 않기 때문에 그 속에 사는 구성원은 수동적이고 의존 심리에서 헤어나지 못하는 존재로 전략되게 마련이지."

그의 이야기를 들으면서 근래 참교육을 표방하는 전교조 선생들의 주장이 떠올랐다.

아이들로 하여금 경쟁에서 오는 우월감과 좌절감을 없애자는, 그들이 추구하는 평준화 교육이니 평등사회 실현이니 하는 말이 얼마나 허구에 찬 주장인가를 다시 한 번 마음에 새기게 하고 있다.
"다수결의 보편성 원칙은 기본적으로 평등사상을 전제로 한다. 만약 불평등한 사회구조와 신분제를 가지고 있다면, 소수 또는 한 사람의 의사가 그 사회와 집단의 의사로 결정될 것이란 말이지. 모든 사람의 의견이 존중되고, 그들의 의견을 동가치적으로 바라볼 때 다수결이 가능하게 되지. 다수결의 원칙이 민주사회에서 받아들여지는 이유는, 합리적이라는 데 있는 거야. 아무래도 다수의 의견이 소수의 의견보다는 오류의 가능성이 적고, 또 그 의견에 따라 행동하고 집행했을 때, 그에 따르는 책임을 다수가 지는 것이 바람직할 것이라는 전제 속에서 다수결의 원칙이 민주적 의사결정의 방법론으로 이용되는 것이야.
하지만 다수의 견해가 항상 옳은 것은 아니야. 오류의 가능성이 있는 것이지. 그렇기에 소수자의 의견과 이해를 보호해줄 필요가 있지. 소수의견을 존중하고 토론을 통해 의견을 교류함으로써 다수결의 한계점을 보완할 필요가 있는 것이다."
그가 쏟아내는 원칙론이라 할까, 정제된 그의 논리는 조금도 흐트러짐이 없었다. 전화가 왔다. 다른 약속이 있는 것 같아 나도 가방을 챙겨 자리에서 일어나려고 했다.
"어이, 박 사장 갈래?"
"네 저도 이제 가보겠습니다. 책 고맙습니다. 열심히 읽겠습니다."
예술에 종사하는 나 같은 사람에게는 가볍게 읽기에는 부담을 느끼게 하는 책이다. 책이 두껍고 무게가 있어서 내 가방에 끼워 넣기가 마땅치 않아 그냥 손에 들고 그의 사무실을 나와 지하철역으로 걸어갔다.

　노무현 대통령이 북한을 공식방문 한다는 뉴스가 나올 무렵이었다. 지지율도 낮고 다음 대선에서 여권 후보에 대한 반응도 안 좋은 시기에 임기를 불과 4개월 남겨놓고 북한에 가서 어쩌자는 것이냐는 부정적 의견과 마지막까지 통일을 위해 애쓰는 대통령의 강력한 의지라는 긍정 반응이 맞서고 있었다.

　어쨌건 노무현 대통령의 방북은 정치권의 관심과 민심이 내년 대선에 쏠려 있는 상황에서 김대중 대통령의 방북 때와는 달리 국민적 관심을 불러일으키지 못하고 있다는 여론이었다.

　오히려 야당인 한나라당이나 보수단체로부터 강력한 반대가 연일 쏟아져 나왔다.

　저녁 약속시간까지 시간이 많이 남아서 근처 커피숍에 들어가 허화평 전(前) 의원의 책 『이념은 날개가 아니다』를 펼쳤다.

　허화평은 책에서 이념에 대해 사상에 근거해야 한다고 정의를 내렸다. 또한 한때 대학가에서 독버섯처럼 번지던 주체사상의 기원이 '사상 사업에서 교조주의와 형식주의를 퇴치하고 주체를 확립한 데 대하여'라는, 1955년 김일성이 행한 연설이었다고 책에 썼다.

　허화평은 책에서 중·소 이념 분쟁이 벌어지면서 김일성은 이를 적극 전파하기 시작하였고, 1982년 김정일은 '주체사상에 대하여'란 논문을 통해 김일성이 제시한 주체사상을 체계화함으로써 후계자의 입지를 강화했으며, 이를 남한으로 전파하였다고 쓰고 있다. 이후 주체사상은 북한 체제를 떠받치는 철학 기반이자 한총련을 비롯한 남한 내 좌익, 좌파들의 투쟁 원리가 되었다는 것이다.
  또 주체사상에 대해 '인간은 자주성, 창조성, 의식성을 지닌 존재라는 이른바 자창의(自創意)를 기본명제로 하며, 인류 역사는 인민대중의 자주성을 위한 투쟁의 역사라는 개념을 바탕으로 정치에서의 자주, 경제에서의 자립, 국방에서의 자위를 강조한다.'고 설명하고 있다.
  그러나 정통 마르크스레닌주의자들에 의하면, 주체사상은 최악의 스탈린주의로 규정되고 있으며, 그 주체사상에 의해 결국 정치에서의 자주는 북한 김씨 일가의 세습에 의한 김정일 한 사람만 독재하는 자주가 허용될 뿐, 전체 인민은 정치의 노예로 살고 있는 것이라고 단정 짓고 있다.
  경제의 자립은 김정일 일가와 그에게 충성하는 극히 일부의 고위 관리자들의 호의호식을 의미할 뿐, 전체 인민은 빈곤과 기아와 아사의 희생양임을 뜻한다고 하는 허화평의 글은 노무현 대통령의 방북 결정을 다시 생각하게 하였다.
  국회 탄핵 이후 노무현 대통령의 추종자들은 그를 신앙처럼 옹호하고 그의 홍위병임을 자임하는 콘크리트 세력들로 조성되어 왔던 것이 현실이긴 하다.

허화평과의 만남, 사상과 이념에 대한 고뇌의 시작

　민족 분단은 좌우 이념의 분단이며, 남북 대결은 좌우 이념의 대결로서 쌍방의 어느 한 쪽도 자신들의 기본 이념을 포기하거나 양보한 적이 없어 투쟁은 끝이 안 보인다. 이념의 분단과 대결이 엄연한 현실임에도 불구하고 이념 종말론을 주장하며 색깔을 말하지 말라고 하는 것은 언어도단이라는 허화평의 말에 공감이 간다.
　허화평은 색깔론을 말하지 말라고 주장하는 사람들을 크게 세 부류로 나눌 수 있다고 했다.
　그 첫 부류가 이념에 무관심한 사람들. 두 번째가 무지하여 이념적인 색맹에 가까운 사람들로 남한의 대북 우위를 믿고 북한 체제가 자연히 붕괴되기를 기다리고 있는 순진한 사람들. 세 번째 부류가 치밀한 계산과 위장으로 국민을 오도하고 있는 친북의 좌익, 좌파 인사들이라고 허화평은 확신하고 있었다.
　일부 야당 정치인, 재야 시민단체들이 색깔론을 이야기하면 발끈하며, 눈살을 찌푸리는 것은 그들이 이미 북한 정권에 동화되었거나 자신들의 종북 현상을 스스로 인정하는 꼴이 되는 것이라는 뜻이다. 허화평은 남북의 친북 좌익·좌파들은 과거 청산을 통한 민족 정통성 확립을 도그마 수준으로 인식하고 있다는 주장도 하고 있다.

그들이 그토록 과거 청산에 집착하는 이유는 그들이 소위 말하는 민족 정통성 확립을 위해서라고 한다. 그들이 궁극적 목표는 부르주아사회의 역사를 지워 버리고 유물사관의 역사, 주체사상의 역사를 새롭게 쓰는 것일 수 있다.

그렇게 하자면 우선적으로 기존의 역사를 비판하고 그 다음 단계로 문제 부분을 도려내어, 최종적으로 전체를 재구성하고 필요할 때는 날조된 장을 끼워 넣는 일마저도 주저하지 않을 것이다.

북한의 역사책에는 김일성의 할아버지가 19세기에 대동강을 거슬러 올라온 미국 상선 셔먼호를 불살라 버린 반미 의거의 장본인이라고 쓰여 있다. 자주와 주체를 정당화하고 반미·반일의 최선봉에 김일성 일가가 있었다는 날조된 역사를 끼워 넣음으로써 반미·반일, 민족 자주 독립투쟁 역사에서 정통성이 자신들에게 있다고 주장한다. 전교조 교사들이 학생들의 의식화용으로 만들어 사용하고 있는 『아 이 겨레 살리는 통일』이라는 교재에는 다음과 같은 내용이 실려 있다고 한다.

〈해방 후 북한에서는 사회주의 혁명이 성공해서 모든 구악(舊惡)이 해소된 반면에 남한은 부패와 갈등의 온상이 되었다. …한국전쟁은 누가 일으켰는지는 중요하지 않다.〉

허화평의 글을 읽으면서 북한 정치 지도자들, 특히 교육자들에 의해 역사가 왜곡되고 잘못된 인식이 바이러스처럼 번지는 북한을 이렇게 걱정만 해야 되는 현실이 암담하기 짝이 없었다. 노무현 대통령이 퇴임한 후에도 그의 좌경향 사상을 추앙하는 무서운 좌파 세력들이 시들지 않고 우리 사회에 정치적 선동자로 군림하지 않을까 하는 무서운 생각을 하면서 약속장소로 자리를 옮겼다.

우리에게 다가오는 아름다운 것,
아니면 슬픔에 힘겨워하는 것이 누구나 말은 하지 않지만,
모두의 삶에 깊이 배어 있으리라.
우리는 예정된, 아니 운명적인 인연으로 함께 엮여
저마다의 가치와 운명을 연출하고 있는 것이 아닌가.

사상의 측량

나는 지금 허화평이라는 한 사람의 이야기를 쓰고 있다.
물론 전기는 아니라고 하지만 그를 속속 파헤치지 않고 그를 이야기하는 것은 그냥 그에 대해 신문의 기사나 방송에서 다룬 내용을 퍼 나르는 것이나 별반 다를 바가 없을 것이다.
그를 알아온 지 20년이 넘지만, 고등학교나 대학 친구들처럼 어떤 일정한 형식과 룰이 없이 맞닥뜨리며 허물없는 사이처럼 그를 감성적으로 깊이 알 수 있는 관계는 아니었다.
그와 만나면서 세상을 읽는 그의 견해나 기지가 단순한 비판이 아니라 문제의 근원을 밝히는 식견에서 비롯되어 나 자신의 무위(無爲)를 경고하는 듯한 사건들이 너무나 많았다.
그런 그의 사상이나 삶의 경험들을 다른 사람들에게 들려주고 싶은 생각에 책을 쓰려고 했던 것이다.
한 인간이 좋은 대학을 나와 남들이 부러워하는 회사에 들어가고 소위 뼈대 있다는 가정에서 자란 천생연분을 만나 아름다운 가정을 이루어 사는 것 말고 다른 무엇이 우리 인간의 목표가 될 수 있을까.
그러나 이런 유토피아 같은 삶을 사는 사람이 과연 얼마나 될까.

우리가 보기에는 전혀 부족함이 없을 것 같고 더 이상 좋은 조건이 없을 것 같은 사람들이 파경을 맞는 것을 보면, 진짜 행복은 뭘까 하는 생각을 하게 한다.

허화평을 만날 때마다 느끼고 깨닫는 것은 그가 올바른 사관이나 자신의 관념에 대한 확신이 있다는 사실이다. 그는 언제나 "사람의 언행은 그저 만들어지는 것이 아니다."라고 말한다.

자신은 모르지만 경험, 환경, 수동적 교육의 바탕에서 얻어지는 사상에 기인되는 것이라고 한다. 그것은 하나의 엄청난 작업이라고 한다. 왜냐 하면 한 사람의 사상이 그가 지니고 있는 범위에 따라 파급되고 영향을 끼치는 것이 중요한 결과를 초래하기 때문이라는 것.

허화평은 행복도, 삶의 기쁨도 사상의 원천적 근거에서 이해되고 해석될 수 있다고 말한다.

"이 세상의 수많은 사람들이 실패하고 좌절하거나 빈곤한 생활 속에 참담한 삶을 살고 있는 것은 그들의 무능으로 인한 요인도 있겠지만, 그러니까 그들에게 주어진 여건이나 환경 탓이라고 일반론적으로 해석할 수 있을 테지만, 사실은 여건이나 환경을 느끼고 받아주는 일종의 역량도 사상에 있다고 할 수 있는 거지.

그렇다면 간디나 테레사 수녀가 불행했나? 그들의 생활이 가난하고 영국의 지배 하에서 억압된 생활로 인한 고통과 삶의 좌절을 사람들에게 전파했나?

그들에게는 주어진 환경을 이기는 사상이 있었다. 이것은 사상의 중요성과 사상의 에너지를 보여주는 역사적 사례인 동시에 인류 역사의 발전과 사상의 필연적 관계를 설명하고 있는 것이지. 사상에 현실을 극복하는 에너지가 있는 것이란 말이다."

 허화평은 누구나 사상은 있다고 말한다. 그 사상이 어떤 것인가에 따라 삶의 자양분이 될 수도 있고, 삶을 망가트릴 수도 있다는 것이다. 따라서 사상이 갖는 쉽지 않는 해법은 모색해 나갈 과제일 수밖에 없다.
 현대의 눈부신 발전에도 불구하고 현대인은 누구나 할 것 없이 자신은 결코 행복한 삶을 살지 않는다고 생각하는 사람들이 행복한 삶을 살고 있다는 사람보다 더 많다는 것이 조사에서 나타나고 있다. 그것은 부와 가난의 문제가 아니고, 학력의 차이에서 오는 것이 아니었다.
 사람들은 시간이 돈보다 소중하다고들 말한다. 그러나 대부분의 사람들은 이 말에 동의하지 않는다. 프랑스의 수학자 앙리 푸엥카레(Henri Poincare)는 아인슈타인(Albert Einstein)보다 상대성 원리를 먼저 발견할 수 있었음에도 결국 아인슈타인에게 그 자리를 내주었다. 그 이유는 능력의 문제보다 관념의 차이가 아닐까 하는 생각이 든다.
 허화평도 우리가 살아가는 데 필요한 질서가 모든 사람들에게 공유되고 인정되는 것은 무질서에 대한 불편을 알기 때문에 질서가 필요하다는 일종의 의무규정이라고 생각하지, 그것을 구속이라고 생각하지 않는다고 대다수의 사람들이 인정하는 것이라고 말한다.
 자유를 포기하고 구속을 선택했다는 것을 아이러니컬(Ironical)하게 받아들일 필요는 없다는 것. 프랑스의 수학자·물리학자·천문학자·과학사상가인 앙리 푸엥카레는 혼돈이 세상의 필수요소이기 때문에 절서에는 무질서가 숨어 있다고 했다. 미래는 우리에게 끝없는 정신적 변화과정에 대한 실험을 요구하고 있다는 말이다.

상상력에 대한 강력한 도전을 피할 수는 없다. 우리의 지식이 완성에 도달했을 때, 전혀 예기치 않은 돌연변이가 생겨서 또 다른 지식의 허영을 맞이한다. 우리의 개념을 어디에 조준해야 할지, 질문의 홍수 속에서 관념 즉 사상은 우리의 감성 렌즈를 통해 세상을 살아가는 의미나 영감(靈感)의 기술을 습득하고 있다.

요즘 유머나 개그 TV 프로그램이 상당한 시청률을 기록하고 있다. 어려운 삶과 불안을 떨쳐버리는 데 그야말로 스트레스(Stress)를 해소하는 좋은 약의 역할이 아닐 수 없다. 그래서 유모와 불안 또는 불평은 서로 반대 개념이 아니라 서로 연관되는 보완 개념이라고 할 수 있다.

현대를 살아가는 사람들에게 가장 두려운 것이 불안 심리다. 불안을 평온으로 전화하는 여러 가지 연구가 발표되지만, 아직까지 만족할 만한 결과를 못 만나고 있다. 그러나 유머를 통해 자신이 얽매이고 있는 불안 심리로부터 잠시나마 벗어날 수 있다. 유머가 있는 사람은 단순히 재미있는 사람이 아니라 스스로도 즐길 줄 아는 사람이다. 유머는 점차 갈등과 차이를 해소하는 수단 이상으로 발전해서 부조화를 해소하고 서로가 공감대를 형성하는 긍정적인 결과를 만들어내고 있다.

허화평은 인간의 아름다운 근성이 외부의 부정적인 영향을 받아 피폐해지는 현상은 정신적인 여유가 메마르고 있다는 증거라고 한다. 오직 투쟁만이 살 길이고 투쟁만이 해결책이라고 하는 노동운동의 집요한 원칙론은 사측이나 노측 모두 공멸을 자초할 수밖에 없다고 한다.

  금방 받아들일 수 없을지라도 지적 욕구와 도덕적 욕구가 충족되는 유머 감각이 우리나라 노사 갈등을 치유할 수 있는 하나의 가치로 인정될 때, 진정한 요구와 수용이 이루어질 수 있지 않을까 하는 허화평의 견해에 나는 적극 동의를 한다.

이념은 행동의 기준이다
– 어빙 크리스톨

사상의 측량

혼동(混同)의 시계(視界)

허화평은 그의 저서 『이념은 날개가 아니다』에서 다음과 같이 '이념과 노선'의 구분을 정의하고 있다.

"우리는 건국 이래 사상의 자유라는 차원에서 이념 논쟁을 경험한 사실이 없었습니다. 북한에서는 마르크스레닌주의와 주체사상이 도전받은 사실이 없었고, 남한에서는 김대중 정부 출범 이전까지 자유주의 사상이 실질적으로 도전받은 일이 없었습니다. 북한에서 자유주의 사상을 거론하는 것은 죽음을 의미하였으며, 남한에서 마르크스레닌주의와 주체사상을 찬양하는 것은 실정법상 처벌의 대상이 되었습니다.
　그러나 노무현 정부 출범 이래 좌익 성향이 짙은 일부 386세대가 권력 중심부에 진입함으로써 이념 시비가 표면화되었습니다. 논쟁과 시비는 엄격하게 다릅니다. 시비(是非)가 각자의 입장에서 서로를 비방하는 것이라면, 논쟁(論爭)은 문제의 본질을 두고 이론 면에서 보편성과 합리성을 다루며 실천면에서 타당성과 현실성에 대한 논리와 공방을 주고받을 때 사용하는 용어입니다.
　남한사회에서는 겉으로 보기에 이념의 과잉 상태가 아닌가 하고 착각할 정도로 이념이라는 단어가 난무하고 있습니다. 그러나 실제로는 이념 논쟁이나 시비보다는 노선을 뜻하는 용어나 유사 용어들을 놓고 공방을 벌이고 있는 실정입니다."

허화평은 『이념은 날개가 아니다』에서 다음과 같이 우리나라 노동운동의 이념적 부재에 대해서도 비판하고 있다.

"지금 우리 사회는 좌우 갈등 속에 이념적 혼동에 깊이 빠져들고 있습니다.
　자유주의, 보수주의, 사회주의에 대한 개념이나 명확한 구분 없이 자유주의가 보수주의로, 사회주의를 진보주의와 동일시하는 오판은 물론, 보수적인 것과 보수주의의 이론적 정의(定意)의 결핍, 진보적인 것과 진보주의조차 구분 못하는 무지가 상식으로 통하는 사회에 살고 있습니다. 이러한 혼돈의 원인은 이념과 노선을 제대로 구분할 수 있는 학습을 받지 않은 결과입니다.
　보수적인 것과 보수주의, 진보적인 것과 진보주의는 분명히 다릅니다. 어떤 이념이 보수적이라는 것과 그 이념 자체가 보수주의라는 것, 또는 진보적이라는 것과 진보주의라는 것은 정치사상으로서 이념을 뜻하는 것 같지만 사실은 이념 자체를 지칭한다기보다 어떤 이념이 지니고 있는 경향이나 성향을 일반화해서 표현하는 말입니다. 는 것이지. 사상에 현실을 극복하는 에너지가 있는 것이란 말이다."
　대한민국의 노동운동은 삶의 질을 향상시키려는 노력과 투쟁의 이념적 바탕에서 시작되었다기보다는 독재에 항거하는 투쟁에 그 뿌리를 두고 있습니다.

박정희 대통령의 유신정치가 끝난 80년대 이후 정치권력 쟁탈의 치열한 암투가 시작되면서 노동현장에서는 노사 갈등과 분규가 정치적 배경의 민주화 운동과 축을 같이하여 기업주의 부당성을 공격하는 것은 물론 기업의 경영, 인사까지 관여하면서 기업 사용자를 향한 투쟁운동으로 번져갔습니다.

기업주나 사용자로부터 회사의 인사권, 경영권까지 노동자에게 일정 부분 양보를 요구하는 노동조합은 이미 독재성을 띤 권력집단으로 세력을 넓혀 나갔습니다. 기업은 이러한 강경 노조와 노동운동을 피해 인건비가 적은 동남아로 공장을 이전하는 현상이 일어나고 있습니다.

지금 우리나라 노동운동은 재야 민주화세력과 어쩔 수 없이 동맹의 관계가 형성될 수밖에 없기 때문에 자연히 노동운동은 정치적일 수밖에 없습니다. 우리나라 양대 노총인 민주노총과 한국노총의 뿌리가 바로 이러한 노동투쟁사에 근거한 노동운동을 이어나가고 있는 것입니다.

우리나라의 모든 노동운동이나 노사분규가 정치적이라고 할 수는 없지만, 대부분의 중소기업 노동조합들이 전국적 규모의 민주노총이나 한국노총 산하에 속해 있기 때문에 구조적으로 그들과 행동을 같이 할 수밖에 없다는 것입니다.

우리나라의 노동운동이 이대로 계속 이어나가면, 국가 경쟁력은 처지고 말 것이며, 국가경제에 큰 타격을 받을 것이 뻔한 일입니다. 하루속히 이념의 갈등이 봉합되고, 자유민주주의에 대한 학습을 통해 민주사회의 최고의 성장, 발전의 불씨가 될 수 있는 자유경쟁사회를 건설하기 위해서 보수우익은 깊이 뿌리내린 태만과 둔

한 개혁의 깊은 잠에서 속히 일어나야 됩니다.

　한편, 감상적인 통일 지향주의로써 북한을 두둔하는 민족제일주의로 그들의 숨긴 발톱을 읽지 못하는 우(愚)를 범하지 않도록 해야 합니다.

　그래서 딱히 공산주의자도 아니면서 북한정권을 평화통일 노선에 끌어 들이려는 어리석고 어설픈 짓을 더 이상 하지 않도록 강력한 법적 제재와 국민저항운동이 있어야 된다고 생각합니다.

　정치 현장에서 이념이 가장 역동적으로 작용해야 합니다. 그래서 사회정의가 실천됨으로써, 정치 행위와 정책이 결정되어야 합니다. 이념의 기준이 없으면 정치가 표류되고, 따라서 정책은 변덕과 혼동을 반복하게 됩니다.

　정치권에서의 이념 성향에 대해 알레르기(allergy) 현상을 일으키는 지식인들이 적지 않게 많은 것이 현실입니다. 이들이 정치행위와 정책결정에서 이념 요소와 영향을 배제하려는 경우가 있지만 결코 있을 수 없는 착각이 아닐 수 없습니다.

　이념(理念)은 국가의 성격과 국민의 의지를 포괄하는 국체(國體)의 정수이자 국가 정체성 자체입니다. 이것은 국가 경영과 국민의 행동기준이 되는 것이지 양 날개가 없으면 날 수 없는 비행기나 새의 날개로 치부해서는 안 됩니다.

　그러나 유념해야 할 것은 이념이 이상주의와 결합하게 되면 맹신(盲信)이 됩니다. 마르크스주의가 대표적인 예(例)입니다. 이념이 도덕주의와 결합하게 되면 이 또한 광신(狂信)이 됩니다. 이슬람 근본주의가 대표적이라고 할 수 있습니다.

　따라서 이념을 행동의 기준으로 삼을 때 이상주의와 도덕주의의 유혹을 뿌리치지 않으면 안 되는 것입니다.

  그러나 유감스럽게도 남한의 좌익, 좌파들은 이 유혹에 빠져들고 있다는 것입니다. 그들에게 묻습니다. 유일 주체사상을 떠받치고 있는 북한지배층의 이념 성향은 어느 쪽인가? 맹신과 광신이 혼합된 망신(亡身)의 상태가 아닐까요? 사상이 없는, 이념도 불투명한, 가엾고 우둔한 길을 가지 않기 바랍니다.

  이제 대한민국 정부와 정치권은 하나같이 북한에 대한 대응과 전략에 있어서 우선적으로 컨센서스(consensus)가 이루어져야 합니다. 보수든 진보든 우익이든, 좌익이든 여(與)든 야(野)든, 모두가 각자의 확고한 안보의식을 갖고 북의 도발을 막는 노력과 학습에 힘써야 될 것입니다.

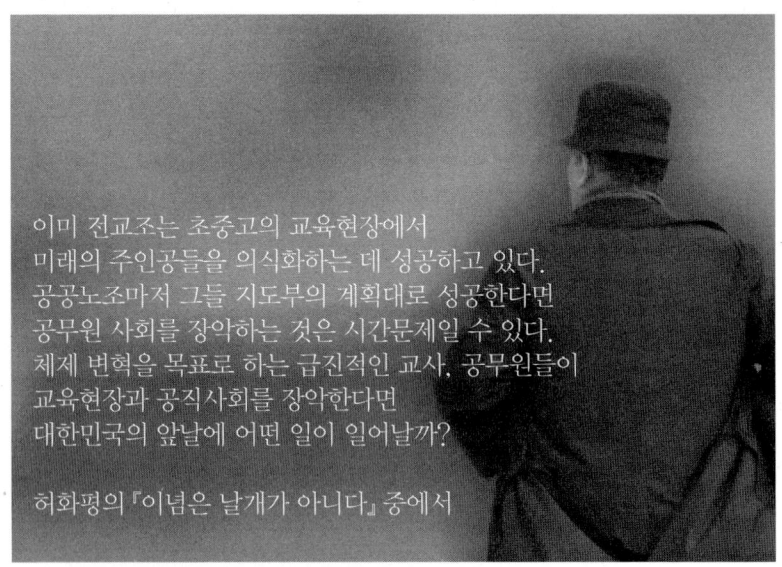

이미 전교조는 초중고의 교육현장에서
미래의 주인공들을 의식화하는 데 성공하고 있다.
공공노조마저 그들 지도부의 계획대로 성공한다면
공무원 사회를 장악하는 것은 시간문제일 수 있다.
체제 변혁을 목표로 하는 급진적인 교사, 공무원들이
교육현장과 공직사회를 장악한다면
대한민국의 앞날에 어떤 일이 일어날까?

허화평의 『이념은 날개가 아니다』 중에서

지금 대한민국은 노동운동뿐 아니라, 교육, 정치, 사회에 불고 있는 좌경사상이 심각할 정도입니다. 김대중 정권이 등장하기 전까지만 해도 상상하기 힘들었던 일들이 이제는 눈만 뜨면 쉽게 만날 수 있습니다. 친북, 종북, 좌파의 정치 일선에서는 이념의 내전이 없다고 합니다. 오히려 과거가 잘못된 것이지, 지금의 현상이 극히 정상이며, 앞으로 계속 발전된 평등의 삶을 위해 더욱 이 과정을 완성시키는 데, 국민적 교육에 더욱 매진해야 한다고 주장합니다.

겉으로는 그럴 듯한 이론으로 들리지만, 그들이 계획하고 만들어 가는 프로그램을 보면 그들이 지향하고자 하는 것이 무엇인지 알 수 있습니다.

그들의 행동지침은 극히 과격하고, 그들과 이념이 다른 한 편은 멸망시켜야 할 적(敵)으로 간주하고 있습니다. 끊임없이 그들은 파괴 공작을 설계하고 있습니다. 대한민국의 자유민주주의를 하루속히 사회주의 국가로 건설하는 데 총력을 기울이고 있습니다.

그들의 검은 손은 정치권에서 이제 교육현장으로 이동했습니다. 전교조에 속한 교사들은 어린 학생들에게 좌경 사상을 심어온 지 이미 오래 되었습니다. 좌경 이념의 투사들은 그들의 궁극적인 목표가 성취될 때까지 자신들의 이념의 색깔을 감추고 있습니다.

아직까지는 다수의 국민들이 자유를 사랑하고 신봉하기 때문에 그들은 자신들의 숨겨진 발톱이 드러내는 것을 조심하고 있습니다. 우리 대한민국의 실제상황은 민족의 분단입니다. 그렇기 때문에 민족 통일을 주장하는 메시지나, 그럴 듯한 이념의 불필요를 말하는 세력들이 대중의 환호를 받습니다. 분단의 원인이 이념 갈등으로 인한 것임에는 누구도 반론을 하지 않을 것입니다. 그렇다고 이념이 우리 사회에 없어진다고 통일이 될까요. 전혀 그렇지 않습니다.
　자유북한방송 대표 김성민 씨의 말입니다.
　〈내가 지금 살고 있는 이 땅은 대한민국이 아니라 독재와 테러가 판치는 북한의 평양인가. 우리는 무엇 때문에 이 자유민주주의 국가에서 협박을 받아야 하고 정당하다고 믿는 일을 하면서 남들의 눈치를 보아야 하는지, 왜 신변을 걱정해야 하며, 왜 애써 꾸며 놓은 스튜디오를 내놓고 새로운 스튜디오를 찾아 떠돌아야 하는지 안타까울 뿐이다. 서울에서는 이상한 바람이 불고 있는 것 같다. 빈곤과 압제로 주민들을 묶어 놓고 있는 북한 지도부를 향해 목소리를 내면 수구꼴통으로 몰아 버리는 분위기가 감돌고 있는 것이다.〉
　김성민 씨를 협박하는 세력들이 북한에서 내려온 테러분자나 간첩들일까요. 아닙니다. 엄연히 대한민국 주민등록증을 갖고 대한민국에 사는 좌익, 용공분자들입니다. 이념의 분단국가가 안고 있는 문제는 뜨거운 민족 감정에 의해 해결되는 것이 아니라, 치열한 이념 간의 경쟁과 투쟁에 의해서만 해결됩니다.
　지금 대한민국 거리를 활개치고 다니는 좌익, 종북 세력들은 북한에 가서 공산주의 교육을 받은 자들이 아닙니다. 이 나라 대한민국 내에서 자생적으로 탄생된 좌경사상이 머리에 박힌 이념주의자들입니다."

　전교조는 4.19 당시 교원노조 활동이 활발했으나 5.16 이후 정부의 강력한 규제로 70년대 중반까지는 이렇다 할 움직임 없이 우리 속에서 거의 잊혀져 있다가 70년대 말에 교단의 민주화운동에 편승한 교사들에 의해 구성한 '교육실천연구회'라는 교사들만의 활동으로 전개되던 중 지하조직인 '남조선민족해방전선'과 연계되면서 '반공교육', '식민지적 노예교육', '반민주적 독재교육', '지배체제 옹호교육'에 대한 철폐와 민족주체성의 회복과 민중적 광범위 교육의 목표 아래 가칭 '민주구국교육연맹' 결성을 시도하던 중 79년 남민전 사건과 더불어 좌절되었다.

그러나 80년대에 들어서서 70년대에 대학을 다닌 진보적 성향의 교사들의 모임을 통해 1985년 5월에 〈민중교육1〉 책자가 발간되었다. 그러나 이와 관련된 윤재경, 김진경 두 교사와 실천문학 주간 송기원 등이 국가보안법 위반 혐의로 구속됨으로써 잠시 활동이 멈추는 듯했으나, 〈민중교육〉지 사건으로 해직된 교사들이 1985년 11월 '교육출판 기획실'이라는 단체를 창립함으로써, 그 다음해 5월 15일 현직 교사들과 함께 '민주교육실천협의회'가 구성되고 본격적인 교사단체협의운동이 시작되었다.

그 후 1987년 9월 27일 '전국교사협의회'가 결성되었고 이어서 학교 내에서는 '평교사협의회'가 조직되어 있다가 1989년 5월 28일 마침내 법외 노조인 '전국교직원노동조합'이 1999년 1월 29일 교원의 노동조합설립 및 운영 등에 관한 법률이 제정되면서 합법적인 노동조합의 자격을 취득한 전교조가 탄생되었다.

전교조는 학생들에게 좌경화·의식화를 심어주기 위한 작업으로 중고등학생과 초등학생부터 반미친북좌경의식화를 적극적으로 전개해 나가면서, 그 이념의 원칙을 북한의 대남적화혁명노선인 민족해방인민민주주의 혁명론을 따르고 있다. 전교조의 1단계 목표가 주한민군 철수작업이다.

효순 미선양의 미군장갑차 사건 사망을 이용하여 미군을 살인자로 모함하고, 광우병 쇠고기를 빙자한 촛불 난동을 일으켜 미국을 침략자로 국민적 공분을 유도하는 데 혈안이 되고 있다.

이들은 미국이 6.25 전쟁 당시 우리를 도와주었다거나 대한민국 발전에 대한 지원 등은 숨기고 있으면서 일부 미군이 저지른 위법 행위나 왜곡된 사실을 학생들에게 가르치면서 반미의식을 고취시키고 있다. 또한 이들이 내놓고 있는 '대학입시제도 철폐'와 '대학의 평준화' 주장 뒤에 숨겨진 것이 대학입시라는 큰 벽 때문에 반미, 좌경의식 주입 교육을 성공리에 마쳤지만 민중혁명전열에 행동으로 옮기지 못하는 어린 학생들을 불러내기 위한 대책의 하나다.

우리나라 학부모들은 자녀교육에 관심이 많은 만큼 기존의 소위 촌지수수, 선생의 체벌, 입시 등을 해결하지 못하는 학교 교육에 불만을 가지고 있었다. 이에 전교조가 '참교육'을 들고 나오자 학교의 구조적인 부조리들을 청산해 나가겠다는 그들의 의지와 주장을 환영하였다.

그러나 전교조가 표방하는 참교육이 '민중민주주의 사회를 건설하기 위한 민중혁명'을 위해 학생들의 역량을 키우는 교육이라는 위험하고 무서운 실체가 드러나면서 우려 섞인 소리가 나오고 있고 부모들도 전교조에 대한 부정적 견해가 차츰 커가고 있는 것이 현실이다.

우리는 교육뿐 아니라 정치권이나 일반 사회에서 주장하고 있는 '민족', '민중'이라는 어원을 유심히 봐야 한다.

'민족'은 우리가 미국의 지배하는, 소위 미제의 식민지로 인식시켜서 미제를 몰아내야 민족이 해방된다는 내용이고, '민중'은 정부나 기득권층은 통일을 원하지 않는다는 전제 아래, 피지배계층인 노동자, 농민, 도시빈민계층인 민중이 통일의 주체가 되어야 한다는 민중적 혁명 발상의 내용이다.

　대한민국의 정체성을 부정하고 친북 성향으로 기울어져 있는 전교조의 이념은 '참교육'으로 포장돼 교육 현장에 편향된 이념을 그대로 전파하고 있다. 전교조는 어린 학생들부터 좌경화시키고 그 학생들은 대학에 들어가서 좌경화 서클이나 운동권으로, 사회로 진출해서는 민노총으로 키워지는 전교조 내 별도 조직인 통일위원회가 친북, 반미 교육 자료 제작 및 관련 활동을 하고 있다는 의혹은 근간의 반정부 집회 등에 빠지지 않고 등장하는 전교조원들의 성향에서 여실히 드러나고 있다.

　종전에는 참교육이나 민족, 민주, 인간화 교육이라는 용어 대신 교육이 지향해야 할 최고의 가치규범으로서 민주, 민중, 민족교육을 상정해 왔는데, '민주'·'민중'·'민족'이란 이른바 삼민이념을 뜻하는 것임은 주지의 사실이다.

　1985년 전학련 삼민투위 사건 이후 이와 같은 삼민 이념은 북한의 민족해방인민민주주의 혁명 전략에 동조하는 이적이념이라는 것이 법원의 확정 판결에 의하여 판명되자 이들은 국민의 눈을 속이기 위하여 용어혼란전술로 '참교육'이라는 용어를 사용하면서 그 내용으로서 민족, 민주, 인간화 교육을 제시하고 있으나 이는 삼민이념 중에서 '민중'이란 용어를 '인간화'로 바꾸어 놓은 것일 뿐 그 내용은 종전의 삼민교육과 완전히 동일하다는 사실을 알아야 한다.

　이제 전교조는 극단적 투쟁과 편향된 이념을 벗고 전교조의 올바른 정체성을 재정립하여 참교육의 진정성이 보이는 변화된 모습으로 다시 태어나기를 촉구한다.

이승만과 김구, 그리고 대한민국 정부의 정통성

야당과 재야세력들 사이의 이승만과 대한민국 정부의 정통성에 대한 비판적 시각과 더불어 이승만과 김구에 대한 평가가 극명하게 부딪치는 작금의 사회적 현상에서 그동안 허화평으로부터 이것에 대해 많은 이야기를 들은 기억들을 토대로 정리해본다.

이승만과 김구는 대한민국이 존재하는 이상 그 존재가치는 없어지지 않을 것이라고 말한다. 두 사람의 비교평가라는 개념을 넘어, 두 사람이 대한민국 현대사라고 해도 전혀 틀린 말은 아니다.
그가 쓴 책들에서 거론되고 있는 대한민국 정체성이라든지 사상에 관한 기술(記述)에서 '이승만과 김구'를 구체적으로 거론하지는 않았지만 그들이 끼친 영향에 대해서는 대단히 중요하게 다룬 것을 볼 수 있다. 허화평의 책들은 한국현대사를 정확하게 이해할 수 있으며 교훈을 얻을 수 있다고 말하고 싶다. 그는 한국현대사, 특히 대한민국 건국사를 올바르게 이해하지 못하는 데서 파생되는 사상의 빈곤을 꼬집기도 했다.
이승만은 "일생 동안 현실적이고 국제적 감각으로 독립운동을 한 사람"이었다고 말하고 있다. 야당 정치인이나 좌경향의 지방자치단체장들이 말하는 이승만에 대한 친일 성향의 주장에는 확실하게 선을 긋고 있다.

이승만은 결코 친일파가 아니라고 단호하게 말하고 있다. 이승만의 반일론(反日論)은 누구보다 강하고 확고하다고 했다.

이승만은 을사조약은 조약이라기보다 강압에 의해 조선이 굴욕적으로 체결을 강요당한 '을사늑약'이라고 했다. 이승만은 자신의 저서『일본내막기』에서 미국이 조미수호통상조약의 거중조정(居中調整)을 행사하지 않아 일본의 한국 수탈을 도왔다고 미국을 신랄하게 비판하기도 했다는 사실을 알고 있느냐고 묻기도 했다. 『대지』의 작가 펄 벅(Pearl Buck) 여사가 이승만의『일본내막기』에 대해 "무서운 책"이라고 평한 것은 이미 알려진 사실이라고도 했다.

미국에서 공부를 하고 독립운동을 했던 입장이지만 정권을 잡은 후에는 임기 내내 미국에 할 말 거침없이 쏟아내야 적성이 풀리던 이승만의 면모는 이때부터 이미 예견된 것인지도 모른다.

이승만의 재임기간 12년 동안 한국과 일본은 이승만에 의해 아예 국교를 맺을 생각도 하지 못하고 있었다. 이승만은 일본의 12마일(19.2km) 이내 독도 접근을 방지했던 '맥아더라인'이 '샌프란시스코 대일(對日)평화조약'에 따라 철폐될 운명이었을 때, 독도영유권을 지키기 위해 '인접 해양의 주권에 대한 대통령 선언'으로 맥아더라인을 대체하는 평화선, '이승만 라인'을 전격 선포했다.

여기서 이승만의 반일 정신을 엿보는 외교 실화가 있다고 했다. 독도 해협에 평화선 라인을 선포할 즈음 도쿄에서 한일회담이 먼저 열리게 되었는데, 당시 회담 부수석 대표였던 하와이 주재 총영사 김용식이 회담에 앞서 이승만에게 평화선 선포 전 회담에서 그

선에 대한 설명이 필요하겠다고 보고했다. 그러자 그런 그에게 내린 이승만의 답변은 명쾌하고 확고했다.

"내가 그렇게 설명했는데 못 알아들어? 일인(日人)에게 분명히 이렇게 말하게. Whether you like it or not, we will maintain it(당신들이 좋아하건 좋아하지 않건 간에 우리는 그것을 유지하겠다)."

어느 정치인이, 대통령이 서로의 이해관계를 더 얻으려는 회담을 앞둔 시점에서 이렇게 이야기할 수 있을까? 20세기는 공산주의가 활발하게 전개되던 시대였다. 1917년 10월 볼셰비키 혁명을 시작으로 세계 곳곳에 공산주의 열풍이 식민지 민족해방운동에 강렬한 바람으로 불고 있었다. 한국도 예외는 아니었다.

1946년 5월, 미국 트루먼 대통령의 대일(對日) 배상특사로 내한해 한국을 둘러봤던 폴 리는 한국에서 불고 있는 공산주의 사상에 대한 보고서에서 세계의 어느 곳에서보다 한국은 공산주의가 좋은 출발이 예상된다고 했다.

이런 상황에서 당시 공산주의와 가장 치열하게 대결한 독립운동가가 다름 아닌 한국의 대표적 지도자 '이승만과 김구'였다는 사실은 다행스러운 일이 아닐 수 없다고 했다.

이승만은 우리 민족은 다른 민족들과 처지가 달라서 공산주의를 수용해서도 안 되겠지만, 수용하면 큰 위험과 혼란이 따른다고 기회 있을 때마다 경고를 했다. 건국 과정 초기엔 이런 사상의 단결이 이승만과 백범의 공통점을 잇는 연결고리였지만, 정부수립 후엔 정권을 잡은 측과 그렇지 못한 측의 입장에서 어쩔 수 없는 분열이 일어날 수밖에 없었다.

이승만은 독립운동에 도움이 되는 방법의 하나로 사회주의나 공산주의를 주장하는 것은 얼마든지 수용할 수 있다는 지극히 실용주의적 사고를 갖고 있었다. 그러나 그의 심중에는 공산주의가 필패(必敗)할 것이라는 신념이 있었다.
　건국의 소용돌이 속에서 국가 형성의 기초가 아직 완성되지 못한 상황에서 친일인사가 정부에 입각한 경우가 적지 않았다. 여기서 그의 반일론(反日論)을 보여주는 이야기가 있었다.
　1951년 5월, 농림부장관에 임명됐으나 친일 행적 때문에 국회에서 취임인사를 거절당하고 온 임문환에게 이승만은 "일본을 잘 아는 당신들 친일파가 나라를 지켜야 되오."라고 말한다.
　어떤 사물이나 현상을 잘 아는 사람이 그것에 대한 대처방법론을 잘 안다는 말이다.
　러시아의 공산주의는 곧 없어지지만 일본은 미국에 밀착해 민주주의와 함께 번영하고 성장할 것이라는 관점에서 자신은 현시점의 대통령으로서 일본과 각을 세울 수밖에 없지만, 외교적으로는 나라의 이익을 생각해서 먼 미래를 보고 실리에 입각해야 하기 때문에 감정적이 아니라 현실적으로 접근해야 된다는 것이었다.
　이 일화는 공산주의는 꼭 망한다는 이승만의 필패 신념과, 동시에 그가 왜 친일파 테크노크라트(Technocrat, 기술관료)를 등용했는지 이유를 설명하는 아주 적합한 사례라고 강조했다.
　이승만은 논리적이고 현실적이었던 반면 김구는 이상주의에 가까운 사상을 가지고 있었다고 생각할 수 있다는 견해다. 요즘 들어 건국에 대한 정통성 문제를 제기하는 정치인, 재야세력들을 향해 허화평은 다음과 같은 이야기를 하고 있다.

1948년 8월 15일 정부수립과 1919년 4월 13일 임시정부의 수립을 두고 어느 쪽을 건국으로 봐야 하는지 역사학계에서는 정확하게 답을 내지 못하고 있다. 대한민국 최초의 국회 소집일인 1948년 5월 22일 당선자 회의가 독촉국민회(신탁통치를 반대한다는 공통의 목적으로 뭉친 대한독립촉성국민회의) 회의실에서 열렸다.

이 회의에서 이승만은 앞으로 수립될 정부는 3·1운동의 결과로 서울에서 수립된 대한민국 임시정부, 곧 자신을 집정관 총재로 선출한 한성정부의 법통을 계승하는 정부라고 선언했다.

이것은 '건국의 아버지'라는 의식에서 우러난 비전의 선포인 동시에 김구 그룹의 임시정부 정통성 계승 주장을 견제하기 위한 것이었다는 해석으로 받아들일 수 있다고 말했다.

그러나 김구는 지속적으로 남한 단독정부와 임시정부의 정통성 연계를 거부하고 있었으며, 1948년 7월 2일 국회에서 토의되고 있는 헌법 초안에 '대한민국' 국호에 대하여 김구는 현재의 반(半)조각 정부로서는 계승할 근거가 없다며 정부를 열 개를 만들었대도 법적으로 조직이 안 된 정부는 법통을 계승할 수 없다고 단언했다. 당시 단독정부 수립에 대한 이승만과 백범의 극명한 시각차를 엿볼 수 있다.

*김구와 이승만 1945.12.1

*김구와 김일성 1948.4.20

*대한민국 초대대통령 취임식(1948.7.24)

국정화 교과서

 교육부가 2015년 10월 중고등학교 한국사 교과서 국정화 방침을 확정하면서 거센 찬반 논란이 일어났다. 한국사(역사) 교과서는 1945년 광복 이후 검인정 제도를 지속해오다 박정희 정부 시절인 1974년 국정제가 된 바 있다.
 국정화 이전까지 한국사 교과서는 중학교용 11종, 고등학교용 11종 등 총 22종이 있었으나 국정화 이후부터 1종의 국정 교과서로 통일됐다. 이후 국사 국정교과서는 독재 옹호 논란을 빚어 오다 2002년 국사에서 근현대사가 분리되면서 검정으로 바뀌었고, 2010년 기존 국정인 국사와 검정인 근현대사가 다시 합쳐져 한국사가 되면서 검정 체제로 일원화됐다.
 이후 2009년 개정 교육과정 이후로는 중학교 9종, 고등학교 8종의 역사 교과서가 사용되고 있었으나, 2015년 10월 교과부는 한국사 교과서 국정화 확정 방침을 결정하면서 2017년부터 역사 교과서를 한 종의 국정교과서로 사용하도록 했다.
 그러나 2016년 11월 28일 국정교과서 현장 검토본이 공개됐으나 내용의 편향성과 각종 오류 등으로 비난 여론이 거셌고, 전국 17개 시도교육청 가운데 14개 시도교육청이 국정 역사교과서 불채택 방침을 밝히기도 했다. 거센 비판 여론에 부딪힌 교육부는 2016년 12월 27일 국정 역사교과서의 학교 현장 적용을 1년 유예하고 2018년부터 국·검정을 혼용한다고 발표했다.

이후 2017년 1월 31일 교육부는 국정역사교과서 최종본을 공개하고 새 학기가 시작되는 3월부터 희망하는 학교를 연구학교로 지정해 국정교과서를 우선 사용하게 하겠다고 밝혔다

국정교과서에 대한 〈조선pup〉의 이상흔 기자와 전 탐라대학교 정경희 교수와의 인터뷰 기사 전문을 일부 손질하여 소개한다.

정부가 현재 검인정 체제로 되어 있는 중·고교 한국사 교과서를 오는 2017년부터 국정(國定)화하기로 결정했다고 한다. 교육부는 10월12일 중학교 「역사」와 고등학교 「한국사」 교과서를 국정으로 발행하는 내용의 「중·고등학교 교과용도서 국·검·인정 구분(안)」을 행정 예고했다. 교육부는 국정교과서를 「올바른 역사교과서」로 지명했다는 보도가 있었다.

국사 교과서의 좌편향 문제가 불거진 것은 2002년 검정을 통과한 7차 교육과정의 「한국 근·현대사」 교과서부터다. 정경희 전 탐라대 교수는 2013년 10월, 역대 국사 교과서를 모두 분석해 검인정 교과서의 좌편향성을 조목조목 지적한 책을 펴낸 바 있다.

현재 검정을 통과한 「한국사」 교과서는 모두 8종이다. 이 가운데 교학사의 교과서를 채택한 학교는 전무(全無)한 상황. 당초에는 전국 2300여 개 학교 중 20여 개 학교가 교학사 교과서를 채택했었지만, 좌파 단체와 언론, 야권의 집요한 철회 압박에 굴복해 대부분 선택을 취소했다.

7차 교육과정에 따라 2002년 검정에 통과한 「한국 근·현대사」 교과서는 모두 6종이었다. 이들 교과서는 대한민국 정부를 부정적으로 기술하고, 북한 정권을 감싸는 바람에 처음부터 「좌편향」 논란에 휩싸였다. 이는 이후 수년간의 「교과서 파동」으로 이어졌다.

　이후 「한국 근·현대사」의 편향성을 바로잡기 위해 교육과정이 개정되면서 문제가 된 「한국 근·현대사」 과목은 폐지되었다. 그 후 또 한 차례 개정이 이루어진 결과, 「국사」 교과는 「한국사」로 명칭이 바뀌고 국정 체제에서 검정으로 바뀌었다.

　검정 「한국사」 교과서가 처음 등장한 것은 2010년이다. 그런데 이해 처음으로 검정을 통과한 「한국사」 교과서 6종도 편향되기는 「한국 근·현대사」 교과서와 별 차이가 없다는 평가를 받았다. 이 편향성을 바로잡기 위해 작년에 「한국사」 교과서가 새로 만들어졌고, 그 가운데 교학사 교과서를 포함한 8종이 검정을 통과했다.

　교학사 교과서가 아직 그 내용도 알려지기도 전에 좌파세력의 집중적인 공격을 받았다. 그들은 교학사 교과서가 「유관순은 깡패」 「김구-안중근은 테러리스트」라고 표현했다는 글을 SNS 등에 알리면서 교학사 교과서를 「친일(親日)」로 매도했다.

　지금 중고등학교는 좌편향 논란에 휩싸인 국사 교과서로 인해 학생들에게 대한민국의 정통성을 가르치지 못하는 지경에 이르렀다. 이런 비정상을 제대로 고치겠다고 펴낸 교학사 교과서가 불행하게도 단 한 곳의 학교에서도 채택되지 못한 상태이다. 어린 학생들에게 나라의 정체성을 일깨워야 할 의무를 저버리고 이념 논쟁의 최전선에 내몰고 있다.

　이런 교과서로 우리 어린 학생들이 역사를 배우고 있다는 것에 큰 충격을 받지 않을 수 없었다.

지금 대부분의 학교에서 채택되고 있는 국사 교과서는 대한민국의 국사 교과서라고 차마 말할 수 없는 사관(史觀), 용어, 기술방식 등이 북한의 역사책과 별로 다를 바가 없는 교과서이다.

건국 이후의 국사 교과서를 분석해보면 국정체제이던 6차 교육과정까지는 그렇게까지 큰 문제는 없었다.

그런데 7차 교육과정이 시작되면서부터 분란이 시작됨을 알 수가 있었다. 이전에는 크게 다루지 않던 근·현대사 부분이 7차 때 국사에서 검정으로 바뀌었다는 것이다.

〈한국 근·현대사〉 과목이 신설된 이유가 불분명하고, 왜 국정에서 검정으로 국사 교과서를 바꾸었는지가 아직 밝혀지지 않은 상태 또한 의문을 낳고 있다.

일선 고등학교에서 사용된 〈한국 근·현대사〉 교과서 6종류가 이토록 좌편향이 심각할 정도라는 데 놀라지 않을 수 없었다.

이 6종 중 극도로 편향성이 심한 금성교과서는 1987년 이전의 모든 정권, 예를 들면 「이승만 독재」, '박정희 독재', 「40년 독재」라고 하면서 비판하면서도 북한을 다룬 부분에서는 북한의 김일성-김정일에 대해서는 단 한 마디도 비판은커녕 독재라는 표현을 쓰지 않고 있다는 것이다.

또한 6·25 전쟁을 북한의 남침을 왜곡시켜 북한의 책임을 교묘하게 희석시키고 있었다. 대한민국의 경제적 성공과 국제적 위상의 성취는 매도하면서도 북한에 대해서는 세계가 다 아는 그들의 비참한 현실을 철저하게 감추고 매우 우호적으로 기술하고 있었다.

이러한 교과서의 편향성이 학교 교단에 두드러지게 나타나기 시작한 동기가 1980년대 말부터 본격적으로 등장한 「민중사학」의 관점에서 쓰였기 때문이라는 일부 학자의 말은 일리가 있다고 본다.

북한 역사학계의 연구 자료가 남한으로 표면화되면서 70년대 후반 민족민주운동의 영향을 받은 「민중적 민족사학」의 등장에서 민중사학의 역사(歷史)가 시작되었다.

민중이라는 개념은 1974년 「전국민주청년학생총연맹」의 「민족·민주·민중 선언」에서 독재정권 아래 수탈당하는 존재로 제기되었으며, 민주화운동의 진전 속에서 민중 신학을 비롯해 민중 문학, 민중예술, 민중 사회학 등의 분야로 확산되었다.

한국사 분야에서도 유신체제의 민족사적 정통성을 부여하려는 이데올로기에 맞서 근대화론을 비판하고 통일을 지향하는 민족주의론이 제기되고 민중의 존재를 부각시켰다.

마르크스주의 역사학에서 나온 이론이 민중 사학인데, 즉 마르크스-레닌의 사적 유물론(史的唯物論)에 바탕을 둔 북한의 역사학과 남한의 폐쇄적 민족주의 사학이 접목되어 생겨난 것이 바로 민중사학이다. 따라서 민중사학이 말하고 있는 것은 한국의 근·현대사를 기본적으로 반봉건의 근대화와 반제국주의 항쟁의 과정으로 보면서 역사발전의 주체가 민중이라는 역사관이며 한 마디로 민중이 주체가 되고, 주인이 되는 사회를 건설하기 위해 변혁을 모색하는 것을 그 주요 목표로 기술하고 있는 극히 편향적 이론이다.

대한민국을 미국의 식민지라고 인식시키고 있는 역사교과서가 바로 민중사학의 논리 중에 큰 부분을 차지하고 있으며, 우리의 근·현대사를 지배계급과 기층 민중의 대립구도로 몰고 가는 마르크스-레닌주의 역사관의 한 형태이다.

지금까지 일반적으로 말하고 있던 '일제시대'를 '일제강점기'라는 북한식 용어로 바꾼 것도 바로 이들 민중사학자이다. 광복 이전을 일제강점기, 이후의 남한 역사를 미제강점기로 구분하는 북한의 주장과 일치한다.

  '일제강점기'라는, '미제강점기'와 같은 맥락을 이루는 북한의 역사관을 민중사학자들이 그대로 인용하고 있다는 것은 북한에 동조하고 있다는 것을 스스로 자인하는 것으로 해석된다.

  1980년대 중후반에 오면서 진보좌파 성향의 소장학자들에 의해 설립 된 역사문제연구소(1986), 한국역사연구회(1988), 구로역사연구소(현 역사학연구소, 1988) 등의 바로 이 때 결성된 민중사학 연구단체이다. 이를 통해서 본격적이고 편향적인 역사관의 학술운동을 조직적으로 전개해 나가고 있다. 이에 반하여 바른 역사를 연구하는 주류 역사학계는 별다른 대응을 하지 못하고 있었다.

  1980년대 말 민중사학 연구단체 설립을 기점으로 이들 민중사학자들은 교과서의 국정제를 조직적으로 비판하고, 국정교과서를 대치할 대중용 국사 교과서인 〈바로 보는 우리 역사〉, 〈교실 밖 국사여행〉 등의 민중사학 서적을 발간하여 역사교사, 대학생, 시민 등을 대상으로 한국사와 사회주의 운동사 등을 강의하는 대중교육을 통해 민중사학의 전파에 적극적으로 나섰다.

  1990년 5차 국사 교과서 개편을 앞두고 민중사학자들은 '국정 국사 교과서가 정권의 이데올로기를 정당화하고 홍보하는 역할을 하고 있으며, 반공 이데올로기를 맹목적으로 받아들이게 한다.'며 집중적으로 국사 교과서 개편을 비판했다. 이들은 국사교육의 문제점을 해결할 방안이 '국정제 폐지'라고 주장했다.

당시 문교부의 국사 교과서 편찬을 담당했던 윤종영 편수관은 "요사이 우리 학계의 소장학자 가운데 진보적인 성향을 가진 일부 학자들은 극히 편향적인 계급사관의 입장에서 우리 역사를 기술하고 있다."며 "만약 이러한 입장에서 교과서를 집필하고 이것이 중등학교 교재가 된다면 앞으로 우리 역사 교육에 많은 문제를 가져올 수 있다."고 예측하며 민중사학자들의 국정제 폐지 요구를 받아들이지 않았다.
　그 후 7차 교육과정의 『한국 근·현대사』 교과서 좌편향 문제가 불거지는 2002년부터의 교과서 파동을 윤종용 편수관의 예측이 그대로 맞아떨어지게 했다.
　2014년 1월 7일 교학사 교과서를 채택했던 전주 상산고등학교에서는 이를 반대하는 학생들이 교내 게시판에 "적어도 학교에서는 '사실'과 '정확'의 객관적인 역사가 학습되어야 하는 바, '왜곡'과 '거짓'의 주관적인 역사 교과서인 교학사 교과서의 철회를 요구한다."는 내용의 대자보를 붙이는 어처구니없는 일이 일어났다.
　7차 교육과정 개편 전까지는 국사 교과서에 아무 문제가 없었냐는 질문에서 정 교수는 다음과 같이 답변했다.

　"그렇지는 않습니다. 제한적이긴 하지만 민중사학이 1990년에 발행된 제5차 국사 교과서에 영향을 미쳤습니다. 이는 그동안 좌파진영이 제기해 왔던 비판이 국사 교육에 수용되기 시작했음을 의미합니다. 1987년 6월에 5차 교육과정에 따른 국사 교과서 개편을 위해 준거안이 작성되었는데, 이 준거안에 일제시기를 '일제강점기'로 서술하라는 내용이 처음으로 들어갑니다.

'일제강점기'라는 용어는, 앞서도 설명했듯이, 북한의 역사서 〈조선통사〉에 나오는 것으로 북한이 만들어낸 용어입니다. 즉 일부 북한 자료에 대한 공식적 해금조치가 이루어진 1988년 7월보다 1년 이상 앞서서 국사 교과서에서 북한 용어를 쓰도록 한 셈입니다. 또한 '광복 이후 북한의 역사 변천에 대하여 민족사적 차원에서 필요한 내용을 설명한다.'고 하면서 국사 교과서에서 처음으로 북한의 역사를 서술하도록 했습니다."

그리고 이어 '5차 국사 교과서가 준거안대로 집필되었냐?'는 질문에 대한 정 교수의 답변은 명확했다.

"5차 교과서에서는 아직 '일제강점기'라는 용어가 사용되지 않았습니다. 하지만 일제 통치 시기 무장독립운동과 사회주의 계열의 무장독립운동, 북한의 역사 등이 새롭게 서술되는 결과를 가져왔습니다. 1987년 6월의 민주항쟁으로 인한 민주화 추세와 민중사학의 대두가 맞물리면서 민중사학이 처음으로 교과서에 반영된 것입니다. 문제는 6차 교육과정에 따른 국사 교과서를 준비하면서 일어났습니다.

1994년에 6차 교과서 준거안 시안이 세상에 알려지면서 이른바 '준거안 파동'이 일어났는데, 당시 문제가 된 준거안 시안의 현대사 부분은 서중석 성균관대 교수(역사문제연구소 이사장)가 쓴 것으로 알려져 있습니다. 서 교수는 준거안 시안에서 '대구 폭동'을 '10월 항쟁'으로, '제주 4·3 사건'을 '제주 4·3 항쟁'으로 기술하자고 주장했는데, 이것이 알려지면서 여론의 격렬한 반대와 논쟁을 불러일으켰던 것이지요."

당시 서 교수가 준거안 시안에서 제시한 근·현대사 용어는 민중사관에 바탕을 둔 것으로, 재야세력의 역사 재조명 작업 가운데 하나로 나온 것이었다는 정 교수의 말에 동의한다.

"당시에 일부 보수우파 학자들은 준거안의 현대사 부분 기술 내용이 '편협한 민중사관에 입각한 것'이라거나, '혁명투사를 양산하는 데 적합하다.'는 혹평을 내리기도 했습니다.
6차 준거안 시안이 좌익운동사와 북한의 주체사상을 다루도록 했다는 사실이 보도되면서 여론의 반대가 빗발쳤습니다. 파장이 커지자 교육부는 사태를 수습하기 위해서 종래의 정통적 견해를 대폭 수용하는 최종 준거안을 마련하겠다고 했고, 이를 1994년 11월 발표했습니다."

정 교수는 "서중석 교수의 6차 준거안 시안은 보도된 내용보다 더 많은 문제를 가지고 있었다."고 말했다.

"먼저 '신탁통치' 부분입니다. 1차부터 5차 교과서는 신탁통치에 대해 '우리 민족' 또는 '온 국민'이 '반탁운동'을 벌였다고 쓰여 있지만, 서 교수의 준거안 시안은 '우익'의 반탁운동을 서술하라고 되어 있습니다. 또한 '공산주의자들'이 '찬탁' 운동을 한 것이 아니라 '좌익'이 '모스크바 3상 회의 결정 지지운동'을 한 것으로 서술하도록 했습니다. 이는 '공산주의자'라는 용어와 '찬탁'이라는 용어 자체를 교과서에서 빼려고 했다는 것을 의미합니다.

'찬탁'이라는 용어를 빼버림으로써 해방 공간에서 찬탁운동을 하는 바람에 정국의 주도권을 상실했던 공산주의자들의 뼈아픈 과거를 국사 교과서에서 지워버리려는 노력의 일환이죠.

두 번째는 6·25 전쟁에 관한 기술입니다.

6·25 전쟁의 원인을 '남침'으로 기술하고 있는 5차 교과서와 달리 서 교수는 '북한이 전쟁을 일으킨 배경과 전쟁의 추이를 설명한다.'라고 시안에 쓰고 있습니다. 이는 6·25 발발 원인을 북의 남침이 아니라 내전설(內戰說)의 입장에서 보는 것으로, 38선 부근에서 남북이 지속적인 물리적 충돌을 하다가 전쟁으로 번졌다는 수정주의 입장입니다.

'북한의 남침'이라는 기본적인 역사적 사실과 상식을 깨는 서술을 새 교과서에 넣으려고 했던 것이지요. 또한 그는 6·25 전쟁의 명칭을 '한국전쟁'으로 바꾸려 했습니다. '한국전쟁'이라는 용어에는 6월 25일에 북한이 남침했다는 것을 상징하는 숫자가 없을 뿐 아니라, 6·25가 국제적 냉전의 산물임을 강조하고 있습니다. 이 모두가 6·25 전쟁이 북의 남침에 의해 발발했다는 것을 희석시키기 위한 것입니다.

세 번째로 북한에 대한 서술입니다. 5차 교과서에는 '김일성 독재체제가 더욱 강화되어 그의 유일 지배체제가 구축되었으며, 김정일에게 세습시키려는 노력을 계속한다.'고 되어 있지만, 이와 달리 서 교수는 '세습'이라는 용어를 쓰지 않고, '김일성 독재체제' 대신에 '수령 유일체제'로 기술하도록 했습니다. 더구나 수령 유일체제가 '북한 특유의 독재체제'라는 설명까지 덧붙였는데, 이는 북한에 대한 이른바 '내재적 접근법'으로 볼 수 있습니다.

여론의 뭇매를 맞았다는 서중석 교수의 준거안 시안이 6차 교과서에서 몇몇 항목을 제외하고는 용어 및 역사 해석에서 상당 부분 반영되었습니다.

따라서 이 준거안을 토대로 서술된 6차 국정 교과서는 상당 부분 진보좌파의 역사 해석을 수용한 것이라고 할 수 있습니다. 하지만 이때까지만 해도 국정 교과서였기 때문에 민중사학이 일부 기술 외에는 큰 영향을 미치지 못했습니다."

2008년 11월 19일 학교에서 사용된 7차 교과서가 대한민국의 정통성을 부정하고, 북한을 감싸는 극심한 좌편향성으로 인한 뉴라이트 학부모 연합을 비롯한 시민단체회원들의 출판 중단 요구항의 시위가 서울 마포구 공덕동 금성출판사 앞에서 있었다.

2004년부터 학교에서 사용된 7차 교과서에 대한, 대한민국의 정통성이 부정되고 북한을 감싸는 극심한 좌편향성의 역사교과서를 시정하겠다며 만든 현행 6종 교과서도 좌편향이 거의 시정되지 않았다. 1994년에 준거안 파동을 불러온 서중석이 설립한 역사문제연구소는 표면적으로는 민족주의 사학을 표방하고 있으나 실제 활동을 보면 사회주의 시각으로 역사를 재조명하는 학술 및 대중 활동을 병행하고 있는 것으로 알려지고 있다.

정 교수는 본격적인 좌편향 교과서라는 7차『한국 근·현대사』교과서 탄생의 근거를 이렇게 이야기하고 있다.

"7차 교육과정의 가장 큰 변화는 기존의 〈국사〉 과목을 그대로 두고 심화선택 과목으로 〈한국 근·현대사〉를 신설하여 분리시켰다는 것입니다.

표면적인 이유는 근현대사의 중요성에 대한 인식이 커졌기 때문이라고 하지만, 실제적 배경은 아직 밝혀진 것이 없습니다.

저는 분명히 누군가의 '불순한 의도'가 있다고 생각합니다. 〈한국 근·현대사〉 과목은 검정 과정부터 논란이 되더니 2004년부터는 교과서를 둘러싼 기나긴 분란으로 비화해서 이른바 교과서 파동이 일어났습니다. 문제는 7차 준거안이 서중석 교수의 6차 준거안 시안을 거의 그대로 수용했다는 것입니다.

예를 들면 7차 준거안은 신탁통치에 대한 기술을 '우익의 반탁 운동'과 '좌익의 모스크바 3상회의 결정 지지 운동'이라고 표현했습니다. 6차 교과서까지의 '공산주의', 5차 교과서까지의 '찬탁'이란 용어 자체를 없애버린 것입니다. 또한 남한에 대해서는 '단정(單政)노선(단독정부노선)', '남한 단독선거' 등의 표현을 서슴지 않으면서 북한 정권에 대해서는 5차 교과서까지 들어있던 '단독'이라는 단어를 뺐습니다.

7차 교과서의 준거안 작성자는 모두 9명의 연구진이 참여했지만 근·현대사 부분은 방기중 교수와 박찬승 교수가 작성한 것으로 알려져 있습니다. 방기중 교수는 내재적 발전론의 선구자인 김용섭 전 연세대 교수의 제자로, 역사문제연구소 소장으로도 활동했습니다. 박찬승 교수도 현재 한국역사연구회와 역사문제연구소 등에서 활발하게 활동하고 있습니다. 그러니 5차부터 7차에 이르는 준거안의 근·현대사 부분 작성자 네 사람이 모두 역사문제연구소와 연관되어 있는 셈입니다."

이어 정 교수는 7차 교육과정의 〈한국 근·현대사〉 교과서의 편향성의 정도에 대해서 다음과 같이 이야기하고 있다.

"한 마디로 민중사학이라는 좌편향 역사학이 '폭발적'으로 드러난 교과서입니다. 그 가운데서도 금성교과서가 극도의 편향성을 보였습니다. 금성교과서는 친북·반미 서술로 일관하면서 대한민국의 정통성마저 부정하고 있습니다. 그래서 교과서 파동이 시작되었고, 편향성을 바로잡는 차원에서 〈한국사〉 교과서가 생겨난 것입니다. 편향되기는 마찬가지였지만요."

정 교수는 "금성교과서 극도의 편향성은 아무래도 집필진에서 그 원인을 찾아야 한다."고 말했다.

"집필자 여섯 명 가운데 세 명이 교수인데 그 가운데 두 명은 민중사학을 표방하는 단체 가운데서도 가장 급진좌파 성향을 보이는 구로역사연구소(현 역사학연구소)의 소장을 지냈고, 다른 한 명은 역사문제연구소 연구위원을 지냈습니다. 세 명의 교사 중 한 명은 전교조의 연계단체인 전역모 소속입니다.

2010년부터 검정을 통과해 2011년부터 교재로 사용되고 있는 현행 6종의 〈한국사〉 교과서는 7차 〈한국 근·현대사〉 교과서보다 일부 개선된 것처럼 느껴지지만 편향성이 더 심해진 부분도 있습니다. 6·25 전쟁에 대한 서술이 그렇습니다. 6·25 때 북한이 저지른 '인민재판'이라는 용어를 명시한 교과서는 단 2종뿐입니다. 6종 가운데 '납북'에 대해 제대로 다루고 있는 교과서는 단 하나뿐입니다.

현행 6종의 〈한국사〉 교과서 가운데 일부는 인민재판이나 납북 같이 대한민국의 전쟁 피해를 나타내는 용어의 사용을 회피하고, 대신 누가 가해자이며 피해자인지 알 수 없는 용어인 '학살'이라는 표현을 사용함으로써 남한이 전쟁피해자라는 사실을 희석시키고 있습니다."

  이들 교과서 가운데 일부는 6·25 전쟁의 민간인 희생에 대해 서술하면서 '민간인 학살'이라는 용어를 사용하고 있는데, 북한과 중공군에 의한 대한민국 국민의 학살행위는 제대로 다루지 않으면서 국군과 미군에 의해 야기되었다는 이른바 '거창 사건'이나 '노근리 사건'만을 특별히 설명하는 것은 지극히 편파적인 기술이라는 것이 정 교수의 설명이다.

  "미래엔 교과서가 우리 측에 의해 '많은 양민이 학살되었다.'고 기술한 이른바 '신천학살'은 미군이 저지른 만행이라며 북한이 대대적으로 선전하는 사건입니다. 하지만 사실 신천학살은 미군에 의한 것이 아닙니다. 신천 지역의 기독교도들과 공산주의자 간의 대립, 즉 좌익과 우익의 상호투쟁 과정에서 벌어진 일입니다. 그러면서도 미래엔 교과서는 북한이 남한 우익인사들을 대상으로 저지른 학살에 대해서는 결코 '학살'이라는 표현을 쓰지 않습니다. '북한 측은 점령한 남한 지역에서 인민재판을 행했고'라는 단 한 구절이 6·25전쟁에서 북한이 행한 학살행위를 다룬 전부입니다."

정 교수는 "편향성이 심한 7차 〈한국 근·현대사〉와 현행 〈국사〉 교과서의 필진을 분석해보니 대부분이 민족문제연구소, 역사문제연구소, 한국제노사이드연구회, 구로역사연구소(현 역사학연구소), 한국역사연구회, 전교조(전역모) 출신들로 구성되어 있다."며 "국정인 6차 교과서까지만 해도 이런 민중사학 관련단체에 소속된 집필자는 없었다."고 말했다.

월간조선은 2004년에 7차 〈한국 근·현대사〉 교과서의 편향성을 보도하면서 "검정을 통과한 6종의 교과서가 김일성이 주도했다는 보천보 전투를 다루면서도 이승만 대통령의 젊은 시절 독립운동 사진을 게재한 교과서는 단 한 곳도 없다."는 것을 지적한 바 있다.

하지만 실제 보천보 전투에 김일성이 참가했는지 여부는 논란이 있는 데다, 보천보 전투는 면 단위의 작은 지서를 습격한 사건으로 독립투쟁사에서 그 위치가 미미한 사건이다. 당시 김일성은 중국 공산당의 지도 아래 만들어진 동북항일연군에 소속돼 있었는데 이름만 부대였지 주로 만주에서 마적질로 연명하는 수준이었다.

당시 보천보 지서 습격도 마적질의 하나로 행해졌다는 증언이 많다. 이런 하잘것없는 전투까지 교과서에서 다루면서 정작 평생을 독립운동에 몸 바친 이승만의 노력은 무시하고 있는 것이다.

정경희 교수는 금성 〈한국 근·현대사〉 교과서에 '남북에 들어온 미군과 소련군'이라는 제목 아래 실린 미군과 소련군 사령관의 포고령과 포고문에 대해 다음과 같이 서술했다.

미군 사령관 맥아더의 포고령은 '(제1조) 북위 38도선 이남의 조선 영토와 조선 인민에 대한 통치의 모든 권한은 당분간 본관의 권한 하에 시행한다.'로 시작한다. 반면 소련군 사령관 치스차코프의 포고문은 '……조선인민들이여! 기억하라! 행복은 여러분 수중에 있다. 여러분은 자유와 독립을 찾았다.'로 시작하고 있었다.

"이걸 보세요. 미군의 포고령은 구체적인 방침이 담긴 딱딱한 법령이고, 소련군의 포고문은 추상적인 원칙을 나열하고 있는 문건인데, 그걸 나란히 실어놓고 비교하라는 과제를 내주고 있어요. 저는 이 서술을 보면서 '금성교과서 필자들이 미군은 점령군이고 소련군은 해방군이라는 인식을 학생들한테 전달하기 위해서 참 연구 많이 했구나.' 하는 생각을 했습니다.

그런데 나중에 북한의 역사서 〈조선통사〉 하권을 보니까 치스차코프의 포고문과 맥아더의 포고령이 순서만 바뀌었을 뿐 나란히 실려 있더군요. 그리고 이 두 문건을 근거로 소련군은 해방군이고 미군은 점령군이라고 강변하고 있었습니다. 이것이 우리나라 역사 교과서의 현실입니다. 역사용어나 해석뿐 아니라 서술방식까지도 북한 역사책과 닮아가고 있는 것입니다.

검정을 통과한 지 얼마 후에 이번에 나온 교학사 교과서 검정본을 보았습니다. 교학사 교과서는 한국 현대사를 우리 대한민국의 시각에서 제대로 쓴 최초의 교과서일 겁니다.

좌파들은 교학사 교과서가 1차 검정을 통과하자마자 책을 읽지도 않고 각종 거짓말과 유언비어로 대중을 선동해서 이 교과서를 친일 교과서로 몰아붙였습니다. 저들의 말대로 이 교과서에 일제시기를 미화하는 내용이 있다면 어떻게 검정을 통과했겠습니까. 저들은 이 교과서가 교육부로부터 수정 명령을 받은 부실한 교과서라고 주장하기도 합니다. 하지만 교육부로부터 수정 명령을 받은 것은 교학사 교과서만이 아닙니다.
 나머지 7종 가운데 6종도 수정 명령을 받았으니까요. 원래 교과서는, 국정이든 검정이든, 일단 만들어진 뒤에도 해마다 계속해서 수정·보완하는 것이 관례입니다.
 좌파들이 교학사 교과서를 그토록 집요하게 공격한 것은 자신들의 독무대인 국사교육 현장에 대한민국의 역사를 긍정적으로 서술한 교과서가 진입하는 것을 막으려는 수작이죠. 교학사 교과서가 채택되어 현장에서 사용되게 되면 자신들의 교과서가 얼마나 좌편향 된 것인지 확연히 드러나게 될 테니까요."

 7차 교육과정부터 교과서가 그렇게 편향되었다면 교육부가 왜 그런 책을 그냥 두고 보는 걸까 하는 데 대한 정교수의 답변은 "한동안 '영혼이 없는 관료'라는 말이 유행했었죠. 정부 관료 중에 가장 영혼이 없는 관료가 교육부 관료라는 말이 있습니다. 교과서 문제에 관심 자체가 없을 뿐 아니라 아무도 책임질 일을 하려고 하지 않습니다." 하는 내용.
 2013년 10월 14일 서울 세종로 정부 서울청사에서 열린 교육부 국정감사에서 민주당 등 야당 의원들이 개인 노트북 덮개에 '친일·독재 미화하는 교학사 교과서 검정 취소'라는 문구를 써 붙였다.
 미국에서도 역사표준서 논쟁이 있었지만, 국회의원들이 앞장서서 역사표준서가 '반국가적'이라며 채택해서는 안 된다는 결의안을 통과시킨 바 있다.
 우리는 이와 정반대로 대한민국 입장에서 쓰인 교과서를 국회의원들이 나서서 배척하는 실정이다. 이에 대한, 특히 미국에서 역사표준서 논쟁이 되었던 것에 대한 정 교수의 설명이다.

"미국에서도 1994~1995년에 역사표준서 논쟁이 있었어요. 학생들의 역사교육 수준을 향상시키겠다는 목적으로 거액을 들여 역사표준서를 개발한 거죠. 그런데 막상 개발된 역사표준서를 열어보니 초대 대통령 조지 워싱턴의 이름도 나오지 않을 만큼 미국의 건국을 폄하하면서 인디언 학살과 흑인노예제의 잔혹성만을 강조하는 좌파 성향의 책이었어요.

이 역사표준서를 둘러싸고 이념 논쟁이 격화되면서 미국사회가 시끄러우니까 마침내는 미국 상원이 나섰습니다. 상원은 논의 끝에 이 역사표준서가 반(反)국가적이므로 전국적인 표준서로 채택해서는 안 된다는 결의안을 통과시켰습니다.

당시 상원은 공화당 소속이 52명, 민주당 소속이 48명이었는데, 역사표준서의 내용이 반(反)국가적이라는 게 알려지자 모든 상원의원이 정치적 이념이나 성향을 떠나 초당적(超党的)으로 대응했습니다. 그래서 99 대 1이라는 압도적 표 차이로 결의안을 통과시켰던 것이지요."

정 교수는 "하지만 우리나라에서는 정반대 현상이 나타났다."며 "일부 야당의원은 교과서가 검정을 통과하자마자 교학사 교과서를 공격하는 선봉에 섰다."고 말했다.

"그들은 교과서 내용이 공개되기도 전에 이 교과서가 '김구 선생과 안중근 의사를 테러활동을 한 사람으로 표현했다.'거나 '5.18을 폭동으로 규정했다.'고 말하는 등 거짓 선동에 앞장섰고, '이 교과서로 공부하면 수능에서 절반은 틀린다.'며 터무니없는 정치 공세를 펴기도 했습니다.

갈등을 조정해야 할 정치인이 오히려 갈등을 증폭시키는 데 앞장 선 것이죠. 심지어 한 야당의원은 교학사 교과서 필자에 대한 표적 사찰까지 시행했습니다. 몇몇 정치인이 자신들의 저급한 수준과 자질을 스스로 드러내는 행태를 보이고 있는 것입니다.

얼마 전 조선일보 김대중 고문은 『2352 대 0』이라는 제목의 칼럼에서, 대한민국의 정통성과 당위성을 긍정적으로 보고 대한민국의 성공과 북한의 실패를 적시한 교학사 교과서는 결코 우편향이거나 중도가 아니라 '정도(正道)'라고 했는데, 이는 정확한 지적입니다.

나머지 7종 〈한국사〉 교과서의 대부분은 대한민국의 건국과 발전은 폄하하면서 북한정권은 감싸고도는 좌파 교과서라고 할 수 있습니다. 저들 교과서의 필자들 대부분이 '대한민국의 정통성을 부정하는 서술을 비롯한 좌편향 서술을 시정하라.'는 교육부의 명령에 대해서 끝까지 고치지 않겠다고 저항했다는 사실이 이를 여실히 보여줍니다.

국사는 자기 나라의 정통성을 가르치는 과목입니다. 대한민국에 정통성이 있다는 것을 부정하는 국사 교과서로 학생들을 가르치느니 차라리 가르치지 않는 것만 못할 것입니다.

김대중 고문은 제대로 된 현대사 하나 후손에게 가르치지 못하고 있는 우리는 훗날 큰 벌을 받을 것이라고 자탄(自歎)했는데, 이는 정말 가슴에 와 닿는 말입니다."

국사 교과서의 좌편향 문제는 〈월간조선〉이 가장 먼저 제기했다.

〈월간조선〉은 2004년 4월호의 '고교 국사(國史) 교과서의 대한민국 때리고 김일성 부자(父子) 감싸기'(배진영)이라는 기사를 통해 당시 고등학교에서 채택한 6종의 〈한국 근·현대사〉 교과서가 시종일관 북한정권을 감싸고, 한국의 역대 정부를 집중적으로 공격하는 좌파적 관점에서 써졌다고 고발했다.

〈월간조선〉이 교과서 문제를 기사화한 2004년은 고등학교 2~3학년 학생들이 2002년 검정을 통과한 교과서로 〈한국 근·현대사〉 과목을 처음 배우는 해였다.

기사는 큰 반향을 일으켰다. 그해 10월 한나라당의 권철현 의원은 "고교 2·3학년의 선택과목인 〈한국 근·현대사〉의 일부 교과서가 광복 이후 남한 역사를 반미(反美), 친북(親北), 반(反)재벌 시각으로 일관되게 기술하고 있다."고 주장했다. 권 의원이 문제를 제기한 교과서는 당시 과반수 학교에서 채택하고 있던 금성출판사의 교과서였다. 금성교과서 집필자들은 권 의원의 주장을 색깔 논쟁으로 몰고 갔다.

이런 논란 끝에 다음해인 2005년 1월 편향된 교과서를 비판하는 지식인 모임인 '교과서포럼'이 창립되었다.

'교과서포럼'은 창립 행사에서 〈한국 근·현대사〉 교과서에 대한 각 분야 전문가들의 분석 결과를 발표했다. 교과서포럼은 "우리 젊은이들이 〈한국 근·현대사〉라는 검인정 교과서를 매개로 교실에서 이루어지는 공적인 교육을 통해서 자신도 모르는 사이에 자기 나라에 대해 부정적인 인식을 갖도록 키워지고 있다."고 지적했다.

2008년 9월 교과서포럼, 자유교육연합 등 여러 보수우파 단체들은 교육과학기술부에 〈한국 근·현대사〉 교과서 수정을 건의했다.

교과부는 "대한민국의 정통성을 저해하는 내용이 교과서에 담겨서는 안 된다."는 수정 권고안을 발표하고, 교과서의 수정을 명했지만, 집필진들은 이를 거부하며 정부와 출판사를 상대로 소송전을 벌였다.

  2011년 8월 서울고등법원은 "교과부의 좌편향 역사 교과서 수정 명령은 적절하다."라고 판결했다. [조선pup 이상흔 기자]

자유체제에 대한 허화평의 메시지

 허화평은 최근에 펴낸 그의 저서 『사상의 빈곤』에서 다음과 같이 기술(記述)하고 있다.

 대한민국은 건국 첫날부터 자유주의 체제로 출범하였습니다. 그러나 사상적 측면에서 보면 건국 시기에는 가르침과 배움이 부족하였으며, 지금은 그나마 우리가 지녀왔던 자유주의에 대한 막연한 믿음마저 심각한 위협을 받고 있습니다.
 빈곤으로부터 시작하여 모방을 거치면서 빈곤 탈출에는 성공했으나 물질적 빈곤의 긴 터널을 벗어나자 사상적 빈곤이라는 두텁고 높은 장벽이 우리 앞을 가로막고 있어 돌아가야 할 길을 찾아내지 못하고 있는 것이 우리의 처지입니다. 이것은 한강의 기적이 가져다 준 지불대가인지도 모릅니다. 그러나 문제는 우리가 여전히 이런 점을 정확하게 인식하지 못하고 있다는 사실입니다. 반공과 친공에는 익숙했으나 보편적인 사상의 필요성과 중요성에 대해서는 생각도 부족했고 가르침도 배움도 보족했습니다.
 남한에서 반공이란 자유통일을 궁극적 목표로 하는 자유주의 체제 수호자들이 북한의 평등주의 체제인 사회주의 체제를 반대하는 것이므로 단순한 반북(反北)이 될 수 없으며 이러한 반공은 북한 사회주위 체제 아래서 억압받고 고통을 받는 동족을 구원하기 위한 것이므로 결코 반민족(反民族)이 될 수 없습니다.

반공은 좌파들이 흔히 말하는 보수꼴통들의 도그마적 구호가 아니라 노예상태에서 신음하고 있는 북한인민들을 야만적 평등주의 체제, 사이비 사회주의 체제로부터 해방시키기 위한 대한민국 국민들의 위대한 사상적 투쟁을 의미합니다.

남한의 좌파들이 반공은 냉전시대 유물이자 남북 화해와 통일을 해치는 장애물이라고 하지만, 한반도에서의 냉전은 여전히 진행 중이며 핵으로 무장한 북한의 군사적 위협이 열전(熱戰)의 우려를 낳고 있는 것이 현실입니다.

자유주의가 지닌 보편적 원리와 가치를 알고 반공하는 것이 이것을 모르고 반공하는 것의 차이는 매우 큽니다. 알고서 반공을 하게 되면 보편적 가치를 위한 투쟁이 되지만 모르고서 반공을 하게 되면 맹목적 도그마가 될 가능성이 큽니다.

맹목적 도그마로서의 반공은 결과적으로 대중, 특히 젊은이들로 하여금 사상적 알레르기 반응을 일으키게 하고 비판 제력으로부터 보수꼴통, 수구꼴통이라는 비난을 피할 수 없게 만듭니다.

이들은 반공은 반북이고 반북은 반민족이며 반민족이 분단의 원인이라는, 그래서 이승만 정부, 대한민국 정부는 출발부터 민족적 정통성이 없다는 단순 논리에 집착하게 됩니다.

오늘날 남한체제를 수호하고 있는 자유주의자들인 우파가 평등주의자들인 좌파로부터 수구꼴통, 보수꼴통이라는 오명을 뒤집어 쓰고 있는 것은 우파들의 자업자득이라고 해도 할 말이 없습니다.

남한의 우파들은 자신들이 수호하고자 하는 자유주의의 본질과 보편적 가치에 대한 수준 높은 이론 제공과 대중에 대한 교육에 태만했고, 국가보안법이라는 방패막이 뒤에서 평등주의자들의 위협과 투쟁을 과소평가한 과오를 범했으며, 평등주의자들의 이론과 투쟁 논리가 지닌 모순과 파괴성에 대한 폭로와 비판에 소홀하였습니다.

이에 비해 좌파들의 자유주의 체제에 대한 비판과 공격은 집요하고 치열하였으며, 자유주의자인 양 가면을 쓰고 민주와 민족, 자주와 평화와 통일이라는 중독성과 최면성이 강한 구호를 앞세우면서 정치, 사회, 경제, 안보환경의 변화 기류에 편승하여 투쟁 강도를 높여왔습니다. 이들은 지난날 10년을 집권했고, 2017년 대선 승리를 향해 총역량을 쏟아 붓고 있습니다.

이념은 삶을 지탱하는 생명이다

반도의 나라 대한민국, 지금 이 시간에도 어디에선가 이념적 좌우 갈등과 힘의 논리에 대항하는 과격한 파괴의 언어, 노여움과 저주의 외침이 심각한 사회적 병폐로 치닫고 있다.

허화평의 글을 읽고, 그의 숙성된 논리와 바른 이론에 나는 잃어버린, 아니 멀리 밀쳐버렸던 자유민주주의 윤리를 다시 불러내고 싶은 의지(意志)와 기대에 무거운 의무감을 느끼고 있다.

현실을 재단(裁斷)하는 부정과 불합리를 향한 거침없는 허화평의 독설에, 나는 새로운 용기가 생기는 계기를 맞이한다. 어떤 경우, 어떤 불합리에도 맞서서 저항하거나 이견(異見)을 주장하지 못했던 나에게 허화평은 도전의 가치를 일깨워 주었다.

정의의 이름으로 목적을 정하거나 그 목적을 달성하기 위해 자신을 투자하는 데 망설임으로 서성거렸던 색깔 없는 삶의 족적(足跡)에 부끄러움을 금치 못하고 있다.

가치 기준을 설정하지도, 필요성도 느끼지 못하는 삶에 대해 사회 환경에 책임을 전가하는 회피의 되풀이로, 변명과 자기 보신만을 위해 용기(勇氣)의 대열에서 이탈하지 않았던가.

삶의 많은 부분을 우연에 기대고 대중의 흐름에 영합하여 자신의 의식을 담보하지 않았던가. 의지나 계획보다는 우발적 충동으로 달콤한 결과를 기대하지 않았던가.

투쟁 없이 평화는 결코 얻어지는 것이 아니라는 허화평의 말은 하나의 격언(格言)과 같은 가르침 이상이었다. 우리가 만나야 할 각자의 운명은 예정된 것이 아니라, 끊임없는 도전에 익숙한 의지의 계발에서 얻어지리라 믿는다. 바로 이것이 미래를 자신의 생명에 융화시킬 수 있는 능력을 배양시키는 것이라 생각하고 믿는다.

인간의 기본적인 구성요건은 사상의 유무에 있다고 허화평은 책에서 말하고 있다.

가족, 사회, 국가를 구성하는 존재가 사람이다. 이 구성존재들인 인간이 올바른 자유민주주의의 토대 위에서 성장할 수 있는 이념이야말로 대한민국의 기준이 되는 것이다.

나는 이 책에서 허화평이 말하는 '이념(理念)'을 인용하고, 그에 따른 정의와 자유민주주의에 대한 올바른 인식 등을 허화평의 저서와 평소의 발언을 참고하여 편집했다. 타자(他者)의 가르침을 통해 나를 무장한다고 나쁠 게 뭐가 있으랴. 특히 사상이라면······.

이제까지 나의 삶을 통해 나 자신을 설명할 수 있는 사상을 형성하지 못한 것 같다. 이 책을 써내려가면서 서서히 나를 훈련시키는 사상의 세계를 체험하려고 한다.

허화평은『사상의 빈곤』에서 사상의 중요성과 함께 사상의 힘을 보여주는 역사적 사례와 인류 역사의 발전과 사상의 필연적 관계를 다음과 같이 설명하고 있다

모세, 붓다, 공자, 예수, 마호메트는 인격적인 면에서 사상가이

며, 교사들이었습니다. 그들의 사상과 가르침의 공통점은 종족과 민족, 지역과 국가를 초월하고 시간을 초월하는 보편적 가치를 지니고 있었다는 점입니다. 그들이 전(全) 인류를 향해 전파하고자 했던 메시지는 인간은 존엄성, 겸손과 믿음, 자비와 사랑, 정의와 평화였습니다.

기독교 사상이 서구 문화를 만들어냈으며, 마호메트 사상이 중동 이슬람 문화를 만들어냈고, 붓다 사상이 아시아 불교문화를 만들어냈고, 공자 사상이 중국의 유교 문화를 만들어냈습니다.

현재의 중국 공산당 지도부는 중화민족주의를 고무하기 위하여 공자(孔子)사상을 강조하고 세계 곳곳에 공자 학당을 세우고 있습니다. 조선왕조는 공자 사상의 세례를 받았고, 대한민국은 서구 근대사상의 세례를 받았습니다.

사상의 힘이 얼마나 위대했던가를 보여주는 대표적인 예는 서구 근대화입니다. 인류 역사 발전 과정에서 가장 획기적인 사건은 근대 사상에 입각한 근대국가의 출현입니다.

이것을 역사 교과서에서는 '근대화'라 하고, 서구에서 비롯되었기 때문에 근대화란 서구화를 의미하게 되었으며, 오늘날 대한민국 역시 그 연장선상에 있습니다.

근대화(Modernization)란 16세기부터 19세기에 이르기까지 인간이 이성적 합리주이에 입각하여 절대왕정 체제를 타도하면서 주권재민(主權在民)의 입헌민주공화국 제제를 건설하고 재산권 보호와 자유시장경제를 운영하는 가운데 통상을 확대하고 산업혁명을 일으키면서 국가와 개인이 획기적으로 부를 창출하게 된 것을 말합니다.

근대화의 원동력은 자유주의 사상에서 나왔습니다. 자유주의 체제가 태동한 최초의 유럽 국가는 16세기 네덜란드였으나 유럽에서의 선도적 맹장은 17세기 영국이었습니다.

사상가이자 정치가인 존 로크(Jhon Locke 1632~1704)의 정치적 자유주의 사상이 명예혁명(1688년)에 지대한 영향을 미쳤고 애덤 스미스(Adam Smith 1723~1790)의 경제적 자유주의 사상이 시장경제를 근간으로 하는 서구 자본주의를 탄생시키는 데 심대한 영향을 끼쳤습니다.

프랑스 혁명(1789)은 당대의 계몽주의 사상가들과 자유주의 사상가들의 영향을 받았으나 결정적인 영향을 끼친 것은 루소(J. J. Roussseau, 1712~1778)의 평등주의 사상이었습니다.

그러나 프랑스혁명이 급진적이며 폭력적인 양상을 띠면서 전통과 관습이 거부되고 과거–현재-미래를 잇는 연결고리가 단절되는 것을 우려한 영국의 버크(Edmund Burke 1729~1797)가 프랑스혁명의 위험성을 경고하고 혁명의 실패를 예고하면서 전통과 관습에 뿌리를 두고 있는 영국의 입헌군주공화국 체제를 옹호함으로써 미국혁명(1790, 헌법 발효 기준)의 본보기가 되었습니다.

영국의 식민지였던 미국의 혁명은 징세(徵稅)에 반대하는 식민지 투쟁으로 처음 시작했으나 독립전쟁으로 발전하고 혁명의 위험성을 알리고 식민지 미국의 독립을 열렬히 지지했던 버크의 사상과 이론이 미국 건국조상들에게 결정적인 영향을 미쳤기 때문에 미국혁명을 버크적 혁명(Burkean revolution), 미국헌법을 버크적 헌법(Burkean Constitution)이라고도 합니다.

버크가 전통과 관습을 중시하고 영국의 입헌군주공화국 체제를 옹호하면서 급진적이고 폭력적인 프랑스 혁명을 비판했다는 사실을 근거로 서구의 사상사(思想史)에서 그는 보수주의의 원조가 되었습니다. 그러나 그 자신은 휘그(Whig)당원으로서 자유주의자였을 뿐 보수주의자로 자처한 바가 없었습니다.

보수주의라는 용어는 프랑스혁명 후 프랑스 왕당파들의 복귀 노력과 관련하여 생겨난 것으로 그 대표적 모델이 전통과 관습, 즉 국가의 민족의 뿌리를 중시한 버크였습니다.

오늘날 미국 정치사회에서 사용되는 보수주의자(conservative)라는 의미는 버크와 밀접하게 관련되어 있습니다.

여기서 우리가 조심해야 할 점은 전통과 관습을 중시하는 것을 두고 수구(守舊)라고 하는 것이 논리적 왜곡이라는 점입니다.

전통과 관습은 우리가 딛고 서 있는 토대이며 우리 문화의 뿌리이므로 이것을 존중한다는 것은 퇴행적 과거 집착을 의미하는 수구와는 전혀 다른 의미를 지니고 있습니다.

허화평의 논리는 체계화되어 있을 뿐만 아니라 현실에 근거를 둔 이론이었다.

허화평의 실물론(實物論)

'실물론'이라는 표현이 적절할지는 모르겠지만, 우선 허화평의 이야기를 옮겨보기로 한다. 거의 육성(肉聲)에 가까운 기록이라고 할 수 있다.

경제를 떠나서 정치를 이야기할 수 없고, 정치를 떠나서 경제를 이야기할 수 없습니다. 그런데 우리나라 정치인들이 하는 이야기를 들어보면, 그들의 경제 정책이라고 하는 것이 경제를 공부하고 유학을 다녀왔다는데도 한 마디로 이야기해서 실물경제에 깜깜이라는 것입니다.

경제학자든 경제 현장에 몸담았던 인물이건 간에 정치에 들어오면, 그들의 이야기는 모든 것이 정치적입니다. 이론은 밝을지 몰라도 현실적이지 못하다는 것입니다.

내가 이런 이야기를 할 수 있는 것은 짧지만 5공의 탄생에 참여했고, 당시의 현장 경제 실무자들과 직접 정책을 수립할 수 있었던 기회를 통해 적절한 경제시책이 현장에 수용될 수 있는 방안을 제안할 수 있었기 때문입니다.

뒤돌아보면 5공의 경제정책은 이론경제가 아니라 실물경제, 즉

현장경제가 활성화된 시기였다고 생각합니다. 한 마디로 족쇄를 푼 정권이라고 말할 수 있습니다. 개방화, 자율화, 민간 주도를 적극 권장한 것이 5공의 정책이었습니다.

5공 경제정책의 목표는 박정희 정권이 완성시키지 못한 산업화 정책의 마무리 작업이었습니다. 그 구체적인 사업이 중화학공업의 통폐합이었습니다.

그 이유는 이 기업, 저 기업의 중복투자로 투자비 대 생산비 상승, 경쟁적 경영 환경 때문에 출고가를 경쟁적으로 내리는 제 살 깎기로 국제시장에 진출함으로써 경영 악화와 산업 침체의 원인이 되고 있었던 것입니다. 정부는 기업 간의 이러한 경쟁적 경영에서 초래되는 경영악화를 막기 위해 개입 정책을 시행했습니다.

따라서 기업의 과중한 문어발 확장을 억제하면서 저마다의 고유 사업을 육성·지원하는 정책도 병영했습니다. 이것은 자신들의 주력 생산품에 집중할 수 있는 기업환경을 스스로 마련하도록 독려하는 데 목적이 있었습니다.

이 정책은 기업 간의 소모적 경쟁구도를 지양(止揚)함으로써 자사 생산품에 대한 품질 향상과 함께 시장경쟁에서 우위를 갖게 하고 기업이윤에 직접적인 영향이 미쳤습니다. 그리고 기업들의 부족한 경영자금 지원책의 일환으로 정부가 기업지원에 대한 자금 공급 방법을 다각적으로 연구하기 시작했습니다.

1980년 초의 은행 저축 실태는 그야말로 열악하기 짝이 없었습니다. 시중은행들은 기업에 자금을 공급할 돈이 없었습니다. 은행에 돈이 없으니까 정부가 은행을 향해 기업에 돈을 빌려주라고 해도 정부의 기업자금 지원정책이 받아들여지지 않는 것이었습니다.

당시의 가계경제가 열악했기 때문에 은행에 돈을 저축한다는 것은 일반 국민에게는 꿈같은 이야기였습니다. 그러니까 정부가 나서서 외국자본을 들여올 수밖에 없었습니다. 은행이 기업에 자금을 공급할 수 있는 여력을 갖도록 하려면 정부도 돕겠지만, 국민의 저축률을 높이는 운동도 재개해야겠다는 것이 5공의 아주 기초적인 금융정책의 시작입니다.

  은행은 권력의 지시나 명령을 받지 않고, 돈이 필요한 기업의 실태와 능력을 은행 스스로 결정해서 판단하도록 했습니다. 정치권과 타협해서 돈을 쓰는 정책금융을 없앴습니다. 그러나 이런 금융지원이 절대적으로 순수하거나 정직하지는 못할 수도 있었습니다.

  은행의 돈을 빌려서 기업경영에 사용하는 것이 아니라 사욕이나 부당한 투기, 부동산 구입에 사용하는 사례가 있었습니다. 이것은 정부가 적극적으로 개입해서 막고 이러한 행위에 대해서는 위법처리를 해야 하기 때문에 대출사기나 대출금 부당사용을 막는 사정기관을 확대 운영하도록 했습니다.

  한편 또 다른 금융정책으로 저축을 장려하는 캠페인을 벌였습니다. 우선 공직자들부터 모든 봉급을 현금으로 지급하는 것이 아니라 은행구좌로 지급하도록 지시를 내렸습니다.

  모든 공직자와 공무원들은 각자 은행통장을 개설했습니다. 이것으로 정확하게 봉급이 은행으로 입금하게 되는 것이지요. 비록 짧은 기간이지만, 그 당시에는 은행 금리가 지금과는 달리 높았습니다. 누구도 자신의 구좌에 입금된 돈을 바로 다 출금하지 않습니다. 또한 은행에 입금된 돈에 이자가 붙으니까 가능한 한 급히 필요한 돈이 아니면, 은행에서 바로 출금하지 않았습니다.

대통령부터 말단 공무원까지 저마다 이런 통장을 하나씩 갖게 되었던 것입니다.

이런 노력을 바탕으로 은행저축률이 40%에 이르는 국민적 저축운동이 전국에 일어났습니다. 정부는 공무원 봉급을 동결시키고, 불필요한 소비를 억제하면서 저축생활을 독려하고 검소한 생활을 계몽하며 사회 경제적 역량을 높여나갔습니다.

작고 보잘 것 없더라도 낭비 요소를 막으면서 한 푼이라도 자신의 호주머니에 갖고 있지 말고, 은행에 맡기는 것을 생활화하도록 했습니다.

한편 정부는 지속적으로 기존 중화학공업에 대한 정책적 지원을 활발히 전개해 나갔습니다. 조세, 각종 규제 등을 가능한 대로 최소화하고 새로운 미래 산업으로 떠오른 통신 분야에 정부가 적극적으로 투자를 시작했습니다. 정부는 이러한 정책을 지원하기 위한 인적 자원 수급에도 힘을 썼습니다.

김재익 경제수석, KDI(Korea Development Institute) 김기환 박사 와 같은 경제전문가들에 의해 자유시장체제를 제도적으로 완성시켰습니다. 통신 산업과 자동차산업 육성 정책이 5공 초기의 괄목할 산업 정책이라고 할 수 있습니다.

5공의 주요 정책을 요약하면, 중화학공업의 확고한 정착과 함께 저축률을 높여서 하루속히 외채를 갚는 금융정책이었고, 미래의 중점 산업을 통신 산업에 귀결시켰습니다.

1970년대 말까지 가정에는 물론 사무실에도 일반전화를 놓는 것이 어려웠습니다. 전화회선이 모자라 원하는 만큼 전화를 공급할 수 없었기 때문입니다.

전두환 대통령이 공수 여단장으로 있을 때입니다. 그리고 내가 서울지구 보안부대 대공과장이었는데, 보안부대 대공과장이 낮은 자리가 아닙니다. 보안부대 요원들이 일반 정부부처, 공공기관에 파견을 나가 있습니다. 그러니까 민간기구와 협력업무가 많은 군 정보기관이지요.

어느 날 전두환 장군이 집에 전화를 놓을 수 있느냐고 물어왔습니다. 그래서 아는 기관에 물어봤더니 불가능한 것입니다. 지금 생각하면 상상이 안 가는 일이지만, 그때는 그랬습니다. 보안부대는 우리나라 육군에서 유일하게 간첩을 잡는 최고의 상급기관이고, 대한민국 군사보안의 최고 보루로서 모든 부대의 지휘관들을 감시하는 부대입니다.

이런 부대 단장이 일반 전화가 없을 정도로 우리나라 통신이 아주 열악했습니다. 나중에 안 사실인데 전두환 사령관이 청와대 박종규 경호실장의 '빽'으로 일반전화를 설치했다는 말을 들었습니다. 나 같은 경우는 엄두도 못 내는 일이었지요.

전두환 대통령이 이러한 통신에 대한 어려움과 필요성을 익히 경험했기 때문에 청와대에서 통신에 대해 남달리 관심이 많았고 통신 산업을 5공의 정책사업 중에 하나로 편성했던 것입니다.

물론 80년대 들어와서는 일반 전화가 지금처럼 신청하면 바로 설치되는 것은 아니었지만, 예전처럼 절대 불가능한 것은 아닙니다. 특별한 장소나 회선이 없는 도서지방 같은 곳을 제하고는 설치가 가능해졌습니다.

대통령이 통신의 중요성을 누구보다 잘 알기 때문에 지금 한국통신회사의 전신인 체신부 담당공무원들에게 통신 산업의 연구개발을 특별히 독려했습니다.

지금 우리나라가 세계에서 통신 산업이 가장 발달한 IT(Information Technology) 강국이 될 수 있었던 근원이 5공 때부터 통신 산업 발전에 국가가 관심을 가졌고, 전문 연구원들이 불철주야 연구한 결과가 아닐까 하는 생각이 듭니다.

내가 아는 어느 프리랜서는 공연 연출가와 광고 기획자로 일하는 사람인데 항상 백팩(Back Pack)을 메고 다닙니다. 그 가방 속에는 컴퓨터와 각종 자료가 수록된 외장 스토레지(Storage)가 있어서 어디서든 인터넷이 연결될 수 있는 곳이면 자신의 사무실이라고 하며 작업을 시작한다는 말을 들었습니다.

이처럼 우리나라는 산꼭대기나 바다 한가운데라도 전화통화가 가능한 곳이면 인터넷을 통해 정보를 주고받을 수 있는 나라입니다. 이웃 일본도, 미국도, 유럽 어디를 가도 우리나라처럼 인터넷 환경이 좋은 나라를 만날 수 없다고 합니다.

우리나라가 해방되던 무렵에는 지구상에서 문맹률이 높은 나라 중의 하나였습니다.

1948년 정부수립 당시만 해도 문맹률이 80%가 넘는 까막눈 국가였습니다. 그래서 의무교육을 도입한 것입니다.

요즘은 무상교육이다 뭐다 하면서 공짜로 고등학교까지 가게 한다고 그러는데, 해방 후 우리나라는 돈이 없었습니다.

그럼에도 불구하고 초등학교까지는 의무교육을 실시했습니다. 이승만 대통령이 일찍이 선진국에서 교육을 받았기 때문에 이런 생각을 했을 것입니다.

이승만 박사가 아니고 단순히 애국자라는 이름으로, 또는 독립운동을 했다는 우국지사라는 것만으로는 어려웠을 것입니다. 오로지 민족통일의 일념으로 국가의 체계를 수립하거나 국제적 관계 성립 요건을 갖추는 것은 엄두도 내지 못하는 인사가 이 나라의 지도자가 되었다면, 대한민국은 다시 조선말기 시대로 돌아가 세계 변방에 머물렀을 것입니다.

대한민국이 국제적으로 이만큼 부상된 것은 국가 건립 초기 자유민주주의 이념에 근거한 정책을 폈고, 경제정책을 자유시장경제체제로 정했기 때문에 가능했던 것입니다.

문맹을 퇴치하려는 이승만 정부의 정책에는 글만 깨우치는 정도가 아니라 글을 아는 지식이 있어야 시대를 읽을 수 있다는 지혜의 당위성이 있었습니다. 따라서 구태의 습관을 떨쳐버리는 계몽교육이 가능할 수 있었고, 민주시민으로서의 의무와 권리를 책임지는 법치국가의 토대를 마련할 수 있었습니다. 정부의 강력한 문맹 퇴치 정책으로 문맹을 탈출하는 속도는 빨랐습니다.

지구상에 문맹률이 높은 국가군(國家群)에 속해 있던 대한민국이 지금은 세계 최고로 교육수준이 높은 나라가 되었다는 것은 건국 초기 정부의 문맹퇴치 정책의 성공이 가져다준 결과라고 봅니다.

1948년에 나라가 세워지고 2년 만에 전쟁이 났지요. 이제 겨우 국가가 뭔지, 민주주의가 뭔지를 어슴푸레 알려고 할 때 전쟁을 맞이한 겁니다. 내일 당장 나라가 없어질지도 모르는 전쟁 상황에서도 부산에 내려 온 피난민들은 먹을 것도 변변치 못한 처지에 피난지에서 천막학교를 짓고 공부를 가르쳤어요.

이 사실을 그냥 가볍게 생각하면 안 됩니다. 이 나라는 자원이 없는 나라입니다. 오로지 사람밖에 없는 나라입니다. 이승만 대통령은 국민의식을 높이는 길은 교육이라는 것을 미국에 있을 때부터 깨달은 사람입니다. 36년 동안 일본의 지배 아래 자치능력을 상실하고 국가관은 아예 상상도 못한 채 오로지 의식주에 매달려 살아온 한민족의 정신적 빈곤을 해결하기 위해 시작한 정부 시책이 교육정책이었습니다. 가난한 농촌 부모들은 빚을 내서라도 자식들의 교육에는 돈을 아끼지 않았습니다.

시골에서 농사를 짓는 농민들은 자식의 교육비를 위해 논도 팔고 소도 팔았습니다. 농촌경제의 기반이 소와 논인데도, 자식들의 교육에 자신의 삶을 포기할 정도로 자식들을 위해 희생했습니다. 소위 생산기반 요소를 팔아서 우리 부모들은 유학을 보내고 자식들을 도시로, 도시로 내보냈습니다.

우리 민족이 갖고 있는 DNA(deoxyribonucleic acid) 가운데 가장 위대한 DNA가 있다면 바로 교육에 대한 강력한 의지입니다.

그래서 앞으로 교육에 집중적인 투자를 하는 정책을 펼쳐야 한다고 생각합니다. 그에 필요한 재원 확충 또한 지혜를 모아 확보해야겠지요.

그러나 이 교육정책의 재원마련을 위해 특별세 같은 새로운 세제법 제정은 반대합니다. 일반 재정에서 교육예산을 책정하면 큰 문제는 없을 것입니다. 어쨌거나 교육정책을 중요시하지 않는 사람이 대통령 되면 교육에 투자를 잘 안 할 수도 있습니다.

내가 교육에 대한 투자를 역설하는 데는 단순한 숫자적 확장만이 아닙니다. 교육의 질을 향상시키며 올바른 사고를 학생들에게 심어주자는 것입니다.

지금 우리나라 교실에서 일어나는 일들을 보면 끔찍하기 짝이 없습니다. 교권은 학생들의 조롱에 추락되고, 전교조 선생들에 의해 학과와는 전혀 관련 없는 이념 교육으로 학생들을 불필요한 사회 저항운동과 저주, 조롱의 광장으로 내몰고 있습니다. 하루속히 교권을 정상화하고, 전교조 선생들은 좌익 이념에서 빠져나와 전교조 본래의 목적인 사학의 비리 척결과 학생스러운, 학생다운 가르침에 더 전념하는 것이 올바른 전교조의 자세입니다. 더 이상 교실에 이념 투쟁을 끌어들이지 말기를 간곡히 부탁합니다.
 5공에서 교육세를 제정한 배경에는 새로운 도시가 생길 것이고, 그에 따라 학교가 늘어나게 되면 교육환경의 개선이 절대적으로 요구될 것이다, 그런 데 대비하기 위해 재원이 필요한 것은 당연한 일이다. 그래서 5년만이라도 교육에 필요한 집중적인 투자를 하여 교육환경의 개선에 대한 중요성을 확인하자는 취지로 일단 교육세를 만든 것입니다.
 사실 이런 시도는 우리나라 교육의 미래를 위해 바람직한 상을 만들어 보자는, 가히 혁명적인 발상이라고 해도 별로 틀린 말은 아닐 것입니다. 그런데 내가 알기로 지금까지도 교육세가 유지되고 있는 것 같습니다. 그럼에도 입시지옥은 더욱 심화되고 있는 것이 현실입니다.
 신문을 보게 되면 이해할 수 없는 기사가 많습니다. 경제에 대한 기사는 어느 정도 그 흐름이나 결과론에 대한 예측과 질문은 할 수 있습니다. 그러나 교육에 관한 기사에는 정말 모르는 내용이 너무 많습니다. 사실 모른다기보다는 이해할 수 없다는 것입니다. 특히 교육에 관한 용어는 생소한 것뿐입니다.

정권이 바뀔 때마다 입시제도가 바뀌고, 대학교 학과가 새로 등장하거나 통폐합하고 정말 복잡해서 무슨 정책인지 알 수가 없습니다. 100년 대계 교육제도라고 떠들지만, 10년은커녕 5년도 못 가서 없어지고, 새로 생기고, 바뀌고……나는 우리나라 학생들의 교육이 정상적으로 되는지 묻고 싶습니다.

사교육은 이제 공교육을 짓밟는 정도를 넘어 그 규모가 가히 천문학적인 수준으로 치닫고 있다고 합니다. 특히 예체능계 사교육의 부정을 다룬 언론보도 기사는 빙산의 일각이라고 합니다.

주위에 음악대학, 미술대학 입시를 앞둔 학생의 부모와 친분이 있는데, 외국에서 활동하는 유명한 음악인이 귀국 공연을 위해 잠시 체류 중인 시간에 그에게서 소위 개인레슨을 받기위해 줄을 댄다고 합니다. 운 좋게 레슨의 기회를 얻은 학생은 상상할 수 없는 큰돈을 레슨비로 지출한다고 합니다. 레슨은 몇 시간 정도가 고작이고 길어야 2~3일이라고 합니다. 과연 그렇게 귀중한 시간을 할애(割愛)받아 많은 돈을 들여서 레슨을 받은 그 학생이 얼마나 실력이 향상되었을까요?

그러나 이것을 쉽게 간주해서는 안 된다는 의견을 말해야겠습니다. 그 학생이나 부모들이 그렇게 많은 돈을 내고 짧은 시간에 레슨을 받게 하는 이유가 무엇인지, 그 진짜 이유가 무엇인지를 알아야 합니다. 그 레슨의 결과로 더 능력이 쌓이고 실력이 향상되었다는 것일까요?

나는 그렇게 생각지 않습니다. 그렇게 잠깐 배워서 실력이 얼마나 향상되었을까요. 그들이 그렇게 극성을 부리면서 레슨을 받는 이유는 다른 데 있습니다. 실력 향상이나 자신들의 능력에 대한 검증이 아니라, 단지 유명한 사람에게 레슨을 직접 받았다는 그 자체로 입시에 혜택을 받겠다는 것입니다. 실력과는 전혀 무관한 비리(非理)에 준하는 것입니다. 음악뿐 만이 아닙니다. 미술, 체육, 연기 등 예체능계의 이런 비상식적인 행태가 벌어지고 있는 것이 이 나라 예체능계의 사교육 현장입니다. 그렇다고 우리나라 음악과 예술 분야가 수준이 높아졌나요?

물론 예외적인 경우나 사람이 있을 수 있습니다. 그런 학생이라면 단언하건대 그렇게 엄청난 비용을 들여서 그 유명한 사람에게 레슨을 받은 이유가 실제로 극히 작은 자신의 부족함을 유명한 선생의 경력에서 배워 채우겠다는, 정말 산지식을 만나 자신의 능력을 완성시키고자 하는 목적이 있다고 볼 수 있겠지요. 결코 단순히 입시를 위한 것이 아니라…. 이런 학생에게는 비싼 비용을 투자하여 그 짧은 시간에 레슨을 받더라도 손가락질 할 수 없겠지요.

오래전에 유명한 여자대학의 무용과 교수가 입시생으로부터 거액의 레슨비를 받았지만, 그렇게 레슨을 받은 학생은 막상 입학시험에 떨어졌습니다.

그 학생 부모는 레슨을 한 교수를 찾아가 항의를 하고 학교에 이 사실을 알려, 드디어 그 교수는 사기죄로 구속되었습니다.

그 교수에게서 레슨을 받은 학생 중에는 그 대학 입시에 합격한 학생도 있고, 떨어진 학생도 있게 마련입니다. 이것은 처음부터 잘못된 것입니다. 공정한 입시를 감독해야 할 교수가 자신의 학과에 입학을 원하는 학생에게 레슨을 한다는 것은 이미 교수의 직분을 이용하여 거액의 레슨 비용을 받고 합격을 보장하겠다는 직권남용을 하는 것입니다. 레슨을 받는 학생도 같은 생각을 하고 있을 것은 당연합니다.

이런 비리가 드러나면 관련된 사람은 법을 위반한 죄인이 되고, 아무 사고가 일어나지 않으면 대학 예체능계 입시의 관행으로 치부하는 것이 대학입시의 현실입니다. 우리나라 예체능계 대학입시 현장은 그야말로 비리의 온상이라고 할 수 있습니다. 물론 모든 학생들이 다 그렇다고 생각하지는 않습니다. 당연히 정정당당하게 실력으로 입학한 선량한 학생도 있겠지요.

미꾸라지 한 마리가 온 개울물을 흐려놓듯이 돈으로 모든 것을 얻을 수 있다는 졸부나 돈에 눈이 어두운 교수들의 행각이 수가 많든 적든 간에 지성의 상아탑이 되어야 할 대학을 범죄 집단으로 추락시키고 있습니다. 비리가 드러나서 구속된 관련자와 비리가 드러나지 않아 정당한 합격자로 나누어진 이 행태를 어떻게 생각하면 할까요? 죄가 드러나지 않으면 정당한 과정으로 대학에 입학한 학생이요 부모가 됩니다.

지금도 많은 국민들이 5공 때가 경제적으로 풍족한 삶을 살았던 시기라고 합니다. 5공 경제정책의 기본은 규제를 네거티브 시스템(negative system)으로 봤다는 것입니다. 중화학공업의 통폐합과 은행 민영화, 그리고 수입 자유화를 해서 자연히 공정거래에 관한 법률이 현실에 맞게 정비가 되었습니다.

근래에 들어와서 경제민주화라는 말이 유행어처럼 정치권에서 나돌아 다니고 있는데 한 마디로 자유민주주의를 파괴하는 경제정책입니다. 사실 정책이라고 할 만한 가치조차 없는, 우리가 익숙하게 생활해온 자유시장 경제체제를 완전히 말살하려는 의도의 탁상공론입니다.

여당도 내심 그 정책에 반대를 했지만, 국민적 반응이 야당의 경제민주화 정책 공약에 쏠리는 것을 보고 야당에 업혀서 경제민주화를 대선공약으로 내세웠습니다.

그러나 막상 정책 입안 과정에서 문제가 하나둘이 아닌 것을 뒤늦게 알고 슬그머니 언제 그랬냐는 듯이 책상 밑에 감추어 버렸습니다. 어쨌거나 공약을 지키지 못한 책임은 있을지 몰라도 아주 잘된 일이라고 생각합니다.

우리가 미국의 정치나 정책을 그대로 따라할 것이 있고 그렇지 못한 것이 있다는 것을 알아야 합니다. 미국은 전임 정부의 정책을 바꾸거나 폐지할 때는 우리나라처럼 지우개로 지우듯 전 정부의 정부시책을 가차 없이 뒤엎는 것이 아니라 고도의 가치기준으로 싸우면서 면밀히 전문집단의 검토를 거쳐 정책을 수정하거나 폐지를 결정하고 입안하여 의회를 통해 의결합니다. 그래서 집권당이 바뀌어도 지난 정부의 정책은 웬만하면 약간 수정은 있을지 몰라도 큰 틀에서 폐지되는 일은 없습니다.

우리가 깊이 생각해야 하는 것은 경제적 자유가 없어지거나 위축되면 정치적 자유는 무의미하다는 사실입니다. 아니 자유가 없다는 것이지요.

"나를 선택하는 투표나 해라. 그 대신에 돈 가져가는 것, 돈 버는 것 다 내가 통제해야 되겠어."

이러면 자유의 의미가 없어지는 게 아닐까요? 내가 경제민주화를 반대하는 이유도 결국은 경제민주화는 경제평등화를 전제로 하는 데다, 경제평등화는 결국 개인의 자유를 죽이는 것이기 때문이며, 단언컨대 그렇게 해서 잘 된 역사가 없습니다.

두말 할 필요 없이 자유시장경제체제로 가야 합니다. 체제와 이미 시행되어 오던 규범을 바꾸려면, 수십 년, 수백 년의 시간을 감수해야 합니다. 금방 되는 것이 아닙니다. 대한민국은 미국의 자본주의, 자유시장경제체제를 받아들여 지금까지 국가가 운영되어 왔습니다. 미국이나 유럽 선진국의 백년, 아니 그 이상의 과정을 통해 이룩한 제도를 70여 년 만에 그들의 수준과 대등한 제도를 누릴 수 있다고 생각합니까?

비유가 적합한지는 모르겠으나 우리나라는 그들 선진국에 비하면 중학교 수준 이하라고 하면 혹시 여러분 중에 발끈하실 분이 계실지는 모르겠으나, 사실임에는 틀림없습니다.

500년의 조선 왕정국이 일본의 침략에 의해 36년에 걸쳐 일본의 속국으로 독립국가의 꿈을 잃은 채 나라 없는 설움과 핍박으로 살아오지 않았던가요. 다행스럽게 일본이 전쟁에 패함에 따라, 비록 우리 스스로 성취한 해방은 아니더라도 미소(美蘇) 강대국 간의 거래에 의해 겨우 나라를 되찾고 미국의 민주주의와 자유시장경제체제를 받아들임으로써 왕정과 일본 강점시대를 벗어난 새로운 민주주의 국가 체제의 독립 국가를 탄생시켰습니다.

그리고 70년이 지난 지금 대한민국은, 세계 경제 10위권 국가로 성장했습니다. 그러나 세계 유일의 분단국가로서 통일이라는 민족적 과제를 안고 아직 성장과 발전을 위한 도전의 장벽은 그대로 우리의 미래를 어둡게 만들고 있습니다.

이 참담한 현실을 허물어야 할 우리의 단합된 노력이 필요함에도, 정치권에서는 실현성 없는 정치적 이해와 당리당략으로 저마다의 제도법안 경쟁으로 겨우 70년 쌓아올려 이제 정상궤도에 들어선 자유시장경제체제를 흔들어대고 있습니다.

사실 우리의 민주주의 제도는 아직까지 성숙한 선진국 사회제도를 따라가기에는 너무도 먼 거리라고 생각합니다.

지금까지의 제도를 다 바꾸거나 치워버리고 '이거 하자', '저거 하자', '스웨덴 복지제도를 들여오자' 하며 여야 할 것 없이 지방자치단체장까지 한 목소리로 금방이라도 세계 최고의 복지국가가 될 것처럼 야단들입니다.

다른 나라의 제도가 좋다고 그 제도의 문서를 빼보는 것은 하루아침이면 가능하겠지만, 그 제도를 만들어서 수십 년, 수백 년에 걸쳐 수없는 시행착오를 거쳐 이룩한 그 나라 국민들의 정신을 배우는 데 걸리는 수백 년의 시간은 전혀 생각지 못하고 있는 것 같습니다. 참 답답하고 안타까운 일입니다.

미국의 제도가 좋다고 들여와서 아직도 제대로 완성은커녕 계속 검증을 반복하고 있는 와중에 스웨덴 것을 가져오자, 독일 것을 가져 오자고 하는데 그런 제도에서 살아가는 스웨덴이나 독일의 국민이 되겠다는 말인지, 여의도 땅의 6분의 1에 해당하는 어마어마한 면적 위에 군림하고 있는 국회의사당 내에서 생산되는 법안들이 이렇게 현실성 없는 불량품들뿐이니 이 나라가 온전할 일이 있겠습니까?

독일의 대학교수는 매년 발표 논문 검증과 연구과제의 수행 평가에 따라 재임명된다고 합니다.

외국의 좋은 제도를 들여오려면 이런 제도를 들여와서 우리나라 국회의원들도 매년 국민의 감시 아래 윤리, 도덕, 법안 해석 능력 등의 자격시험을 치르도록 해서 쓰레기 같은 국회의원은 솎아 내는 것이 시급한 정치발전의 방안이라고 생각합니다.

1800년대 세계 인구는 10억 명이었고, 하루 3달러도 안 되는 돈으로 살아가는 극빈층이 95%였다고 합니다. 그때가 사회, 경제 등의 큰 변혁을 일컫는 산업혁명(産業革命, Industrial Revolution)이 일어나 세계의 사회, 경제, 문화가 크게 바뀌어진 시기였으며, 프랑스혁명, 미국혁명을 일으킨 부르조아지(bourgeoisie)혁명도 그때 일어났지요.

지금은 세계인구가 70억 명이 넘고, 극빈층은 10억 명이라고 합니다. UN에서는 이 극빈층을 구제하는 프로젝트를 수립하고 있는데, 10년 내로 극빈층을 해소하겠다는 목표입니다. 즉 하루에 3달러로 살아가는 극빈계층을 구제하겠다는 것입니다.

이 계획이 어떤 근거로 나왔겠습니까? 그것은 시장경제로 가능하다고 판단한 것입니다. 지금 우리는 경제학자, 정치인들이 화려하지만 실현 불가능한 경제정책을 쏟아내는 형국에 살고 있습니다.

법 앞의 평등과 사회적 평등은 소위 리벌러리즘(Liberalism, 자유주의)이 핵심인 자유시장경제에서 이루어지는 것입니다. 지금 대한민국이 그 힘든 터널을 뚫고 이렇게 세계경제 10위권에 진입한 힘은 자유시장경제체제를 따랐기 때문입니다. 자유시장경제체제로 제일 큰 혜택을 본 계층이 바로 하루 3달러로 살아가는 극빈층이었다는 것입니다.

이 경제논리를 가장 잘 요약해서 보도한 신문이 리버럴(Liberal)

성향의 『뉴욕타임즈』였습니다. 그런데 우리나라에서는 〈경제민주화〉를 들고 나와서 다른 선진 민주국가에서는 생각지도 않는 정책을 부르짖고 있으며, 또 다른 쪽에서는 자유시장경제가 안 된다고 하는 이야기를 듣고 있자면, 이 사람들이 경제를 제대로 공부해서 나온 말인지 정말 한심하기 짝이 없습니다.

그러니까 빈부격차 문제를 들고 나와 정치의 자유, 경제의 자유로 확대시키겠다는 것입니다. 이것이 얼마나 위험한 발상인지를 국민들이 알아야 합니다.

탈(脫)이념적·수세적 긍정 입장을 취함으로써 논리적으로 취약하다고 봅니다. 이에 비해 장기적인 이념 투쟁을 통하여 체제변혁을 꿈꾸는 좌파 지식인들은 이념적·공세적 입장을 취합니다. 우파는 부화뇌동하고 좌파는 전면 수용을 강요합니다.

이들이 입을 열고 펜을 들기만 하면 들먹이는 것이 '시대정신'입니다. '국민이 요구하는 시대정신'이라는 것만큼 허황한 말도 없습니다. 그들이 언제 '시대정신'을 규정한 적이 있었나요? 그들이 언제 '국민'에게 물어본 적이 있었나요? 그들은 단지 이념적, 정치적 필요에 따라 교묘하게 조작해냈을 뿐입니다.

자유주의 사회에서 국민과 시민을 영구히 속일 수는 없습니다. 어리석어 보여도 대중의 가슴 한복판에는 건강하고 선한 양심과 본능적인 방향 감각이 자리 잡고 있기 때문입니다. 이러한 대중의 잠재의식이 작동하기까지는 시간이 걸리기는 해도 일단 속았다는 확신이 들게 되면 누구의 말도 믿지 않고 맹목에 가까운 행동을 하게 되기 때문에 사회 전체가 위험에 빠질 수도 있습니다.

과연 우리는 이런 현상이 도래할 때까지 시간을 흘려보내도 되는 것일까요? 책임과 영향력을 갖고 있는 인사들, 지식인들이 한때의 권력, 한때의 명예, 한때의 이익에 현혹되어 마음만 먹으면 언제라도 패거리를 만들어 국민과 시민을 농락하고 속일 수 있다고 착각하며 고개를 빳빳이 세우고 세종로와 광화문 네거리, 여의도를 활보하고 있음을 개탄스럽게 지켜봐야 하는 것이 현재의 대한민국 국민들입니다.

현재 진행되고 있는 한국사회의 상식 붕괴현상은 지난 60여 년 이상 국민이 땀과 피를 흘리면서 이룩한 성취의 그늘이며, 압축 성장을 위한 질주에서 비롯된 불가피한 부산물입니다.

그래서 그 원인을 한 개의 단어, 한 개의 문장으로 표현해내거나 서술해낼 수는 없습니다.

어떤 시대, 어떤 제국, 어떤 국가도 성취의 대가를 치러야 했다는 점에서 우리만의 현상도 아닙니다. 그동안 질주와 성취와 더불어 생겨난 것들, 억제되어 있었던 것들이 활화산의 용암처럼 분출하는 현상이긴 하지만 결정적 원인만은 쉽게 지적할 수 있습니다.

이것은 교양 있는 시민계층, 상식 있는 시민계층이 두텁지 못하고 정치적 후진성 속에서 정치적 리더십의 빈곤과 붕괴가 거듭되어 왔기 때문인데, 설상가상으로 국민 대중은 성취의 몫을 공평하게 나눠줄 것을 요구하는 힘든 시대가 되고 있습니다.

1945년 이래 대한민국의 성공 스토리는 지금도 계속되고, 2차 세계대전 이래 출현한 수많은 신생 독립국들 중 단연 으뜸이 되어 우리 스스로 자랑스러워합니다. 건국에 성공하고, 전쟁을 이겨냈으며, 산업화와 민주화를 바탕으로 하는 근대화를 이룩하여 개방되고 다양화된 사회의 삶을 살아가면서 글로벌 시대 선두그룹에 진입하고자 인류 보편적 가치를 수용하면서 글로벌 시장에서 경쟁하고 있습니다.

GDP 기준 세계 15위의 경제강국, 세계에서 일곱 번째로 국민 평균 연간 개인소득 2만 달러, 인구 5천만을 기준으로 하는 20-50국가, 세계에서 아홉 번째로 무역 규모 1조 달러가 넘는 교역국가, 병력 규모 세계 5위, 국방예산 규모 세계 12위에 이르는 자주국방 국가, 문맹률 0%, 대학 졸업률이 세계 최고 수준에 도달하고 중국과 인도 다음으로 많은 유학생이 미국에서 유학하고 있는 교육강국, 2012년 런던올림픽에서 종합순위 5위에 이른 체육강국, 가수 싸이의 〈강남스타일〉이 뉴욕 광장을 흔들어 놓는 한류를 타고 문화강국까지 바라보는 나라, 만인이 법 앞에서 평등한 법치국가로 발돋움하고 있는 나라가 오늘의 대한민국입니다.

실로 경이적인 성공 스토리가 아닐 수 없고 자랑스럽지 않을 수 없는 나라입니다. 그러나 한 꺼풀을 벗겨내고 우리 자신의 속살을 들여다보면 전혀 다른 모습의 대한민국을 발견할 수 있습니다.

정치에서 자유주의 체제는 겨우 선거 민주주의 수준이고, 경제에서 자유시장 자본주의 체제는 관치 시장경제 수준을 벗어나지 못하고 있으며, 사회적으로는 과잉민주 열정 속에서 성취가 쌓여갈수록 비례하여 모순은 늘어나고, 모순이 늘어나는 만큼 비례하여 상식이 붕괴되어 가고 있는 나라이기도 합니다.

연좌제 폐지

조선시대에 반역죄를 범하면 친족, 외족, 처족 등 3족을 멸하는 처벌을 받기도 했다. 심지어 삼족을 넘어 구족을 엮는 끔찍한 연좌제의 문화 속에 살아왔다.

인권침해를 논할 것도 없이 무자비하기 짝이 없다. 교우(交友), 학파(學派) 또는 출신 고향 등에 연루되어 불이익을 당하는 일은 최근까지도 사회적 통념으로 답습되어 왔다.

허화평은 이처럼 인륜을 해치는 악습을 뿌리 뽑고, 국민 총화를 이루기 위하여 연좌제 폐지를 정부에 건의했다. 그러나 지금의 국정원인 당시 정보부를 비롯하여 검찰, 경찰 등에서 반대가 심했다고 한다. 허화평은 이에 굴하지 않고 그들을 설득하여 결국은 연좌제 금지 규정을 신설하였다고 당시의 어려움을 술회하고 있다.

이런 법적 보호를 받을 수 있는 규정이 신설되기 전에는 사상범의 가족 또는 친족으로 연루된 사실이 신원조회에서 밝혀지면 고급공무원으로 임명되지 못하는 것은 물론 해외여행이나 출장의 제한에도 공공연하게 적용되었다. 이러한 불이익은 한국의 당면한 특수사정에 기인한다고는 해도 당연히 근대법의 원리에는 위배되는 일이었다. 허화평은 우리 생활 가운데 깊이 뿌리내렸던 연좌제가 꼭 사상적 연좌제만 이야기하는 것은 아니라고 말한다.
 이미 고대 희랍의 헌법에는 영장에 의하지 않고는 아무나 데려갈 수 없도록 했다. 어느 정적(政敵)이나 특정인을 죽이기 위해 새로 처벌법을 만들어서 처형할 수 없도록 했다는 것이다. 기존의 법에 따라 처벌해야지 소급입법을 만들지 말라는 것은 희랍 때 정착된 제도라고 한다.
 허화평은 본인도 북쪽에 가서 공산주의 교육을 받은 형제가 있었기에 엄격히 말하면 연좌제에 묶여 사회생활에 큰 제재를 받을 처지였지만, 군대 내에서 능력을 인정받는 장교였기에 불이익을 면하고 어렵사리 군 생활을 할 수 있었다고 한다.
 그가 연좌제 폐지를 주장했을 때는 이미 그의 직책상 권력의 중심부에 있었기 때문에 연좌제와는 아무런 직적적인 상관이 없었다. 당시 일부에서 그가 연좌제의 피해 당사자니까 폐지에 앞장섰다고 했지만, 그렇게 주장한 정치인은 조롱만 받고 입을 다물었다.
 연좌제는 그의 개인사와 관계없이 악습을 없애는 차원에서 폐지하려고 했다는 것이다. 그는 조선조에서 연좌제가 없었다면 훌륭한 인물이 더 많이 나왔을 것이라는 말도 했다. 연좌제 때문에 많은 훌륭한 인물들이 빛을 보지 못하고 사라졌다는 것이다.
 우리 선조들은 연좌제로 똑똑한 인물들의 씨를 말렸을 뿐만 아니라 대대로 원한과 증오를 심어줘서 서로가 원수로 살아가는 집안들이 많다고도 했다. 그가 재미난 이야기를 들려주었다.
 아주 오래된 이야기지만 일제 때 일본에 공부를 하러 갔던 허화평의 큰 형님이 일본에서 결혼을 하게 되었는데 여자 집안이 마침 조총련계여서 아내를 따라 자연스럽게 조총련에 들어갔다는 것이다. 이후 큰형님은 한창 말썽이 많던 북송선을 타고 북에 가서 공산주의자가 되었던 것 같다고 추측했다.

허화평이 중학생일 때 그의 형님이 몇 번 포항에 다녀갔는데, 그는 만나지 못했지만 가족을 포섭하기 위해서가 아니라 부모를 뵈러 왔던 길이었다. 허화평의 바로 밑에 남동생이 있었는데, 동생도 형의 도움을 받고 공부하기 위해 일본에 건너갔다. 이북에 다녀왔는지는 확실히 모르겠지만, 동생도 그 바람에 공산주의자가 된 것 같다고 술회했다.

허화평이 대위였을 때, 어느 날 동생이 간첩죄로 보안부대에 잡혀 왔다는 소식을 듣게 되었다. 이제 연좌제로 인해 허화평이 군복을 벗는 것은 자명한 사실이었다. 그런데 상관들이 그를 적극 두둔하여 군에 머무를 수 있도록 했다고 한다.

동생이 잡혀 왔을 때 군에서 동생과 면회를 주선해 주어 하룻밤을 함께 지낼 수 있었다.

당시 수사 책임자는 사관학교 동기였는데, 동생하고 같이 있는 동안 모든 내용을 그 동기생이 녹취했다고 한다.

"그때는 군복을 벗을 수밖에 없었기 때문에 마음이 착잡했지. 그러나 동생을 탓하지는 않았어. 물론 동생에게 잘했다고 하지는 않았지만, '네 사상이 있고 내 사상이 있다. 너는 네 사상대로 살고 나는 내 사상대로 살면 되니까 네가 나한테 죄송하다거나 미안해할 필요는 없다.'는 말을 했고…. 이런 사실을 군에서는 모르는 사람이 없었지."

그랬던 그가 연좌제 폐지를 들고 나오자 오해를 많이 받았지만, 직접 찾아와서 대면하고 이야기하는 사람은 없었다. 당시만 해도 워낙 영향력이 셀 때니까 누구 하나 그런 이야기를 꺼내는 사람은 없었다는 것이다.

그가 청와대 정무수석을 그만두고 미국에 있을 때, 듣자니 "허화평은 빨갱이다." 하는 소문이 돈다는 것이었다.

"형이나 동생은 빨갱이인지 모르겠으나, 그렇다고 그것이 나하고 무슨 상관이 있나?"

그는 그 이야기를 전하면서 어처구니없다는 표정을 지으며 몇 마디 더 덧붙였다.

"내가 형이나 동생과 함께 대한민국을 몰락시키자고 모함을 한 것도 아니고 군사기밀을 빼돌린 것도 아닌데, 단지 그들의 사상이 공산주의라고 해서 내가 처벌을 받아야 한다? 그건 아니잖아요?"

그래서 연좌제를 폐지한다고 해도 일반 법령으로 연좌제 폐지 법안을 만들면 또 다음 정권이 필요에 따라 달리 해석하여 폐기하거나 신설하는 등 악순환이 계속되어 사회에 악습이 생길 것 같아 아예 헌법으로 못을 박았다는 것이다.

"헌법을 고치는 것은 단순하지가 않거든. 알다시피 안기부 있지, 경찰 있지, 기무사 있지, 검찰 있지…우리나라 공안기관 세잖아요? '연좌제 해야 됩니다. 남한에 좌파들이 자꾸 생겨나니까.' 하면서 강경세력이 다시 연좌제법을 만들 수 있거든요. 그래서 헌법에 넣었지. 그때 전두환 사령관도 나의 의견에 동감했어요.

내가 '이건 이런 이유로 없애야 됩니다.' 하여 통금도 없애야 된다, 해외여행도 자유화해야 된다, 해외유학도 갈 수만 있으면 허용해야 된다고 주장했지요. 그렇게 해서 그게 헌법에 들어간 거예요. 사실은 칭찬받자고 한 것은 아니고 우리가 문명국가의 반열에 들어가고, 제대로 민주주의를 실현하려면 모든 처벌규정을 개인에 국한해야지, 가족이나 친구, 친척들에게까지 죄가 연좌되면 안 된다고 해서 제정한 법입니다."

비록 낙선했지만 사상의 중요성을 인식했던 선거

저녁 9시, 개표가 20% 가까이 진행되었다.
나는 참담한 투표 현황을 차마 지켜볼 수 없어 개표장을 나와 바닷가 모래 위를 걸었다. 한밤의 검은 바다는 굴욕감에 빠진 나의 무력함을 강타하고 있었다.
바다 위로 길게 수놓은 포철의 흐릿한 불빛이 추락된 의지와 욕구를 인정해주듯 깊은 침묵 속에서 잠잠하였다. 아직은 봄을 거역하듯 싸늘한 바람에 점령당한 감정과 감각들이 촘촘한 그물을 미처 빠져나가지 못하는 잡다한 생각으로 허탈함을 더하고 있다.
바지주머니에서 울리는 전화벨 소리가 정적을 깬다. 집으로 오라는 허화평 의원의 짤막한 저음의 목소리가 유난히 힘들게 들렸다. 그가 머물고 있는 기계면으로 차를 몰았다.
그는 직접 차를 끓여 내 잔을 가득 채웠다. 허전함이 그와 나 사이에 오랫동안 머물고 있었다. 그는 이내 무언가를 발견한 듯 그의 시선이 내 얼굴에서 멈추었다.
"어이 박 사장! 우리 열심히 했잖아? 그럼 됐지…안 그래? 우리 많은 것을 쏟아냈다. 아주 소중하고 귀한 것들이야! 박 사장, 너무 섭섭해 하지 마라! 우리가 투표에서는 졌지만, 이념의 정복에서는 이긴 거야. 우리의 삶이 그걸 증명해야 된다고. 이제 더 바빠야겠어, 박 사장! 내가 지금 박 사장한테 겉치레로 하는 이야기가 아니야. 더군다나 위로의 말은 더더욱 아니란 말이야."

허화평! 그는 언제나 이야기에서 또는 도전의 이유나 의미에서 잃어버린 열정을 회복시켜 주었다.

자유민주주의와 자유시장경제의 가치를 추구하는 그의 원칙은 이미 저 먼 미래로 나의 스탠스를 옮겨주었다.

인간의 고통이 삶의 극복을 위한 동기부여는 될 수 있을지언정, 에너지는 아니라고 말한다. 실패나 좌절을 이겨내는 근원적 가치는 아니라는 것이다. 투쟁심을 상실한 경쟁이나 가치논쟁은 그냥 이론에 불과할 뿐 의미를 만들어주는 궤적은 찾을 수 없다는 것이다.

나는 허화평의 실제적 승리의 이념을 만날 수 있다는 쾌적함으로 컴컴하게 상한 가슴이 치유되는 것을 느낄 수 있었다.

분노는 전통적으로 인간의 악한 습관이며 악덕이다. 인간의 성숙은 이러한 분노와 같은 악습과 악덕들을 극복하는 데서 발전할 수 있다는 것을 낙선한 선거를 통해 깨달았다. 나는 선거에서 진 것이 아니라 또 다른 것을 배울 수 있는 발견의 체험으로 받아들였다.

나는 깊은 고뇌의 협곡에서 피할 수 없는 현실을 맞고 있는 한 사상가의 모습을 만나고 있다. 그러나 노여움이나 분함을 이겨내지 못하면 그 어떤 행동도, 의지도 드러내지 않겠다는 그의 깊은 결의가 느껴진다.

허화평은 선거에서 실패함으로써만 체험할 수 있는 고통과 좌절이 앞으로의 삶에서 나타날 어떤 고난도 받아들일 수 있는 수단이라는 확신을 갖고 있다. 또한 선거의 결과가 내면을 직시하는 포용력을 습득하는 소중한 기회가 되었다면, 승리 이상의 값진 결론이라고 생각한다.

오로지 승리에만 집착하다 보면, 옳고 그름을 확연하게 구별할 수 있는 판별능력을 상실한다는 체험적 사실을 이야기하고 있는 것이다. 따라서 더 나은 미래를 설계할 수 있고, 과거의 습관화된 사고의 반경을 확대하는 감각과 감정들의 조합이 만들어내는 위기감이나 견제의 힘에 백기를 들지 않는 강인함을 터득할 수 있는 능력 배양의 기회라는 사실이 결코 헛된 이론이 아니라는 것을 말하고 있는 것이다.

국회에서 민의의 대변자로 성실한 입법 활동을 하는 권위와 위세보다는 부정과 불의에 익숙한 이 사회의 사상적 빈곤을 깨우치고 채워줄 수 있는 사상가로서의 삶에 무한한 보람을 느낄 수 있다고 말한다.

허화평은 사회를 성숙시키는 의무야말로 국가가 지금까지 그를 키워주고 국가관을 심어준 그 엄청난 혜택을 사상가로서 되갚는 일이며, 사상(思想)에 대한 담론으로 사회에 이바지한다는 것은 아주 중요한 의무가 아닐 수 없다고 자부하고 있다.

허화평은 지식의 가치를 그의 머리와 가슴을 통하여 더 많이, 더 멀리 확대시키겠다는 학자적 소양을 펼치는 데 힘쓸 수 있는 지식을 연마하기 위해 부단히 자신을 단련하고 있다. 그는 선거에서 밝혔던 소신과 미래에 대한 비전을 글로, 강의로 사회 구석구석에 전파하겠다고 한다.

허화평은 현대인들을 향해 짧은 현실을 너무 오래 잡고 있으면서 거대한 미래는 꿈으로만 그리고 있다며 부지런하지 못한 현대인들을 탓하고 있다. 현재가 꿈꾸는 이상은 미래인데, 사람들은 왜 곧 미래를 맞아야 할 현실에 대해 그토록 아집과 독단에 사로잡히는 것인지, 그는 국가관과 사회정화에 대한 국민 교육의 필요성을 강력하게 주장하고 있다.

그는 미래를 보장하는 현재의 계획이 부실하고 부당하면 우리에게 미래는 없다고 말한다.

올바른 사상이나 비전이 없는 미래는 설계할 필요가 없다고도 한다. 현재를 살아가는 삶의 축적이 미래를 기약하는 것이기에, 올바른 비전은 지금의 나 자신을 유용하게 사용하는 것이다.

이제 우리는 결정해야 한다.

허화평이 말하듯 정직하게 추구해야 하는 것은 꿈이 아니라 미래에 대한 확신이라는 것이다.

글을 마치면서

　많은 것을 담고 싶었던 의욕이 미숙한 습작의 한계에 부딪친 아쉬움으로 글을 마쳤습니다. 강력한 줄에 묶여 있다가 풀려나온 기분입니다. 내 속에 가득 채워져 있던 허화평의 이야기들을 한꺼번에 밀물처럼 쏟아내고 있는 것 같습니다.
　나이가 들면서 가능성과 새로움에 둔해지는 것 같은 당혹스러움이 나를 엄습하고 있습니다. 허화평은 이런 나의 생물학적 조바심의 속도를 조절해준 사상가였습니다. 조금이라도 더 훌륭하고 좋은 이야기로 허화평의 논리적 사변을 그려내지 못한 안타까움 또한 나 자신의 부족함을 탓하고 싶습니다.
　20여 년이 넘는 짧지 않은 시간들을 통해 습득한 허화평의 올바른 사상적 응시(凝視)나 관조(觀照)가 나의 짧은 이해로 잘못 전달되는 것은 아닌지, 두려움이 마음 한 구석에 웅크리고 있습니다.
　그의 깊은 직관적 논리와 해석이 멍청한 광고가 되지 않으려고 애를 썼지만, 이름 없는 불안에 지배당하고 있다는 것이 솔직한 고백입니다. 출판사로부터 이제 그 정도에서 마무리된 탈고를 독촉받았으나 어설픈 논리의 표현들을 다시 쓰고 수정하느라 원고를 건네주지 못하는 나에게, 욕심을 내자면 한도 끝도 없으니 아쉬운

대로 마감해 달라고, 책은 그렇게 부족함 속에서 만들어진다고 독촉이 아닌 위로의 설득을 받고서야 글을 마쳤습니다.

글을 쓰면서 스스로 익히고 깨우친 것은 우리의 목적과 의무가 결코 과거 완료형으로 폐기되어서는 안 된다는 결의(決意)의 소신입니다. 다수의 불의에 무차별 굴복을 강요당한 정의와 진실의 치욕과 패배가 과거의 한 사건으로 묻혀서는 안 되겠다는 확고한 의지이기도 합니다.

꿋꿋하게 지켜온 만큼 악의 세력을 이기고 정의가 다시 살아 돌아올 미래의 진행형을 우리 모두의 삶에 공유시키자는 동의를 구합니다. 지금은 안정과 위안의, 자족과 자위의 평온한 삶을 영위할 만족의 시대가 아닙니다. 거짓 속에 양생된 현존의 불의에 맞서 과감히 일어나야 할 때입니다. 아직은 타오르거나 빛나지는 않을망정, 고통의 과정을 거쳐 정의가 훈련되면, 삶의 올바른 해석과 넓은 지평이 열릴 것이라 확신합니다.

우리 모두 이러한 미래 진행형을 이야기하면서 오늘의 찢겨진 상처를 잊지 말기를 간곡히 부탁드립니다. 하나님도 소원이 이루어지게 하는 전제조건으로 세상의 도덕 윤리를 저버리지 않는 바른 신념과 정의를 요구하고 있습니다.

나의 습작으로 재단된 허화평의 사상이 정치꾼들의 싸구려 논리와 혼동되지 않기를 바랍니다. 이론과 추상적인 공허의 논리보다 본질적인 삶의 지혜와 창조가 국민적 합의가 이루어질 때, 비로소 광기와 저주의 광장정치는 멈추게 될 것입니다.

나의 글에서 수없이 등장하는 이야기는 허화평의 단순 명료한 국가관입니다. 10대의 어린 나이, 허화평의 눈에 비춰진 힘없는 나라, 사상 없는 백성의 참혹함은 그에게 확고한 국가가치의 당위성을 각인시켜 주었습니다. 어린 허화평은 마을 청년들이 받는 군사훈련을 보면서 국가안위의 소명을 자신의 미래로 받아들였습니다.

 허화평의 푸른 가슴을 정복한 육군사관학교는 그의 삶 속에서 확고한 국가수호 의지를 키웠습니다. 누구나 자신의 삶에서 좋은 인연과 보람을 함께 한 세월을 자랑스럽게 여기게 마련입니다.
 나 또한 허화평을 만나 이어 온 인연(因緣)의 시간들이 올바른 사상의 길라잡이가 되어 그 이야기들로 글을 마치면서, 안도감과 보람을 간직할 수 있는 그 많은 기억들을 추려 낼 수 있었던 의욕이 허화평의 사상을 소화했다는 자부심을 애써 감추고 싶지 않습니다. 그것은 용기와 의지, 그리고 정직과 순리에 적응하는 허화평의 사상 동화(同化)에서 얻은 소중한 결실이었기 때문입니다.

2017년 4월
박주현 올림

내가 만난 우리 시대의 사상가
허화평

초판인쇄 2017년 4월 14일
초판발행 2017년 4월 21일

지은이 박주현
펴낸이 이재욱
펴낸곳 (주)새로운사람들
디자인 김남호
마케팅관리 김종림

ⓒ 박주현 2017

등록일 1994년 10월 27일
등록번호 제2-1825호
주소 서울 도봉구 덕릉로 54가길 25(창동 557-85, 우 01473)
전화 02)2237.3301, 2237.3316 **팩스** 02)2237.3389
이메일 ssbooks@chol.com
홈페이지 http://www.ssbooks.biz

ISBN 978-89-8120-547-8(03810)